古典文獻研究輯刊

三六編

潘美月・杜潔祥 主編

第48冊

《青學齋集》校證（上）

陳開林 著

國家圖書館出版品預行編目資料

《青學齋集》校證（上）／陳開林 著 -- 初版 -- 新北市：花
木蘭文化事業有限公司，2023〔民112〕
目 26+208 面；19×26 公分
（古典文獻研究輯刊 三六編；第48冊）
ISBN 978-626-344-306-8（精裝）
1.CST：青學齋集 2.CST：研究考訂
011.08   111022069

ISBN-978-626-344-306-8

古典文獻研究輯刊
三六編 第四八冊   ISBN：978-626-344-306-8

《青學齋集》校證（上）

作　　者 陳開林
主　　編 潘美月、杜潔祥
總 編 輯 杜潔祥
副總編輯 楊嘉樂
編輯主任 許郁翎
編　　輯 張雅淋、潘玟靜　美術編輯 陳逸婷
出　　版 花木蘭文化事業有限公司
發 行 人 高小娟
聯絡地址 235 新北市中和區中安街七二號十三樓
　　　　 電話：02-2923-1455 ／傳真：02-2923-1452
網　　址 http://www.huamulan.tw 信箱 service@huamulans.com
印　　刷 普羅文化出版廣告事業
初　　版 2023 年 3 月
定　　價 三六編 52 冊（精裝）新台幣 140,000 元

《青學齋集》校證（上）

陳開林　著

作者簡介

陳開林（1985～），湖北麻城人。2009 年畢業於重慶工商大學商務策劃學院，獲管理學學士學位（市場營銷專業商務策劃管理方向）。2012 年畢業於湖北大學文學院，獲文學碩士學位（中國古代文學先秦方向）。2015 年畢業於華中師範大學文學院，獲文學博士學位（中國古代文學元明清方向）。現為鹽城師範學院文學院副教授、江蘇省「青藍工程」優秀青年骨幹教師培養對象。主要研究元明清文學、經學文獻學。完成江蘇高校哲學社會科學基金項目「錢穆佚文輯補與研究」（2017SJB1529），在研國家社科基金後期資助「《古周易訂詁》整理與史源學考辨」（21FZXB017）。出版《〈全元文〉補正》《劉毓崧文集校證》《〈周易玩辭困學記〉校證》《〈純常子枝語〉校證》《杜詩闡》《陳玉澍詩文集箋證》《詩經世本古義》，並在《圖書館雜誌》《文獻》《中國典籍與文化》《古典文獻研究》《圖書館理論與實踐》《中國詩學》等刊物發表論文百餘篇，另有「史源學考易」系列、清代別集系列數種等待刊。

提　　要

　　晚晴學人汪之昌「慕其鄉先正顧炎武之遺風，故治學亦主於博通」（張舜徽《清人文集別錄》），涉獵頗廣，「專研經義，以《說文》為輔，旁及諸史、諸子與夫輿地、目錄、九章家言」（章鈺《新陽汪先生墓表》）。所著《青學齋集》三十六卷，「卷一至十二皆說經之文，卷十三至二十二則史論、史考之作，卷二十三至二十五為讀諸子書後之篇，卷二十六、七為雜錄，卷二十八至三十二為雜文，末四卷為古今體詩」（《清人文集別錄》），內容以攷經證史居多，極富學術性。誠如章鈺所言：「故凡所造述，靡不貫穿本末，平決異同，鉤隱以達顯，舉大以賅細。」然迄今未經整理。

　　《青學齋集》僅有民國二十年新陽汪氏刻本。本書以此為底本，施以新式標點，並加以校證，諸如文中所隱括之引文，則迻錄其原文，以備參考；所關涉之人物、事件，則稍加疏證；所昭示之觀點，則取他人之作可互為補證者，以見立論之得失。期於為學界提供一個較為完備的校證本，以便進行深入研究。

大運河文化帶建設研究院鹽城分院智庫
鹽城地域文化與社會治理研究院智庫
階段性成果

目次

前　言

　　汪之昌（1837～1895），字振民，江蘇新陽（今江蘇崑山市）人。據《趨庭聞見述》所載，「七世祖封儒林公自歙遊吳，先居宋仙洲巷，後遷王洗馬巷今宅。吳趨各支均由此分」，「吾家之入崑新籍，始自五世祖朝議公。公以事過崑山，適崑山文廟頹壞，縣人議興修，公慨然獨任，捐貲成之。學使者入告，奉旨入籍。後曾伯祖葉淵公由崑庠生入翰林，故族中曾伯祖支下籍崑新。」則先世自歙遷吳。

　　其生平，可參《裕後錄》、章鈺《新陽汪先生墓表》。章鈺稱「先生入學後，一充同治丁卯補行辛酉科副貢，遂謝舉業，以閉戶讀書為事。」後襄助王先謙校勘《皇清經解續編》，後又「分應正誼書院、經古月課，並上海求志、寧波辨志、江陰南菁諸文課」，「光緒辛卯，鄧公華熙任蘇藩，聘主學古堂講席，因才指授，學者誠服。」

　　其生平治學，見於自述及他人文字。如：

　　　　吾所作文，惟解經考史諸篇，間有數首，自以為足補前人所未及者。（《遺訓》）

　　　　昔人論學有三：經學最古亦最尊，經濟之學最有用，詞章之學以進身。吾謂三者分之各自專門，通之何嘗不相貫？（《重編書目記》。上二種見《裕後錄》）

　　　　先生始本庭訓，謂攷訂古書，可自驗識力，並可備後人取資。嘗命先讀《遼》、《金》、《元》三史，以期用心入細。後遂專研經義，以《說文》為輔，旁及諸史、諸子與夫輿地、目錄、九章家言。行文

－1－

則徑學《史》、《漢》，不屑以八家入手。(章鈺《新陽汪先生墓表》)

之昌慕其鄉先正顧炎武之遺風，故治學亦主於博通，而尤究心於典籍流別。(張舜徽《清人文集別錄》)

尤其是胡玉縉《青學齋集敘》中結合具體論斷，對之多有指陳：

而以《同人‧象》詞之「曰同人」曰字為釋卦名，「同人曰」曰字為釋卦詞，例之以《大有》、《解》兩象傳，足見「同人曰」三字之非衍；以鄭解六宗為申伏傳，伏生「非天不生」云云非徑以天地四時當六宗意，亦謂天神，足補謝、王諸家所未逮；以「雲土夢」之土為即徒洲，土與徒通，猶《漢志》云杜縣，《史記索隱》引《漢書音義》作「雲土」，土本不讀如字，而雲土、夢雲、夢土之本皆可通；以洛有二源，伊雒作雒為洛之假字，證之《袁良碑》、河洛、《說文》釐雉二篆注，一作伊雒，一作伊洛，而伊雒字古不作洛之說為紃；以「伊陟原命」為再命，原非臣名，「伊陟」二字為誤增，而《史記》「伊陟讓」之語得此益明；以韓城為古無兩韓國，因徒封而有兩韓城，與鄭封咸林遷秦洧，楚封丹陽遷郢正同，而河東河北縣有韓城，涿郡方城縣有韓城之說，初非違盭；以《肆師》注「匪其筐之誤與」，毛本「筐」作「篚」為是，《儀禮》、《禮記》筐篚之篚多作篚，而《周禮》匪頒、匪色均作匪，鄭恐讀者誤認匪甕與彼匪字涵渾，特言此以別之，而鄭君欲破匪從筐之說，實失鄭意；以宗其艦別子之所自出者為即指別子，非上及別子之所自出，《注》言「繼別子」，明以「繼別子」三字連文為義，足正朱子以「之所自出」四字為衍之妄；以辨志為仍指所離之經言，與離經對文，辨屬學者，非屬考校者，於記意極合，於鄭義亦不背；以楚莊引《詩》為依樂章次第，非楚樂次第，引《儀禮》合樂及歌鄉樂各詩為證，僅去注文一「楚」字而義乃大通；以多隨二創為多從《公》、《穀》二家，與何休傳云「難二傳」義正相反，深得《解詁序》之恉，非苟為立異；以顏讐由為顏濁鄒，非顏涿聚，其顏涿聚則為顏燭雛，或作燭趨，非濁鄒，語極分曉，足解《史記索隱》、《正義》之糾紛；以史遷尊孔、孟為昭功令，非寓特筆，以《孟荀列傳》為重在經術，荀子有功諸經，亞於孟子，並屬讀書得間，彼盛稱史遷推尊之意，及辨明荀子性惡之說者猶淺；以李斯學帝王之術為漢帝王所學之術，正與之同，史公

因以稱之；以班固議史遷先黃老諸語為在遷為紀實，在固為身親，論其文莫非論其世，<u>尤能揭發隱微</u>，彼曲護李斯及議班氏之誣遷者轉為多事；以趙廣漢善鉤距為即中、韓之術；以《漢書》無世家為本班彪後傳，歷引《韓非》諸文及《後漢書·彪傳》，皆塙有根據，<u>發前人所未發</u>；以范書識賈逵附會圖識致貴顯為誣；以韓愈為河陽人，一據《張衡傳》及《隋經籍志》，一據《韓旭墓誌》，<u>而史文矛盾之處乃有定說</u>；以《漢學商兌》為妄度君子之心，與以《詩疑》歸獄於朱子之廢序，<u>同一持論之嚴</u>；以老子之學為絕異黃帝之所為，與以釋老之非在竊聖賢之似而掩其為異端，<u>同一衛道之功</u>。他如棠邑等攷，<u>見地理之塈求</u>；《釋元》諸篇，<u>見小學之貫徹</u>。<u>史論務案諸本事</u>，<u>不以翻空為奇</u>；<u>時事務策其可行</u>，<u>不以高談為貴</u>。<u>駢文則不取繁縟</u>，而吐屬神似齊梁；詩篇則不尚雕繪，而氣體出入唐宋。洵所謂攷據詞章，兼擅其勝者矣。……要其品優學粹，經師人師，表率同堂，綽有餘裕。

其著述，有《青學齋五種》，《刻和字石印記》、《述祖詩》、《趨庭聞見述》、《資政公遺訓》、《家塾瑣語》各一卷，1923 年蘇州華興印書局排印本。其中，《刻和字石印記》、《述祖詩》、《趨庭聞見述》、《遺訓》、《家塾瑣語》見《裕後錄》，《述祖詩》未見。此外，有《青學齋集》36 卷，坿刊《李孝廉遺箸》。

關於《青學齋集》的編纂，胡玉縉《青學齋集敍》中記載了其過程：

> 一日，江鶴舲同年齎尊甫振民先生《青學齋集》原葉及謄本屬為編校。中有先生自定本三冊，尚少譌字。余須一一將稿對勘，而其稿槁蠅頭細字，塗改鉤乙，不易辨識，聞有舛誤並蟲蝕。凡所援引，須檢閱原書，未容草率。重以他務，不免作輟。如是者有年。茲幸編次已竟，計改正謄本數百處，校正原稿數十事。

可見胡氏為此書耗費了不少心血。此書有民國二十年新陽汪氏刻本，此後未見翻刻。中國書店於 2009 年加以影印，二函十六冊。後收入《清代詩文集彙編》第 734 冊。雖然胡氏整理時極為細心，但書中仍然有些問題。比如卷 22《〈儀顧堂題跋〉卷四〈新刻五代會要〉跋》，此文即陸心源《儀顧堂題跋》卷四《新刻五代會要跋》；卷 25《〈儀顧堂題跋〉卷八〈書勞氏雜識〉後》，此文節錄自《儀顧堂題跋》卷八《書勞氏雜識後》。兩文並非汪氏所作，不知何以刻入此集。

　　《青學齋集》的內容，張舜徽《清人文集別錄》稱「卷一至十二皆說經之文，卷十三至二十二則史論、史考之作，卷二十三至二十五為讀諸子書後之篇，卷二十六、七為雜錄，卷二十八至三十二為雜文，末四卷為古今體詩。」具體來講，卷一《周易》，卷二、三《尚書》，卷四、五《詩經》，卷六、七、八《三禮》，卷九、十《春秋》，卷十《論語》、卷十一《孟子》，卷十二小學，可謂遍攷群經。「史論、史考之作」，則或評陟人物史實，或考辨典籍名物，或平議學術流派，或甄別史料，或辨析地名，或增補目錄，或輯錄佚籍。等等。內容極為豐富。

　　然而，令人遺憾的是，《青學齋集》迄今沒有整理本，而且研究的成果也不多，其學術價值尚未得到有效的開發和利用。相關研究，僅見華中師範大學歷史文化學院 2016 年的兩篇論文，施德順《汪之昌經學成就研究》、易姍姍《汪之昌子史學成就研究》。前一篇包括緒論、汪氏之《周易》研究、汪氏之《尚書》研究、汪氏之《詩經》研究、汪氏之三禮研究、汪氏之《春秋》研究、汪氏之《論》《孟》研究、汪之昌經學研究的特點、結論；後一篇包括緒論、史學成就、目錄學成就、輯佚學成就、子學研究、經世思想、結論。兩篇文章分別從經學、子史學對汪氏展開研究，有開創之功，且條舉縷析，頗有創獲。

　　當然，汪氏學術博涉四部，還有經濟之學、詞章之學等，尚待深入研究，如文中多談讀書治學、辨偽等，均可作專題探討。

　　本書的整理，始於 2019 年，忽忽四年，方得以蔵事。限於自身水平，書中難免有各種缺漏，尚祈博雅君子指正！

敍

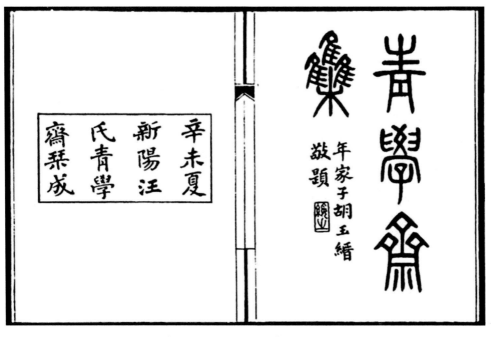

光緒戊子，貴築黃子壽先生開藩吳中，創設學古堂於郡城可園，檄玉縉及章式之為齋長，時學長聘世丈雷深之先生，繼之者年丈江振民先生、業師袁璚珌先生也。雷先生《說文外編》等，及身早刊。其《睡餘偶筆》、《道福堂詩集》，哲孫聽思亦刊。黃先生《陶樓文鈔》，由縉編次，同人醵貲付刊。袁先生《寄蟶廬集》，亦縉編次，世兄藻樓方謀刊而未竣者也。一日，江鶴舲同年齎尊甫振民先生《青學齋集》原藁及謄本屬為編校。中有先生自定本三冊，尚少譌字。余須一一將藁對勘，而其藁蠅頭細字，塗改鈎乙，不易辨識，聞有舛誤業並蟲

—5—

蝕。凡所援引，須檢閱原書，未容草率。重以他務，不免作輟。如是者有年。茲幸編次已竟，計改正謄本數百處，校正原槀數十事。爰為之敘，曰：

新陽者，本崑山既西境，雍正二年析置者也。崑山顧亭林先生卓然為大師。新陽如張無躁、潘碻潛輩，亦頗孳究經史及《說文》、音韻之學，而名不著。先生世居郡城，惠、元龍父子及孫。江、艮庭祖孫。褚、摺升。余、古龍。宋、于庭。沈文起。諸老遺風尚有存者，桃被所暨，故其學在張、潘後為傑出。集中如以《湯誓序》為有錯簡；「聖人為之長」，「長」字為「用」；《少儀》兩「穎」字，一為枕篋，一為刀檣，不從鄭義；季蘭為邑姜名，力申何說；「泰卷陶」，「陶」字當連下中「䚦」作謌讀，不必為衍文；《離騷》取法於《易》，不必為《詩經》別子之類，繕竄未敢苟同。而以《同人·彖》詞之「曰同人」曰字為釋卦名，「同人曰」曰字為釋卦詞，例之以《大有》、《解》兩象傳，足見「同人曰」三字之非衍；以鄭解六宗為申伏傳，伏生「非天不生」云云非徑以天地四時當六宗意，亦謂天神，足補謝、王諸家所未逮；以「雲土夢」之土為即徒洲，土與徒通，猶《漢志》云杜縣，《史記索隱》引《漢書音義》作「雲土」，土本不讀如字，而雲土、夢雲、夢土之本皆可通；以洛有二源，伊雒作雒為洛之假字，證之《袁良碑》、河洛、《說文》翬雉二篆注，一作伊雒，一作伊洛，而伊雒字古不作洛之說為絀；以「伊陟原命」為再命，原非臣名，「伊陟」二字為誤增，而《史記》「伊陟讓」之語得此益明；以韓城為古無兩韓國，因徙封而有兩韓城，與鄭封咸林遷溱洧，楚封丹陽遙郢正同，而河東河北縣有韓城，涿郡方城縣有韓城之說，初非違牾；以《肆師》注「匪其筐之誤與」，毛本「筐」作「篚」為是，《儀禮》、《禮記》筐篚之篚多作篚，而《周禮》匪頒、匪色均作匪，鄭恐讀者誤認匪籩與彼匪字涵淆，特言此以別之，而鄭君欲破匪從筐之說，實失鄭意；以宗其艦別子之所自出者為即指別子，非上及別子之所自出，《注》言「繼別子」，明以「繼別子」三字連文為義，足正朱子以「之所自出」四字為衍之妄；以辨志為仍指所離之經言，與離經對文，辨屬學者，非屬考校者，於記意極合，於鄭義亦不背；以楚莊引《詩》為依樂章次第，非楚樂次第，引《儀禮》合樂及歌鄉樂各詩為證，僅去注文一「楚」字而義乃大通；以多隨二創為多從《公》、《穀》二家，與何休傳云「難二傳」義正相反，深得《解詁序》之悁，非苟為立異；以顏讐由為顏濁鄒，非顏涿聚，其顏涿聚則為顏燭雛，或作燭趨，非濁鄒，語極分曉，足解《史記索隱》、《正義》之糾紛；以史遷尊孔、孟為昭功令，非寓特筆，以《孟荀列傳》為重在經術，荀子有功諸經，亞於孟

子,並屬讀書得間,彼盛稱史遷推尊之意,及辨明荀子性惡之說者猶淺;以李斯學帝王之術為漢帝王所學之術,正與之同,史公因以稱之;以班固議史遷先黃老諸語為在遷為紀實,在固為身親,論其文莫非論其世,尤能揭發隱微,彼曲護李斯及議班氏之誣遷者轉為多事;以趙廣漢善鉤距為即申、韓之術;以《漢書》無世家為本班彪後傳,歷引《韓非》諸文及《後漢書·彪傳》,皆塙有根據,發前人所未發;以范書譏賈逵附會圖讖致貴顯為誣;以韓愈為河陽人,一據《張衡傳》及《隋經籍志》,一據《韓旭墓誌》,而史文矛盾之處乃有定說;以《漢學商兌》為妄度君子之心,與以《詩疑》歸獄於朱子之廢序,同一持論之嚴;以老子之學為絕異黃帝之所為,與以釋老之非在竊聖賢之似而掩其為異端,同一衛道之功。他如棠邑等攷,見地理之攷求;《釋元》諸篇,見小學之貫徹。史論務案諸本事,不以翻空為奇;時事務策其可行,不以高談為貴。駢文則不取繁縟,而吐屬神似齊梁;詩篇則不尚雕繢,而氣體出入唐宋。洵所謂攷據詞章,兼擅其勝者矣。往者遊汪氏耕蔭義莊,見廳事東偏疊石為山,孑然一拳,躋其上,如在千巖萬壑中,相傳係戈裕良所造,自負軼於獅子林。蓋獅林占地多而以繚曲勝,此山占地少而以隱秀勝。先生文無一冗長,大都言簡意賅,蔚然深秀,殆有悟於戈氏之為藝。使先生有知,倘亦囅然而笑曰:「孺子可教乎!」學古堂月課日記,同人例稱學長為師。綰不作日記,於雷先生仍舊稱,汪先生如之。且例師之泛,孰與年丈之親?要其品優學粹,經師人師,表率同堂,綽有餘裕,奚翅玉綰已也。己巳重九日,年家子吳縣胡玉縉敘於北平之鯤高,時年七十有一。

新陽汪先生墓表

振民先生像

孫男希曾評藏 後學孔昭晉題

其心縝絜其見清矅其學

精密其文勇暎寔事求是

兮元然為乾嘉後之名儒

年家子胡玉縉謹贊

　　吾吳經學大師，大都分隸負郭三邑。世居會垣，別以新陽箸籍，則為前學古堂學長汪先生。先生諱之昌，字振民。先世自歙遷吳，五世祖捐建崑山文廟，奉旨入籍新陽，為崑山分縣後人，皆以新陽應試，故先生仍之。先生入學後，一充同治丁卯補行辛酉科副貢，遂謝舉業，以閉戶讀書為事。鈺列門籍有年，竊嘗聞先生為學大概矣。先生始本庭訓，謂玫訂古書，可自驗識力，並可備後人取資。嘗命先讀《遼》、《金》、《元》三史，以期用心入細。後遂專研經義，以《說文》為輔，旁及諸史、諸子與夫輿地、目錄、九章家言。行文則徑學《史》、

《漢》，不屑以八家入手。家本素封，遭亂少替，楹書連屋，亦灰滅無遺。當道聞先生好博覽，延入書局校理，又分應正誼書院、經古月課，並上海求志、寧波辨志、江陰南菁諸文課，膏獎所獲，悉以購書。屏棄百事，寢饋其中。故凡所造述，靡不貫穿本末，平決異同，鉤隱以達顯，舉大以賅細。金壇段氏序《潛揅堂集》，有曰其理明，其氣和，其書味深者，庶幾近之。每歲七月初五日，漢高密鄭公誕辰，必瓣香行禮，記以詩文。則先生私淑之微旨也。中年以後，伏案勤劬，時患氣疾，然亦未輟業。風雪午夜，則撫所愛貍奴，歙襟展卷，漏三四下，家人尚聞啟櫃檢書聲，甚或際曉乃息。光緒辛卯，鄧公華熙任蘇藩，聘主學古堂講席，因才指授，學者誠服。平生篤於本原之地，門內外族長幼無閒言。嘗一赴歙中故山，循視先塋，祭掃加虔。待人則以和為主，鐫一和字小印佩之，示不忘先訓也。生道光十七年八月戊申，卒光緒二十一年六月壬辰，年五十有九。著有《青學齋集》三十六卷、《裕後錄》二卷。曾祖諱為仁，祖諱詒德，考諱栓，世有令德，並拜崇封配。夫人何氏，恭儉慈祥，肩家政者數十年，先生之不問生產，一意為學，則夫人之助也。子開祉，辛卯科舉人，前官江南通州學正，歷保直隸補用道。女三：適潘、適潘、適祝。孫三：希董、希田、希範。曾孫三：樹模、樹滋、樹津。嗚呼！先生之逝三十餘年矣，經師人師之望，今則誰克當之？聞之咸同以來，陳培之部郎倬、丁泳之孝廉士涵，與先師雷深之先生濬，均以通經學古有吳下三之之譽。先生固揖讓其間，而知者或鮮矣。遺書晚出，津逮宏多，敬述大要，以諗夫效吾吳惠氏、江氏以後之學派者。歲在辛未八月，受業長洲章鈺謹表。〔註1〕

〔註1〕按：底本此下有《青學齋目次》，今刪，於卷首重編目錄。

青學齋集卷一

新陽汪之昌

君子以經綸解

《屯·象》：「雲雷屯，君子以經論。」《經典釋文》：「論音倫。鄭如字，謂論撰，書禮樂，施政事。黃穎云：經論，匡濟也。本亦作『綸』。」鄭君傳《費氏易》。《藝文志》：「劉向以中古文《易經》校施、孟、梁丘經，或脫去『无咎』、『悔亡』，唯費氏經與古文同。」則古文自是「經論」。古字「論」亦借「綸」為之。《禮記·中庸》：「經論天下之大經。」《釋文》：「論本亦作綸。」《樂記》：「使其文足論而不息」，《史記·樂書》「論」作「綸」。王弼《注》：「君子經綸之時。」弼所見，殆即作「綸」之本。不知古「論」、「綸」通用，《中庸》、《樂記》可證。字即作「綸」，義仍訓「論」。觀本卦有顯然者。《屯》震下坎上，乾初息震。虞翻《注》：「君子謂乾初，坎為經，震為講論。」案：《乾》初云「潛龍勿用」，《屯·象》云「難生險中」，君子勿用之時。君子未嘗不夙裕。夫經綸於時，亦無所施其經綸。不特初九明言「盤桓利居」，即全卦爻詞，絕不及裁成輔相之事。《繫辭》：「易者，象也。象也者，像也。」則設象正以象卦。《九家易》：「雷雨者，興養萬物。」虞翻曰：「上坎為雲，下坎為雨。」《彖》言「雷雨」，《象》言「雲雷」，雲則尚未為雨。京房《易候》何以知賢人隱？視四方常有大雲，五色具而不雨，其下賢人隱矣。」與「經綸」義正相反。上說恐未合經旨。鄭《注》以論撰釋論，其塙不可易，亦就木象決之。《說文》云：「山川氣也。從雨，雲象回轉之形」；「靁，陰陽薄動，生物者也。」「從雨，畾象回轉形」，是雲雷本象形字，而古人於論撰功德之彝器，往往作雲雷文，殆取回轉之形近似文字歟？然則雲雷之象與論撰之義本近。《需·象》云：「上

於天，君子以次食宴樂。」《豫‧象》：「雷出地奮，先王以作樂崇德。」夫禮，始於飲食。樂莫大於和神人，格祖考。鄭謂「禮樂施政事」亦本雲雷之象為言。《繫辭》：「《易》之興也，其當殷之末世、周之盛德邪？當文王與紂之事邪？」虞翻《注》：「謂文王書《易》六爻之詞也。」《漢書‧藝文志》：「文王以諸侯順命而行道，天人之占可得而效，於是重《易》六爻，作上下篇。」《白虎通》：「商〔註1〕王失為人法，己之調和陰陽尚微，故演易」云云。虞《注》蓋本此。殷周之際，所謂「雲雷屯」之時。虞《注》尤足申明鄭《義》。《周易述》引「經論天下之大經」，謂「孔子當春秋之世，有天德而無天位，故刪《詩》述《書》，定《禮》理《樂》，制作《春秋》，贊明易道」。疏釋「經論」，征諸實事，而於雲雷之取象，益見非同虛設。彼以「論」或借「綸」，云：「經謂經緯，綸謂綱〔註2〕綸」，未免望文生訓矣。

幽人貞吉解

《履》九二：「履道坦坦，幽人貞吉。」虞仲翔以為「履變訟初為兌」，「時二在坎獄中，故稱『幽人』」。孔氏廣森《經學卮言》：「《春秋傳》曰：『遂幽其妻。』《荀子》曰：『官人失要則死公侯，失禮則幽。』《管子》曰：『大夫不鄉贄合遊者，謂之無禮義。』大夫幽，蓋古刑法。囚謂之幽」云云。王氏念孫曰：「《象傳》言『中不自亂』，則幽人非謂隱士明矣。《歸妹‧象傳》：『幽人之貞，未變常也。』義亦與此同。《易林‧剝》卦曰：『執囚束縛，拘制於吏，幽人有喜。』是漢時說《易》者，以幽人為幽囚之人也。」竊謂以幽囚訓幽人，殆虞氏一家言，非必經師古訓、一定不易之義。即就《象傳》言「中不自亂」，安見義之必為幽囚？爻言「履道坦坦」，則非拘繫之人顯然。案《後漢書‧李固傳》：「岩穴幽人，知術之士」，以幽人繫之岩穴，明指隱士，則固時已稱隱士為幽人。《三國‧魏志‧管寧傳》載明帝詔青州刺史曰：「寧抱道懷貞，比下徵書，違命不至，盤桓利居，高尚其事。雖有素履幽人之貞，而失考父茲恭之義。」魏明時，漢易家經師之說具存。詔書所云，不獨見以幽人稱隱士，且云「素履幽人之貞」，明據《履》二經文以立文。則幽人是訓隱者。《後漢書‧荀爽傳‧論》云：「出處，君子之大致也。平運則弘道以求志，陵夷則濡跡以匡時。荀公之急急自勵，其濡跡乎？不然，何為違貞吉而履虎尾焉？」據「違貞吉而履

〔註1〕「商」，當作「文」。《白虎通義》卷八《五經》：「文王所以演《易》何？文王受王不率仁義之道，失為人法矣，己之調和陰陽尚微，故演《易》。」

〔註2〕「綱」，《正義》作「繩」。

虎尾」，是即本此經義而以出處立文，亦可見經師舊有是說矣。《歸妹》之卦，更不涉幽囚之事。王氏引之謂「兌為口舌」，引《中孚》有議獄之象，未免近於附會。案《雜卦傳》：「兌見而巽伏也」，是巽伏有明文。《履》自三之五互巽，《歸妹》自三之五互坎。《說卦傳》：「坎為隱伏。」二爻在互體之下，有隱伏之象。故爻均取諸幽人耳。然則以隱士訓幽人，於《易》義未嘗不可通。證諸范《書》、《魏志》，或亦漢儒之佚說乎？不必以其異於虞氏而遽斥之也。

同人曰解

《同人》彖詞：「同人曰：『同人于野，亨，利涉大川。』乾行也。」王弼《注》：「所以乃能『同人于野，亨，利涉大川』，非二之所能也，是乾之所行，故特曰『同人曰』。」弼釋經所以言「同人曰」之義，是弼作注之本有「同人曰」三字甚明。孔《疏》稱「『同人曰』猶言『同人卦曰』也」。專為「同人曰」作解，不以為衍文灼然。是晉、唐時通行本有「同人曰」也。即《經典釋文》廣列異本，亦未言有無此「同人曰」三字者，可見陸所見與王所注本無異。《古易音訓》：「晁氏曰：『王昭素謂此同人曰三字錯。說之案：虞翻輩諸儒，無一人為之說者，特王弼失之耳。』」夫說之既知虞翻輩之無異說，何以又信王昭素之臆斷，且彊誣王弼以見而不言之失？吾謂弼之失，在不明句讀而作注，致啟後人之疑。《注》云：「故特曰『同人曰』」，則以「同人曰」三字作一句讀。案：就《彖詞》論之，「同人柔得位得中而應乎乾，曰同人」，與《大有·彖》云「大有柔得尊位，大中而上下應之，曰大有」同。「同人曰：『同人于野，亨』」與《解·彖》云「解：『解，利西南』」同。蓋《彖傳》率先釋卦名，而後及卦詞，此定例也。本《彖》「柔得位得中而應乎乾，曰同人」，此「曰」字釋卦名。「同人曰：『同人于野，亨』」，此「曰」字自釋卦詞。「同人」二字自為句，「曰」字屬下讀，猶之上句釋卦名而冠以「同人」二字，此釋卦詞亦加「同人」二字於上。下方申明卦名同人，而以「同人于野」為文，異於他之單舉卦名為句者。然則「同人曰」三字、「同人」二字，專舉卦名；「曰同人于野」云云，復述卦詞而釋之。加一「曰」字，以明不單稱「同人」，而必連「於野」為文之義。《周易集解》虞翻曰：「旁通《師》卦，巽為同，乾為野，師震為人，二得中應乾，故曰『同人于野，亨』。此孔子所以明嫌表微。」虞所謂「明嫌表微」，正統舉「同人。曰『同人于野』」而下說。張惠言申虞義，謂「復出『同人』以表之，云所同者夫婦。乃曰『同人于野，亨，利涉大川』者，由乾通天下之

志,體坎而行也」。據此,家世治《易》如翻,且專為「同人曰」三字作解,決非衍文可證。若徐文靖引《左傳》「其同人曰:『見龍在田』」,於此詞有「同人曰」三字相連,適因而用之。如徐所云,則《傳》「其大有曰」、「其夬曰」,又奚以解?猶是不得其義而彊為之詞,雖差勝於臆斷以為衍文,要亦囿於王弼之讀法哉!

先甲後甲先庚後庚解

《易·蠱》:「先甲三日,後甲三日。」《巽》:「先庚三日,後庚三日。」鄭康成曰:「甲者,造作新令之日。甲前三日取改過自新,故用辛。甲後三日取丁寧之誼,故用丁。」虞仲翔:「謂變初至二成離,至三成震。震主庚,離為日。震三爻往在前,故『先庚三日』,謂益時也。動四至五成離,終上成震。震二爻在後,故『後庚三日』。」近王氏引之申鄭駮虞,以「『先甲』、『後甲』、『先庚』、『後庚』,皆指行事之吉日,蠱為有事之卦,巽為申命行事之卦,而事必諏日以行,故蠱用先後甲之辛與丁,巽用先後庚之丁與癸。古人行事之日,多有用辛與丁、癸者。先甲、後甲必繫之蠱,先庚後庚必繫之巽者,蠱之互體有震,震主甲乙,故言行事之日,而以近於甲者言之;巽之互體有兌,兌主庚辛,故言行事之日,而以近於庚者言之」。竊以王氏之說確不可易。案:馬融說《蠱》卦云:「甲在東方,艮在東北,故云『先甲』。巽在東南,故云『後甲』。所以十日之中惟稱甲者,甲為十日之首,蠱為造事之端,故舉初而明事始也。」參之先儒舊說,此為密合。《蠱》卦上艮下巽,甲在艮巽之間,巽互離,兌、庚亦在離兌之間,故於蠱則稱甲,於巽則稱庚也。或以先後甲用辛與丁,若《禮記》或用上丁,或用仲丁及郊之用辛固有明文推之,巽卦先後庚則丁可通而癸不可通。不知先後庚用丁與癸者,用其勝與所生也。庚於五行屬金,丁於五行屬火,癸於五行屬水,考五行生克之誼,辛金克甲木,甲木生丁火,丁火克庚金,庚金生癸水。甲不用庚丙,庚不用丙壬者,其所取生克,兼分別夫陰陽也。《禮記·曲禮》曰:「外事用剛日,內事用柔日。」所云剛柔,仍就日干別之。亦可為《蠱》取先後甲、《巽》取先後庚行事諏日之一證。

上九鴻漸于陸解

《漸》上九「鴻漸于陸」,虞翻《注》:「陸謂三也。三坎為平,變而成坤,故稱陸也。」虞氏家世傳《易》,可證漢儒讀「于陸」如字。王弼《注》:「進

處高潔，不累於位，無物可以屈其志。」弼專以義理說《易》。據所云，亦不以「陸」為誤字。孔穎達《正義》、陸德明《釋文》，古義古音臚述尤備，曾無異解。然則《漸》上九之「鴻漸于陸」，自古相傳矣。

宋范諤昌《易證塵簡》謂「陸」字當改作「逵」，與下文「其羽可用為儀」合韻。宋儒率宗其說。據顧亭林《詩本音》，「儀」字古音當入歌麻部；段茂堂《六書音均表》，「逵」字古音當入尤幽部。《廣韻》誤以「儀」入五支，「逵」入六脂。支、脂二部同用，故諤昌以為協韻。借如其言，猶是後人所用之韻，於古音仍不相符。

近時說《易》者，謂上九「于陸」當為「于阿」。案《菁菁者莪》詩，「在彼中阿」與「樂且有儀」韻，此其明證。且求之古書，「陸」與「阿」、「陵」與「阿」每連文。《考槃》篇二章言「在阿」，三章言「在陸」；《菁菁者莪》篇首章言「中阿」，三章言「中陵」。揆之《漸》卦九三「鴻漸于陸」、九五「鴻漸于陵」，則上九曰「鴻漸于阿」，亦正相合。讀「陸」為「阿」，以較以「逵」易「陸」者，差為有據。要之改經以就韻，則同且執聲音而定字，不如據持夫古本也；借左證於他經，不如還求諸《易》例也。

《乾鑿度》論六位終於上，上為宗廟。又云：「九者，氣變之究也。」就卦體言，上九爻位，具終極之象。《說文‧二部》：「二，高也。」此古文上。上篆文上，是上以高為本訓。《禮記‧祭義篇》：「凡建國之神位，右社稷而左宗廟。」據大地形勢，左高右下。《白虎通‧宗廟論》：「宗者，尊也。廟者，貌也。象先祖之尊貌也。所以有室何？所以象生之居也。」是宗廟所在，恒處於高。《易》例上爻象宗廟，殆以斯。本卦九三「鴻漸于陸」，《釋文》：「馬融注：『山上高平曰陸。』」是陸之本義為高平。高平之地，宜於營建宗廟。故上九取象「于陸」。《經義述聞》：「漸之為義，循次而進。初爻漸于干。干，水涯也。二爻漸于盤。據《史記‧孝武紀》封禪書、《漢書‧郊祀志》當作『鴻漸于般』。孟康注：『般，水涯堆也。』言堆則稍高於水涯。」而三爻遽漸于川上高平地，與循次之義不合，故於象為凶。五爻漸于陵，《《文選‧長楊賦》注》：『《韓詩》：四平曰陵。』上爻漸于陸，陸為高平，可見高於四平之陵，於漸進之義吻合，故云『其羽可用為儀』而有吉徵。此證之本卦而顯然者，何必執聲韻以定經文哉？

《丰》六二九三上六三爻說

《易》以扶陽抑陰為第一義，故謹其漸於陰之蔽陽，特取象於離下震上之

《丰》。若六二、九三、上六三爻，其詞尤顯然者也。六二：「豐其蔀，日中見斗。」《易例》：「二應在五，五陽位以陰居之，小人竊國柄，蔽君明，若夏商之季，群小在朝，故『豐其蔀』。陰蔽陽，日晦不明，故『見斗』。日喻君，斗喻諸侯，謂四也。斗非日中所宜見，諸侯非天下所宜歸。日不明而斗見，君不明而天下歸諸侯。此殷湯周文之象也。」九三曰：「豐其沛，日中見沬。」《荀九家》云：「大暗謂之沛。沬，斗杓後小星也。」虞翻曰：「沛不見明也。沬，小星也。」案：三應在上，「豐其沛」謂暗至上也。諸家以小星釋沬，則諸侯之臣象小星。如沬而見於日中，當時暗蔽之象又甚於見斗矣。上六曰：「豐其屋，蔀其家。」虞翻曰：「蔀，蔽也。」干寶曰：「『豐其屋』，此蓋記紂之侈造璿室玉臺也。『蔀其家』者，以記紂多傾國之女也。」案：上為宗廟。震反艮，為宮室。五互體《大過》「棟橈」。三、上易位，艮宮室在下，皆失正。豐屋、蔀家，亦可見無所不侈，無所不蔽也。雖然，此三爻同象陽之見蔽於陰，而所蔽有淺深，故六二「日中見斗」之後，繼以「往得疑疾，有孚發若，吉」。二本得位，往應五，五為陰所掩，昏暗於上，反相疑疾，若湯、文之見囚於桀、紂。然五雖蔽於陰，本有伏陽可發之正。二盡臣節，動以至誠，五若感悟信之而不疑疾，大明生而群陰斂，一轉移間耳。鄭君謂「三艮爻，艮為手，互體為巽，巽又為進退。手而便於進退，右肱也，猶大臣用事於君，君能誅之，故无咎」。是鄭以右肱為用事之臣，即蔽君者，故折之无咎。據《漢書・五行志》及《王商傳》，張、匡對引此，皆以為折去右肱之臣乃免咎，與鄭義合。蓋用事之臣蔽君者，即止一二，而附和以釀成其惡。若斗杓之小星，覥然參朝列者，正復不知凡幾。於此而能折去，僅免於咎，夫固非易事矣。《淮南・泰族訓》：「《易》曰：『豐其屋，蔀其家，窺其戶，闃其無人。』『無人』者，非無眾庶也，言無聖人以統理之也。」惠士奇《易說》：「《丰》上處高而不明，故有豐屋、蔀家之象。小人位於高，賢人隱於下。」與《淮南》之說亦近。蓋上之三，入坎下失位，故「三歲不覿，凶」。此象昏昧者之顛倒賢否。《坤・文言》曰：「天地閉，賢人隱。」至於「三歲不覿」，則終無覿之時，其閉塞可知。舉世行積暗之中，並不若「見斗」、「見沬」之尚有所見也。處豐之時者，盍取此三爻玩之？

天際翔也解

《丰》上六象曰：「豐其屋，天際翔也。」王弼《注》：「翳光，最甚者也。」

孔穎達《疏》:「『天際翔也』者,如鳥之飛翔於天際,言隱翳之深也。」案:
弼《注》爻詞云:「屋厚家覆,暗之甚也。」此言「翳光最甚」,當仍指「豐其
屋」言。《疏》「如鳥飛翔」云云,以「翳光最甚」專解「天際翔」經文。近俞
氏《群經平議》引《淮南子》高誘《注》:「鳥之高飛,翼上下曰翱,直刺不動
曰翔。翔者,鳥高飛而張其兩翼,故有翳光之義。」足訂孔《疏》「隱翳之深」
之誤。

　　竊謂本爻初不取鳥象。《疏》「如鳥之飛翔」,本屬望文生訓。《經典釋文》:
「天際。鄭云:『當為瘵。瘵,病也。』翔,鄭、王肅作『祥』。」李鼎祚《周
易集解》:「孟喜曰:『天降下惡祥。』」是孟喜本作祥,鄭所據當本孟喜。後人
以虞翻《注》云本爻「與《泰》二同義,故曰『天降祥』」,謂「際」當訓「降」。

　　竝有謂「際」當作「降」者。案:鄭君云「『際』當為『瘵』」,則以「際」
為「瘵」之通假。《詩·小雅·菀柳篇》:「無自瘵焉。」毛《傳》:「瘵,病也。」
《大雅·瞻仰篇》:「士民其瘵。」毛《傳》:「瘵,病也。」《爾雅·釋詁》、《〈說
文·瘵〉注》同。《爾雅》:「疧,病也。」《論語》:「內省不疚。」包咸《注》:
「內省有無罪惡。」是惡、病義近。孟以「惡祥」釋「際翔」,似亦以「際」
為「瘵」。鄭《〈菀柳〉箋》:「瘵,接也。」《禮記·大傳》:「治際會。」鄭《注》:
「際會,昏禮交接之會也。」以「交接」訓「際」,則「際」、「瘵」音訓竝同,
義得通假。《詩》:「天方薦瘥。」《傳》:「瘥,病也。」《說文》引作「天方薦
暛。」暛,殄穧田也。從广之瘥可通。從田之暛與從阜之際,假為從广之瘵,
正同祥亦作翔者。《漢修堯廟碑》:「翔風膏雨」,可見古「祥」得通用「翔」。
《漢書·五行志》:「異物謂之省,自外來謂之祥。」《春秋左傳》:「里析告告
子產曰:『將有大祥,民震動,國幾亡。』」是祥兼善惡之稱。孟以經云「天」,
故云「降下」,非以「降」釋「際」也。遍考經傳注疏,未有以「降」釋「際」、
以「降」為「際」者。可見「惡祥」之訓,專釋經之「際翔」。際為瘵病之瘵,
翔為外來之祥。孟以「天降下惡祥」為說,謂同降自天,即《左傳》「楚王方
侈天,或者欲逞其心,以厚其毒而降之罰」、《太玄〔註3〕·盛》上九「極盛不
救,禍降自天」之意。際翔同為凶咎而連文,猶慶譽同為吉徵。六五爻詞,「慶
譽」連文也。際瘵同從祭得聲,際為瘵之同音通假。翔祥同從羊得聲,翔為祥
之同音通假。經義本自暸然,孟喜《易》學專家,鄭君東漢經師,烏得背孟、
鄭之說而望文生訓哉?

─────────────

〔註3〕「玄」原作「元」。

鬼方考

《易‧既濟》：「高宗伐鬼方」；《未濟》：「震用伐鬼方。」《詩‧大雅》：「覃及鬼方。」解經者或以鬼方為荊楚，又有以鬼方國在北方、西方之不同。竊就諸說辯證之。

其以鬼方為荊楚，蓋見《易》言「高宗伐鬼方」，《詩》言「殷武伐荊楚」，遂合而為一。然《竹書紀年》：「武丁三十二年，伐鬼方，次於荊」，一言伐，一言次，是荊與鬼方明分兩地。且《大戴禮‧帝系篇》、《史記‧楚世家》言楚之先陸終娶鬼方氏，生季連，此特著楚之始，非即以楚為鬼方。楚之先為鬼方所自出，鬼方不可以為季連之國與號。

干寶《易注》：「鬼方，北方國也。」《唐書》以突厥之先為鬼方，蓋本干說，然別無證據。《小戴記‧文王世子篇》：「西方有九國」，九國即鬼國。《明堂位》：「紂脯鬼侯」，《殷本紀》、《魯仲連傳》並作九侯。以其國在西方，殆本此。揚雄《趙充國頌》：「鬼方賓服。」李善《注》引《世本》注：「鬼方於漢則先零戎」。先零即西羌別種，似亦以鬼方在西。案：《史記集解》徐廣曰：「一作鬼侯，鄴縣有九侯城。」《正義》：「《括地志》：相州滏陽縣西南五十里有九侯城，亦名鬼侯城，蓋殷時九候城也。」似其地在漢魏郡。鬼、魏古今字，即以鬼侯當鬼方，亦非在西方之證。且揚雄《出師頌》先云「遂克西戎」，後言「鬼方賓服」，猶《竹書紀年》武丁三十四年「遂克鬼方，氐羌來賓」，分明有先後之別，顯然兩事，烏得牽合為一。惠氏棟《九經古義》亦謂不得即以西羌當鬼方。

案：《經典釋文》「鬼方」，引《蒼頡篇》：「鬼，遠也」；《詩毛傳》：「鬼方，遠方也。」《文選》王褒《四子講德論》李善《注》引鄭君《詩箋》：「鬼方，遠國名。」均未嘗確指為何地。《後漢書‧章帝紀》：「克伐鬼方。」李賢《注》：「鬼方，遠方。」班固《典引》：「威靈行乎鬼區。」李賢《注》：「鬼區，遠方也。」《易》曰：「高宗伐鬼方。」李善《注》：「鬼區，絕遠之區也，鬼區即鬼方也」，並引《詩》及《毛傳》。是漢、唐人說鬼方，但以遠方釋之，與《詩‧抑篇》「用遏蠻方」同。《蕩篇》「鬼方」，對上文中國而言，所包甚遠，如僅舉偏方一國，則與「覃及」之文全乖。《漢書‧匡衡傳》：「成湯化異俗而懷鬼方。」成湯威德所懷，決非一國。《四子講德論》：「周公受柜鬯而鬼方臣。」與獻白雉之越裳、貢鬯之倭人，同為遠方悅服之徵。總之，其地絕遠，不與中國同址。其人侜張善幻，與不可得之鬼蜮正同，故以鬼方概之。

明楊慎謂夷俗呼貴州為鬼州。陳啟源《毛詩稽古編》亦云:「或謂今貴州本羅施鬼國,即古鬼方。」殊不思鬼、費聲近,特俗語之訛,豈三代時已有貴州之稱邪?附會尤不足置辯。

故遍考經傳所云鬼方,當以漢人遠方之說為最允。必鑿空以實之,俱矣!

平時說經之作,宗主鄭君。輿地之學,自愧關覽無多,苟非真知,不強下說。蓋與其鑿空,不如蹈虛,故此作及《達巷考》,均不沿襲舊解。自記。

有孚失是解

《未濟》上九:「濡其首,有孚失是。」王弼《注》:「由於有孚,失於是矣。」《正義》曲申王《注》,亦以「失是」之「是」指「有孚」言。案:虞翻《注》:「孚,信。是,正也。六位失正,故『有孚失是』。謂若殷紂沉湎於酒,以失天下也。」是虞以「失正」解「失是」。云「六位失正」者,《易》爻例初、三、五位為陽,二、四、上位為陰,陽爻當陽位,陰爻當陰位為得正。初與四應,二與五應,三與上應。《稽覽圖》:「陰陽升,所謂應者。地上有陰而天上有陽曰應。」鄭君注;「六三應上九,應則稱孚。」《未濟》六爻,陽爻遇陰,陰爻遇陽,無一得正者,而剛柔相應,故云「有孚」。「有孚於飲酒」,虞注:「坎為孚。」此云「孚,信」者,坎為水,水神則信,故坎亦稱信。《坎·象傳》贊「習坎有孚」曰「行險而不失其信」,以「信」贊「孚」,即以孚贊坎。《經》云「有孚」,卦有坎象者居多。若乾下坎上之《需》、坎下乾上之《訟》,均有「有孚」之文。坤下坎上之《比》,初六再云「有孚」皆是。本卦為坎下離上,「有孚」必亦指坎。故六五言「有孚,吉」,上九兩言「有孚」。六五當離巾畫,上九當離末書畫,俱非坎位。上九處本卦之末,故綜而言之曰「失是」。《說文》:「是,直也。從日正。昰,籀文是從古文正。」《正部》:「正,是也。」以「正」釋「是」,正據「是」字本義。近江氏藩釋「是」為「嗜」,雖本《釋名》,恐非通訓。虞引「殷紂沉湎於酒」以為比者。近張氏惠言謂干寶、侯果皆以《既濟》為殷亡周興之卦,蓋古有是說。攷干寶、侯果所云,未知所本,殆見《繫辭》有「易之興也,其當殷之末世、周之盛德。當文王與紂之事」,或即據此。然張引干、侯之說申虞,究屬援後證前。案《漢書·谷永傳》〔註4〕:「永對尚書問曰:『臣聞三代所以隕社稷、

〔註4〕見《漢書》卷八十五。

喪宗廟者，皆由婦人與群惡沉湎於酒。』」引《書》「乃用婦人之言」，《詩》「燎之方揚」云云。竝引《易》曰「濡其首，有孚失是」。所引《書》見《牧誓》，為武王數紂之失；《詩‧小雅‧正月篇》，詠褒姒威周事。一為殷末，一為周衰。爻詞，周公所作，所謂「三代之隕社稷、喪宗廟者」，自當以指殷紂為近。永說必受之西漢經師，虞注正與符合。《酒誥》曰：「又惟殷之迪諸臣、惟工，乃湎於酒」；《無逸》曰：「無若殷王，受之迷亂，酗於酒德哉」；所謂「有孚失是」也。虞義洵信而有徵哉！

歸奇於扐以象閏鮮

《繫辭》「歸奇於扐以象閏」，虞翻注：「奇所掛一策，扐所揲之餘，不一則二，不三則四也。取奇以歸扐，扐併合掛左手之小指為一扐，則『以閏月定四時成歲』，故『歸奇於扐以象閏』者也。」分別奇、扐，各自為義甚明。韓康伯注：「奇況四揲之餘，不足復媒揲者也」，以「四揲之餘」釋「奇」。是以虞釋扐者釋奇，扐訓為奇，訓所奪，故韓於扐字無可下說。案：《繫辭》言「歸奇於扐以象閏」，則奇扐之義，即可於閏義決之。《素問》曰〔註5〕：「日行一度，月行十三度，而有奇焉。故大小月三百六十五日而成歲，積氣餘而盈閏矣。」據曆家以分至啟閉，帀二十四氣者謂之一歲，自歲前天正經朔至歲終天正，經朔歷晦朔弦望帀十二月者謂之年。中數恒多十一日謂之氣，盈朔數恒少十一日謂之朔，虛積至三年則多一合朔而別自為閏月。然則閏月以積餘分而成，亦以積餘分而名。竊以奇猶氣盈朔虛。算學家彙零數於整數，謂之歸所。云「歸奇」，猶之統合氣盈朔虛。閏為氣盈朔虛所積，猶扐為奇所歸，則扐當指所揲之餘。所謂「歸奇」者，自當指併合所掛之一策言。《儀禮‧鄉射禮‧大射儀》、《禮記‧投壺篇》皆云「一算為奇」。《周禮‧太祝》：「七曰奇拜。」注：「奇拜為一拜。」虞以所掛之一策釋奇，正本經文及經師舊訓。如以四揲之餘概之，所揲之數其間容得二。若四者，數明屬耦，烏得云奇？《王制》：「祭用數之仂，喪用三年之仂。」鄭《注》皆以為數之十一。十一即數餘。扐亦訓數之餘者。扐從手，仂從人，均從力得聲。案《說文‧人部》：「儐，從人賓聲。或體從手作擯」；《手部》：「挑，從手兆聲。《國語》曰：『郤至挑天。』」攷《周語》作「郤至佻天之功」，字本從人，可證從人從手之字，音義竝同，正堪作據。則以「所揲之餘」釋「扐」，於義胳合。蓋就數而言曰奇，以奇所歸曰扐。扐為

〔註5〕見《素問‧六節藏象論篇第九》。

所揲之餘，與閏為氣盈朔虛之餘同，故曰「以象閏」。觀下文以「再閏」、「再扐」對舉，所謂「象閏以扐象之」明甚。如奇即四揲之餘，則《繫辭》何不云「歸奇以象閏」乎？

坤兌不言方說

《說卦傳》「帝出乎震」章，由出震以迄成艮，自東方而周，東北震巽離乾坎艮各主一方，惟坤曰地也，兌曰正秋也，不言所主之方。據鄭君注：「坤不言方者，所以言地之養物不專一也。」虞翻曰：「坤陰無陽，故道廣布，不主一方。宏光大，養成萬物。」虞說正申鄭義，大都以方就地，分坤為地，則無往而非坤之地，即無從而限為坤所居之方。此而專釋坤之不言方，誠確。兌不言方，鄭義不可知。虞謂「兌三失位不正，故言正秋。兌象不見西，故不言西方之卦，與坤同義」。案：爻之不當位，即八純卦論，詎止兌三？《隨》震下兌上，「上九：王用亨於西山」，虞注：「兌為西，似不得云兌象不見西矣。」攷《通卦驗》：「坤，西南也；兌，西方也。」揆之《說卦》，列坤兌於南方離後，西北乾前，以次序推尋，一居西南，一居西方，其方位亦正相合，而《傳》顧不言。案：《易》全經六十四卦，乾居首而為天，以為地之坤配之，是於卦乾為最尊。阮文達《太極乾坤說》〔註6〕：「古聖人居中國而效儀象。以乾當北極，倚於西北，下臨西南之坤以定地脊，置坎艮震巽離五卦於偏東。」為中國之地，東與海近，大勢偏東之象。然則卦以乾為最尊，方即當以乾所居之西北為最尊。《禮記·鄉飲酒篇》：「天地嚴凝之氣，始於西北。」而《乾·象》「大哉乾元，萬物資始」，是居西北固宜。乾坤所居，於位同偏於酉南北，於形勢相對。如居乾於西北，並明言坤位於西南，循對舉之通例，奚以見順承之經旨乎？然則坤不言方，固以無方可言為正義。例之以兌，似當以承乾而不言。蓋兌於六子為少女，居之西方，將最尊之乾處西之北，配乾之坤處西之南，兌儼然中處於西之正方，而乾轉處其偏隅，又何以見乾所居為最尊之方？是坤之不言方，以居西之南而不言；兌之不言方，以居西方而不言。要皆由西北為乾方也。所謂兌與坤同義者，殆以此。且坤次離，兌又次坤，雖不言方，而就本章「萬物出震之東方，成艮之東北」求之，敘次瞭然，無不可見所居之方。之兩卦不言方，有不待言，而不啻言者。彼變易方位者，其說更不足道也。

〔註6〕《揅經室一集卷二》。

《易》三十六宮解

　　《易》之純卦八，由八純卦每變以八，積至六十四卦。各六爻以六十四之六爻計，積三百八十四爻。是論《易》者當以八起數，無所謂三十六也。宋邵氏詩「天根月窟開來往，三十六宮都是春」，與以八起數不合。程前村謂天根在卯，離兌之中是也；月窟在酉，坎艮之中是也。引《爾雅》「天，根氐也」，《長楊賦》「西壓月窟」證之。然與邵詩「乾遇巽地，逢雷之誼」不合。案：三十六宮凡有九說。俞石澗謂月窟在上，天根在下。往來乎月窟天根之間者，心也。何謂三十六宮？乾一兌二離三震四巽五坎六艮七坤八，是「三十六宮都是春」，是謂和氣周流乎一身也。有以乾一對坤八為九，兌二對艮七為九，離三對坎六為九，震四對巽五為九，四九三十六。乾畫三，坤畫六，震坎艮畫各五，巽離兌意各四，積數亦三十六。震坎艮為三男，三男之畫十八；巽離兌為三女，三女之畫十八；合六子之重卦數之，亦得三十六。震坎艮皆五畫，通十五畫，合乾為十八畫；巽離兌皆四畫，通十二畫，合坤為十八畫。是以分畫得四九，合為三十六。或以乾之策二百一十有六，坤之策一百四十有四，凡三百有六十。當期之日，少陽進而未極乎盈，少陰退而未極乎虛。數亦如之。自天一至地十為一宮，是用九用六，三十六宮；用七用八，亦三十宮。此諸說但就八卦位與卦爻卦策而言。朱子謂卦之不易者有八：乾、坤、坎、離、頤、中孚、大過、小過。是反易者二十八，合之為三十六。方虛谷曰：「復起子左，得一百八十日。姤起午右，得一百八十日。一旬為一宮，三百六十日為三十六宮。」此二說均以六十四卦言。鮑魯齋曰：「自復至乾六卦，陽爻二十一，陰爻十五，合之則三十六。自姤至坤六卦，陰爻二十一，陽爻十五，合之亦三十六。陽爻陰爻總七十二，以配合言，故云三十六。」此則就十二辟卦言之。後來之解三十六宮者，大率不外此九說。雖說各不同，而以陽生為天根，陰生為月窟，初無異詞。蓋邵氏以天根指性，月窟指命，性命雙修，老氏之學，其理為前此言《易》者所無。其易宮取三十六者，殆以易每卦六爻，六六適得三十六，殆依卦之八八六十四乎？要亦為邵氏之易而已。

卷一終

青學齋集卷二

新陽汪之昌

暘谷明都昧谷幽都今地釋

　　《堯典》記四宅之地，說者謂即立表測景。所云暘谷、明都、昧谷、幽都，當據堯時中國四極而言。

　　暘谷，馬融注：「海嵎，夷之地名。」《後漢書‧東夷傳‧贊》：「宅是嵎夷，日乃暘谷。」其《傳》云：「昔堯命羲仲，宅嵎夷曰暘谷，蓋日之所出也。」又云：「燕人衛滿避地朝鮮，因王其國。武帝滅之，於是東夷始通上京。」據此，則朝鮮為嵎夷地。《禹貢錐指》謂「青州跨有東海，朝鮮亦其域內地」。《史記》暘谷作湯谷。《說文》：「日初出湯谷，登榑桑。」《淮南子》：「暘谷、扶桑，在東方。」《十洲記》：「扶桑在碧海中。」《漢書‧地理志》：「樂浪海中有倭人。」應徹注：「樂浪，古朝鮮國。」是暘谷在朝鮮，審矣！

　　夏宅南交，或據《尚書大傳》大交之文，以南方地名交趾者當之。鄭康成曰：「夏不言『曰明都』，三字摩滅也。」鄭蓋以東暘谷、西昧谷、北幽都，皆就當方所極地名，不應夏獨泛言交趾。且暘谷、昧谷東西相對，南交、朔方南北對舉。據下文仲冬有「曰幽都」，此宜言「曰明都」。以暘谷為嵎夷地名例之，則此明都當為交趾之地名。《大戴禮》：「昔虞舜以天德嗣堯，朔方、幽都來服，南撫交趾。」《墨子》：「昔者堯治天下，南撫交趾。」是堯時南至極於交趾，明都當在今之越南。以在南而名之明都，猶國門南謂之明堂。有以《禹貢》豫州孟豬，《〈周禮〉注》作明都妄擬其處，則差不止千里矣。

　　吳虞翻奏鄭《尚書》違失四事，一曰古篆丣字，讀當為桺，古桺、丣同字而以為昧。考鄭《周禮‧縫人》注：「桺之言聚，諸錦之所聚。《書經》作桺谷」，是鄭亦作桺。《論衡》：「日出扶桑，莫入細桺，故宅西曰桺谷。」蓋桺者諸色

所聚，日將沒，其色赤，兼有餘色，故云桺谷。《爾雅》言「四極西至，日所入為大蒙」，亦以日之將入，有蒙昧之象而稱。鄭《注》：「西者，隴西之西，今人謂之兌山。」《漢書‧地理志》：「隴西郡有西縣。」《易‧說卦傳》說卦位：「兌正秋也」，則兌位正西。此山在隴西之西，於卦位當兌，故以名山。漢之隴西為今甘肅蘭州府狄道州，西縣今秦州西南。宋儒以《禹貢》「西被流沙」當堯時西極之地，近王氏鳴盛據《王制》「西河流沙千里」之文，《禹貢》流沙即《漢書》居延澤，在今刪丹縣地偏於北矣。

朔方，史遷作北。《爾雅》：「北方之美者，有幽都之筋角焉。」郭璞注：「幽都，山名。」《淮南子‧地形訓》：「西北方曰不周之山，曰幽都之門。」高誘注：「幽，闇也。都，聚也。玄〔註1〕冥將始用事，順陰而聚，故曰幽都之門。」《脩務訓》：「北撫幽都。」高誘注：「陰氣所聚，故曰幽都，今雁門以北是。」《書》：「流共工於幽州」，《莊子‧在宥篇》作幽都，《釋文》：「李云：即幽州。」《史記正義》引《括地志》：「故龔城，在檀州燕樂縣界，故老傳云：舜流共工居此城。」案：燕樂為今直隸順天府密雲縣東北塞外地，準諸高《注》，所謂雁門以北亦近其地，固塙然可考也。

蓋暘谷、昧谷以測最東、最西，明都、幽都以測最南、最北，故曰據當時四極而言。

平秩西成宵中星虛解

《堯典》：「平秩西成。」孔《傳》：「秋，西方萬物成，平序其政，助成物。」「宵中星虛」，《傳》：「宵，夜也。春言日，秋言夜，互相備。虛，玄〔註2〕武之中星。」據《傳》，「西成」謂物之成熟。大都如東，作南訛，就農事言，「星虛」句又就星辰言，兩句各自為議，文不相貫。阮文達以經「平秩」為說農事，始《王莽傳》。其說甚確。《史記》「平秩」作「便程」。《爾雅‧釋言》：「便，便辨也。」《風俗通‧配典篇》引《青史子》作「辨秩」。是平與便與辨聲近者，義亦得通用。《說父‧豐部》：「釁，爵之次弟也。《虞書》曰：『平釁東作。』」許叔重《自敘》偁「書孔氏」，然則壁中古文本作「平釁」。其作「秩」者，案《詩》「秩秩大猷」，《說文》作「载」。载從或聲，或從呈聲。程、秩聲亦近。釁之假作秩，與《史記》之假作「程」正同。《周官‧馮相氏》：「辨其序事，

〔註1〕「玄」，底本作「元」。
〔註2〕「玄」，底本作「元」。

以會天位。」鄭君《注》引此經「西成」，以為序事會之一端。是鄭君書注雖佚，據此不以「西成」屬農事矣。竊謂「平秩」者，謂日纏分節氣，而次弟出於東，次弟交於南，次弟入於西。當時設儀器測量，逐日刻記，辨豔之也。故秋與春夏言平秩無異詞，而冬獨言平在，蓋朔易主合朔言。唐一行曰：「月合度調之朔。」《說文》引秘書說日月為易，定合朔尤曆法之要。《爾雅》：「在，察也。」即「在璇璣玉衡」之「在」。言「平在見」比「平秩」尤為專重。《詩·節南山》：「誰秉國成。」《緜》：「虞芮質厥成。」《毛傳》均以平釋成。案：日秋行西陸，立秋。秋分，月從白道出黃道西。經云「辨秩西成」，言日月之行，於是得正而平辨次之。是時，日夜分氣候適平，故以西成立文。《周官·挈壺氏》，《疏》引鄭君《詩》「宵中星虛」注：「夜中者，日不見之漏與見者齊。」虛，玄〔註3〕武中宿也。案：《爾雅·釋言》：「宵，夜也。」鄭君以夜中釋宵中，正本《雅》訓。《疏》引鄭君，以日見之漏五十五刻，日不見之漏四十五刻為日長，日見之漏四十五刻為日短。此云「日不見之漏與見者齊」，則晝夜漏刻皆五十刻。可知《史記·天官書》北宮元武、虛元武為北方七宿總名。七宿：斗、牛、女、虛、危、室、壁。虛二星上下如連珠，正居七宿之中。鄭注元武中虛宿以此。《尚書後案》謂但為專舉正中之星，不為一方盡見，與傳疏大同小異。然則西成者，步月之術也。星虛以正中秋者，步星之術也。宵中者，又驗日纏以求中氣之術也。是平秩為測日纏發斂，無與乎農事已。

禋於六宗解

《虞書》：「禋於六宗。」鄭康成《注》：「禋，煙也。取其氣達升報於陽也。」六宗言取其氣達與祭天同名，則六者皆天神，謂星辰、司中、可命、風伯、雨師也。星謂五緯也，辰謂日月所會十二次也。司中、司命，文昌第五、第四星也。風師，箕也。雨師，畢也。近全謝山謂六宗之說，漢魏十四家錯出不一。王西莊《蛾術編》羅列諸說之異於鄭義者，一概駁斥。其言甚辨。攷經莫古於《尚書》，解經莫先於伏生。《尚書大傳》云：「萬物非天不生，非地不載，非春不動，非夏不長，非秋不收，非冬不藏。故《書》『禋於六宗』，此之謂也。」分別六宗甚明。伏生為秦漢間老師，所據必係古義無疑。或以言天則帝在於類，似禋者非天以為地，又與下山川無別，則禋者亦非地。不若鄭君以星辰、司中、司命、風師、雨師為六宗，專屬天神，合於《周官·大宗伯》禋祀經文。案：

〔註3〕「玄」，底本作「元」。

鄭君釋禋為煙，即本伏義。其說六宗，不應又與伏違。竊以為伏生不直云天地春夏秋冬，而言「非天不生」云云，亦非徑以天地四時當六宗，顯然當謂主此六者之神。所謂宗主，猶天文家稱最高天為宗動天。故號以六宗，第渾而言之。鄭君《大傳注》：「六宗近謂天神也。以周禮差之，則為星辰、司中、司命、風師、雨師。」可見鄭君所云六宗，正申伏說。案：《說文》：「示，天垂象，見吉凶，所以示人也。從二。三垂，日月星。」是星居天象之一。則鄭君之星，即當伏生「非天不生」之「天」。《左氏傳》：「日月之合是謂辰。故以配日十二次。」即《左氏傳》星紀之次，元枵之次，降婁之次，每驗所值之地，休咎則辰即當非地不載之地。司中、司命、風師、雨師，誠不可分感屬四時。然司之名義，即《莊子》所謂「主宰網羅」。風散雨潤，《易》有明文。《周官》「櫜燎祀茲四神」，必四神主春動夏長秋收冬藏之功川，所謂助陰陽變化，有益於人者。則鄭君六宗之說，正與伏傳相表裏。後人各執己見，強坫合《虞書》之六宗，曷若秦漢間相傳之古義，確有可據哉！

食哉惟時柔遠能邇解

《堯典》：「食哉惟時，柔遠能邇」，枚《傳》：「所重在於民食，惟當敬授民時。柔安邇近，言當安遠乃能安近。」傳言民食民時，則以食為飲食之食，時即時令之時。「食哉惟時」句，「柔遠能邇」句，蓋見《顧命》篇、《文侯之命》篇，均有「柔遠能邇」之文，遂望文生訓，強分句讀。案：《召誥》「惟王受命無疆惟休」、《君奭》「我受命無疆惟休」、《多士》「大淫屑，據馬融本。有辭。」《多方》「屑有辭」可證。文義不甚相遠。下句容有參差。本篇「惟時懋哉」，《君奭》「惟時受有殷命哉」，是本經每以「惟時」為發語辭。《多方》：「我惟時其教告之，我惟時其戰要囚之。」兩「我」字似宜略讀，與此「惟時在食哉」下尤近正。不當以「惟時」二字上連「食哉」為句。《爾雅·釋詁》：「時，是也。」經諸云「惟時」，猶云「惟是」。且食，古不定作飲食解。《易·井》：「初九：非泥不食。」虞翻注：「食，用也。」《爾雅·釋詁》：「載謨，食詐，偽也。」郝懿行、王引之謂「偽」、「為」古通用。《書》「平秩南訛」，《史記·五帝紀》作「南為」，《漢書·王莽傳》作「南偽」，即「偽」、「為」通用之證。《春秋左氏》哀元年《傳》「後雖悔之，不可食已」，《國語》作「不可為」。《禮記·檀弓篇》「則擇不食之地」，《注》以「不耕墾」釋「不食」，是「不食」猶之云「不為」也。然則食亦訓用力之辭。孫星衍《尚書古今文注疏》：「食者，

方言云勸也。」證以《廣雅》及《爾雅》，蓋勸使有為。《魏志‧華陀傳》：「陀恃能厭事」，言厭為事也。則《經》云「食哉」，正與「欽哉」「懋哉」文異句同。鄭君謂「自諮十有二牧，至帝曰龍，皆月正元日，格於文祖所勅命」，是此段詳記命官之典，諮十有二牧為緣起，諮二十有二人為總結。此為詢事之始，以「食哉」勉其勤。彼為分職之後，以「欽哉慎厥終，食哉惟時柔遠能邇」與「欽哉惟時亮天工」句法自當一例，此尤以經證經而無疑者。鄭君「能，恣也」，孫星衍引高誘《呂氏春秋注》「恣，從也」。恣有顯從之意。《大雅‧民勞篇》：「柔遠能邇」，箋：「能猶伽也。」伽訓順伽。義亦相合。與忽近圖遠正相反。「惟時柔遠能邇」，以無不服者，見時措之宜。「惟時亮天功以敬有土」者，盡人代之事也。截「柔遠能邇」四字為句，不獨失立言之體，抑亦顯背乎古讀矣。

汝作朕虞解

《尚書‧堯典》：「汝作朕虞。」馬融曰：「虞，掌山澤之官名。」鄭康成曰：「言朕虞，重鳥獸草木。」鄭《注》僅存單詞。孔沖遠作《正義》，釋「朕虞」為「予之虞官」，以康成朕虞連文名官為非。孔時鄭注具備，所云必有確據。然則康成固以朕虞為官名矣。《正義》訓「朕」為「予」，蓋本《爾雅‧釋詁》，並見經有「予工」語，遂造「予之虞官」之說。然上經帝諮則曰予工，命垂曰汝共工，不云汝共予工，且此官果單名虞，當云「汝作虞」，與「汝作士」句一例，何以云「汝作朕虞」也？《史記‧五帝本紀》：「於是以益為朕虞。」《漢書‧地理志》：「柏益為舜朕虞。」《百官公卿表》亦曰「益作朕虞」。如《正義》所云，《史記》、《漢書》非出舜言，曰「為朕虞」、曰「作朕虞」，其文均不可通。可見官名朕虞，必係秦漢經師舊誼，益以證鄭《注》之有本。近莊氏述祖以為朕當作「俟」，古訓字。益作俟虞，謂作訓虞之官。訓、馴、順，古字通用云云。《伏生大傳》：「五品不訓」，《五帝本紀》作「不馴」，《索隱》云：「《史記》馴字，徐廣皆讀曰訓。訓，順也。」並引《經》「疇若予上下草木鳥獸」，《五帝本紀》作「誰能馴予上下草木鳥獸」。《秦本紀》「大費佐舜，調馴鳥獸」，附會訓虞之說，莊氏蓋以聯為天子之自稱，不當名官，遂易朕為俟。立說雖巧，殊不思俟虞一官不見經傳史書，顯屬望文生義。朕之為我，古時上下通稱，不獨本經。皋陶曰「朕言惠可底行」，周公曰「朕復子明辟」可證。屈原《離騷》「朕皇考」，宋玉《招魂》「朕幼清以廉潔」，戰國末尚無別也。案

《考工記》:「函人為甲。眂其朕。」鄭司農注:「朕為草創。」〔註4〕草創之誼,必本儒先相傳。援以釋經之「朕虞」,蓋鳥獸草木有可利民生、備器用者。水土甫平,民人漫無區別,益為高陽才子,必能分析去取。事屬草創,故以名官。以其草創而名以朕虞,猶之共理百工之事而名以共工,主次秩尊卑而名以秩宗也,似與康成重草木鳥獸之注合。彼拘牽舊義,或臆造新說,均可不辯而自明矣。

沛濟辨

「沛」、「濟」二字,竝見經傳注文。《周官·酒正》,《注》:「清謂醴之沛者。」《禮記·郊特牲》,《注》:「謂沛醴齊以明酌也。」無論本非水名。即《詩·邶風》「出宿于沛」,毛《傳》但云「沛,地名」,亦不以為水名。考《周官·職方氏》「河東曰兗州,其川河、沛」,則四瀆之水,字作沛。而《禹貢》「濟河惟兗州」,即《職方》之河沛,字又作濟。《春秋經》:莊十八年,「公追戎於濟西。」《孟子·滕文公》:「瀹濟、漯。」《爾雅·釋地》:「濟河間曰兗州。」無不作濟者。《考工記》:「鸜鵒不逾濟。」濟即《職方》之河沛。是《周禮》一書中「沛」、「濟」互見,一似「沛」、「濟」字可通用。

攷《說文·水部·沇》:「沇水出河東東垣王屋山,東為沛。」「沛,沈也,東入於海。從水,㠯聲。」「濟:濟水出常山房子贊皇山,東入泜。從水,齊聲。」是沛也、濟也,各自一水,分別原委,具詳於叔重書,不得以濟為沛,不待辨。《風俗通義》說四瀆曰:「濟出常山房子贊皇山,東入泜。」應劭直以入泜之濟為入海之沛,《水經注·濟水篇》已論其非。案:應劭之說誠誤,亦可見沛、濟不分,於漢時已然。而以濟易沛,當始於漢初。《史記·漢興以來諸侯王年表》:「常山以南,大行左轉,度河、濟,阿、甄以東薄海,為齊、趙國。」是古所稱河、沛,當時已作河、濟。《表》於孝文元年書「初置濟北」,十五年書「復置濟北國,分為濟南國,濟北、濟南,就水分之」。此濟即四瀆之沛,則沛已易為濟矣。或謂《夏紀》「濟河惟兗州」,「浮於濟、漯」,「通於濟」,「道沇水,東為濟」,似史公所見書作濟。蒙謂史公本非引書,其作濟者,殆據當時山川通行之名以立文,使人易曉。猶之「恒衛既從,大行恒山」,漢

〔註4〕(清)洪亮吉《曉讀書齋雜錄》二錄卷下:
《爾雅》:「朕,我也。」《說文》同而闕其義。按《考工記》:「函人為甲。眂其朕。」鄭司農注:「朕為草創。」今朕字立舟部,或始造舟之時,名之為朕,以其有草創之義,遂以得名,亦未可知。

以文帝諱改恒為常，而《夏紀》亦作常衞、常山也。班孟堅《地理志》引《禹貢》讀濟字，與引《周官·職方》作泲同。泰山郡萊蕪注：「又《禹貢》汶水出西南，入泲。」汶水，桑欽所言。明言《禹貢》則作泲，不作濟無疑。而常山郡房子費基山石，《讀書雜志》：「石字行。」濟水所出，字獨作濟。分別劃然，與《說文》正合。其濟陰郡、濟南郡作濟者，郡立於漢世，凡郡縣之名，例不得改今以從古。愈可證《史記》作濟為泲，已不用於漢初之據。

《〈說文·水部·泗〉注》：「泗水入淮，東入泲。」《〈汶〉注》：「桑欽說汶水出泰山萊蕪，西南入泲。」《說文》字書，以存本文為第一義。故於四瀆之泲，仍用古文。《〈鳥部·鷎〉注》：「古者鷎鷎不逾泲。」明為《考工記》文。猶之《〈藪〉注》「九州之藪」云云，正引《職方氏》，不言《周官》同。然則許所見《考工記》作「不逾泲」。《爾雅》：「濟河間曰兗州。」《釋文》：「濟，本又作泲。」是古本《爾雅》作泲，隋唐間人尚見之。據此，則古經四瀆之泲作濟，由後人所改顯然。觀於魯峻碑陰之濟陰，孔宙碑陰之濟南，則東漢率用濟以當泲，詎知西漢已易泲為濟哉？爰辨之如右云。

九河考

九河見於《禹貢》。《孟子·滕文公篇》敘禹治水，始於疏九河。《爾雅·釋水》具詳九河之名，並有九河皆禹所名之文。《爾雅》所述，皆經師家古義，其云九河之名當確。而後之說九河者，言人人殊。

案《漢書·溝洫志》，成帝時，河隄都尉許商上書曰：古記九河之名，有徒駭、胡蘇、鬲津，今見在成平、東光、鬲縣界中。自鬲以北至徒駭間，相去二百餘里。今河雖數移徙，不離此域。商所舉雖止三河，而云自鬲至徒駭相去二百餘里，漢時去古未遠，商雖未嘗明指九河所在，而《經》所云「播為九河」者，當不越此二百餘里中。考《地理志》渤海郡成平縣注：「虖池河，民曰徒駭河」；東光縣注：「有胡蘇亭」；平原郡鬲縣注：「平當以為鬲津。」此九河之大概犖然可見者。

而王橫謂九河之地已為海所漸，郝懿行《爾雅義疏》以橫說為妄。案：橫言「往者天嘗連雨，東北風，海水溢，西南出，浸數百里」，以是推之，則九河固應在西南數百里內。案《禹貢》「九河既道」，明繫諸兗州。當日分土，兗州地於九州中差狹，而九河所佔不下數百里。使九河果漸於海，則兗州勢已淪沒其半，何以河、濟之間至周未改？而《爾雅》「河東曰兗州」，亦與《禹貢》

不殊。且漢時渤海，東南跨有數郡，以河濟故道計之，兗州封域儼然。則橫之
說誠不足憑，而許商所云徒駭、胡蘇、鬲津在成平、東光、鬲縣界中者，九河
之大勢具斯矣。

攷漢成平故城在今河間府交河縣東，東光故城在今縣東，鬲縣故城在今濟
南府德州北。于欽《齊乘》：「嘗往來燕齊，西道河間，東履清滄，熟訪九河故
道。河昔北流，衡、漳注之。河既東徙，漳自入海，安知北流之漳非古徒駭河
歟？踰漳而南，清、滄二州之間，有古河隄岸數重，地皆沮洳沙鹵，太史當在
其地。滄州之南，有大連澱，西踰東光至海，此非胡蘇河歟？澱南至西無棣縣，
百餘里間，有曰大河、曰沙河，皆瀕古隄。縣北地名八會口，縣城南枕無棣溝，
茲非簡潔等河歟？東無棣縣，北有陷沙河，闊數里，西通德棣，東至海，茲非
所謂鉤盤河歟？濱州北有土傷河，西踰德棣，東至海，茲非鬲津河歟？」此亦
據許商之說，雖不必果合九河故道，而遺跡尚可彷彿。是九河之名，據《爾雅》
以定之；九河所在，許商所云，庶與《尚書》不遠哉！

淮夷二水名說

《禹貢》：「淮夷蠙珠暨魚。」《經典釋文》：「灘夷。鄭云：『淮水之夷民也。』
馬云：『淮、夷，二水名。』」鄭以夷民釋夷，馬以夷與淮各自一水。案本經，
《費誓》：「徂茲淮夷，徐戎竝興」，《大誥》敘三監及淮夷叛，《成王政》敘成
王東伐淮夷，《周官》敘滅淮夷。淮夷屢見經中，大率目濱淮之夷，與鄭說相
近。《尚書》家若江聲、王鳴盛、孫星衍等，咸宗鄭而不從馬，胡渭辨夷非水
名尤備。

蒙謂馬即鄭君所從受學者，其於《禹貢》淮夷，不同本經諸言淮夷之解，
而以為二水，必有所據。《茶香室經說》：「馬氏以淮夷為二水，或以《〈水經·
沔水〉注》之夷水當之。然《水經注》之夷水在蜀，當在梁益，而非徐州。此
經之夷，即上泗濱之洍。據《〈檀弓〉釋文》『自鼻曰洟』，《詩·澤陂》毛《傳》
『自鼻曰泗』，是泗通作洟，故洟亦可通作泗。上句作泗，用正字；此句作夷，
用叚字。」案：古書上下文異字同義，《古書疑義舉例》首篇臚列綦詳。惟此
經上言「泗濱」，下又言「浮於淮泗」，洵如《經說》所言，止此十九字之間，
言泗者三。上下無異文，獨中間叚夷為泗，恐未達古書義例者借為口實。案《周
官·玉府》：「若合諸侯，則其珠槃玉敦」，《注》：「故書珠為夷。鄭司農云：『夷
槃或為珠槃。』」是古夷與珠得通叚。珠從朱得聲，而與夷通用。洙亦從朱得

聲，何不可與夷通用乎？此經夷水，殆即洙水。《春秋》莊九年，「濟洙」。杜注：「洙水在魯城北。下合泗。」《說文·水部》：「洙水出泰山蓋臨樂山，北入泗」；「泗水受洙水，東入淮。」是洙水入泗，而泗水入淮，淮為二水所委輸，三水地均不相達。《禹貢》故先言浮磬，敘泗水所出；繼以蠙珠暨魚，敘淮、洙所出於後也。然則《禹貢》淮夷之夷即洙，既可以《〈周官〉注》為旁證。而以水言之，洙實以泗為歸宿。《經說》以夷為泗水者，就北流之名，準之地望，固不閡耳。馬氏謂淮、夷為二水，確有所見。正不得以枚傳及王肅亦以水名釋淮夷，遂效肅之故與鄭難，不究說所從來，並鄭君受學之馬氏竝以其說為不足償也。

　　俞先生說雖巧，似不如《〈周官〉注》之自然，未識先生以為如何？自記。

震澤底定解

　　《禹貢》：「震澤底定。」孔《傳》：「震澤，吳南太湖名。」案《漢書·地理志·會稽郡》：「吳具區澤在西，古文以為震澤。」近之說震澤者，大都據依班《志》。

　　竊謂孔《傳》以震澤為太湖，誠不足憑。而班《志》所云，姑備古文家相傳之說耳。攷《山海經·南山經》云：「句餘之山又東五百里，曰浮玉之山，北望具區。」《〈水經·沔水〉注》引謝靈運曰：「浮玉之山，句餘縣之東山。具區在餘暨。」句餘山在今浙江紹興府餘姚縣南百有十里，餘暨故城在今蕭山縣西，東西相去幾二百里。據此，則具區在今紹興府北境。今山陰縣南三里有鑒湖，周三百五十八里，所謂具區者殆即斯。浮玉山在今紹興府東境。古人言北，容或兼西。就地望言，西北正與具區相準。然則古文家說亦未見為定論。

　　案《周官·職方氏》：「揚州，其澤藪曰具區，其川三江，其浸五湖。」據諸州均藪浸異處，揚州當亦從同。即《周官》以釋《禹貢》，震澤上承三江之文，既不得以具區當之，則所云五湖者，庶幾近是。《尚書後案》謂太湖與五湖為一。據韋昭說，五湖者，胥湖、蠡湖、洮湖、滆湖，就太湖而五。酈善長《水經注》歷舉長塘湖、太湖、射貴湖、上湖、滆湖，以實五湖。湖名不盡同，而以太湖為五湖之一則同。是五湖本不止一太湖，即不得以太湖概五湖。魏源《釋道南條三江》〔註5〕謂「中江與北江分於彭蠡，下游南江中江則分於震澤，

〔註5〕見（清）魏源《書古微》卷五。

南江無上源，即以震澤為上源」。又云：「震澤為五湖，猶洞庭之為五渚，皆以所受五水口得名。中江為荊溪口，左則常州滆湖之水由無錫入湖，右則廣德州南溪、合溪之水由長興入湖，苕溪之水由烏瑟入潮。南江為震澤所分，非中江所分，今分江水故跡無可尋。今日談南江，不如直以震澤為源之愈也。」蓋震澤之名，本或取諸潮水震盪。南江之水設未能沛然東注，即不能敵禦海潮。以今地相況，海潮勢必由嘉興直抵太湖，沙岸坍為巨浸，平壤漲為斥鹵，震澤其尚能底定乎？北江之水，尾閭不暢，則大江泛溢，必且由蕪湖挾宣、歙諸水貫胥、溧、荊溪以入太潮，斷非吳松一江所能容受。而浙西且淪為巨壑，震澤其能底定乎？自後世築五堰以遏中江之下游，不使入震澤；築嘉興塘以遏南江之下游，不使倒灌震澤。參觀遏江保澤之跡，而禹道三江關震澤之利害益見。《經》先書「三江既入」，繼言「震澤底定」，施功之先後釐然。故以太湖為震澤者固非，而以具區為震澤者，猶是一家之說也。

震澤攷

《漢書·地理志·會稽郡》：「吳具區澤在西，古文以為震澤。」案《周官·職方氏》：「揚州澤藪曰具區。」《山海經》：「浮玉之山，北望具區。」《爾雅》：「十藪，吳越之間曰具區。」班《志》具區澤蓋即此。據《〈山海經〉注》：「具區，大湖。」《〈爾雅〉注》：「具區，今吳西南大湖。」即震澤。以具區即震澤，殆本班《志》所引古文，而又以震澤即太湖。

考大湖在《國語》、《史記》、《吳越春秋》，謂之五湖。虞翻所謂大湖，東通松江，南通霅溪，西通荊溪，北道滆湖，東連韭溪，凡五道，故名五湖。然《周禮》「澤藪曰具區，浸曰五湖」，分別甚明，當非一處。而《尚書疏》謂餘州藪浸各異，揚州藪浸同處。論其水謂之浸，指其澤謂之藪。《疏》似疑孔《傳》與《周官》相齟，特強為之詞。

《禹貢錐指》既辨《傳》、《疏》之非，獨據葉少蘊、黃子鴻之說，以莫釐武山之東、平望八赤之間，松匯左右笠澤之地，皆古具區。《禹貢》謂之震澤當在斯。蒙謂藪、浸不同處，無論《職方》，具有明文。考其所謂「浸曰五湖」，曰潁湛，曰波溠，曰沂沭，曰雷雕，曰渭洛，曰蓄時，曰汾潞，曰淶易，無一非流通之川。而《禹貢》所記之澤，若大陸，若雷夏，若大野，若彭蠡，若震澤，若雲夢，若榮波，又皆為鍾水之區。且《周禮》之藪，半兼《禹貢》之澤，其浸多為《禹貢》之川。大抵禹時澤地，至周或以淤積而成藪，而其初固莫非

鍾水之區也。浸則自夏迄周，歷數百年而曾未變改。以本然之澤浸言之，則大湖為揚州東南諸水所鍾，揆之西境之彭蠡、荊之雲夢、豫之滎波、冀之大陸、徐之大野，水勢極浩瀚，汪洋四達焉，而茫無涯際，情形自當不甚懸殊。班《志》以為震澤也固宜。而所謂五湖，又當於通流處求之。如虞翻所稱大湖南之雪溪，東之松江，西之荊溪，北之滆湖，東境所連之韭溪，正顏師古《漢書注》所云「引以為灌溉者」〔註6〕近之矣！其浸甚廣，故自來以水國稱此，又歷歷可考者也。然則於《周官》之川浸，又何所悖哉？

雲土夢作乂辨

　　《禹貢》：「雲土夢作乂。」孔《傳》：「雲夢之澤在江南，其中有平土邱，水去可為東作畎畝之治。」先言「雲夢之澤」，繼言「有平土邱」，是所據本「土」字當在「雲夢」二字下。近《尚書》家謂孔《傳》多襲馬、鄭、王之舊，則馬、鄭、王亦作「雲夢土」矣。然《〈史記·夏紀〉索隱》出「雲土夢」三字，則《史記》自作「雲土夢」，而《漢書·地理志》作「雲夢土作乂」甚明。《古文尚書撰異》：「作『雲夢土』者，古文《尚書》也。作『雲土夢』者，今文《尚書》也。」案《夢溪筆談》：「舊《尚書·禹貢》云：『雲夢土作乂』，太宗皇帝時得古本《尚書》，作『雲土夢作乂』，詔改《禹貢》從古本。」《石經考異序》：「蜀石經《尚書》十三卷，以監本校之，《禹貢》『雲土夢作乂』倒『土』、『夢』字。」據沈說，則《禹貢》之悉改為「雲土夢」始自宋太宗。據晁《序》，則唐《正義》本雖作「雲土夢」，而五代時作「雲夢土」之本尚與竝行。

　　吾謂觀於馬《史》、班《書》，漢時已有「雲夢土」、「雲土夢」之異同。《撰異》：「《士虞禮記》：『浴沐不櫛。』《注》：『今文曰沐浴。』又，『浴沐櫛搔翦。』《注》：『今文曰沐浴搔翦。』此亦如『土夢』、『夢土』之不同。」段氏此證頗為切近。浴也，沐也，皆實事，上下其文，於義無閡。《尚書後案》：「《左傳·定四年》：吳人入郢，『楚子涉雎濟江，入於雲中。王寢，盜攻之，王奔鄖。』鄖在江南，楚子自郢濟江，而北入雲中，遂奔鄖。鄖，今德安府治安陸縣。是雲在江北明矣。昭三年，『鄭伯如楚，王以田江南之夢』。夢在江南明矣。」然則云、夢雖同為楚澤藪，而一在江北，一在江南，確有可徵。案：《楚語》又有「藪曰雲，連徒洲」。韋昭解：「楚有雲夢，藪澤也。水中之可居者曰洲，徒其名也。」是雲夢之外，別有名徒之洲，當即《禹貢》與雲夢同時。「作乂」

之「土」，或作「徒」，或作「土」者，猶《毛詩·豳風》「徹彼桑土」，《韓詩》作「桑杜」；《大雅》「自土沮漆」，《齊詩》作「自杜」也。其「土」字或次「雲」下，或次「夢」下，正以同一藪澤，移置無妨文義，與浴沐各自一事，而浴沐、沐浴義得兩通。且《大雅》「自土沮漆」，《漢·地理志》顏師古注、《水經·漆水》注均作「漆沮」，此尤經文地名容有互倒之明據。《史記索隱》引《漢書音義》，以漢江夏之雲土縣解「雲夢土」。案：《地志》作「雲杜」，亦可見漢時「土」本不讀如字，而非土地之謂，有顯然者。後人習聞雲夢，而不知別有徒洲；狃於土地之常訓，而不知土與徒之通假；遂致釋「雲夢土」者謂雲夢之土可為畋漁之治，釋「雲土夢」者謂雲之地土見而已，夢之地人有加功，又之強為區別其間。案：「作乂」與「淮沂其乂」同，「其乂」以牽連竝書，「作乂」又豈必以參差立義耶？妄為分辨者，盍亦就音讀辨之哉？

伊雒字古不作洛解

魚豢《魏略》：「漢火行，忌水，故洛字去水而加隹。魏為土德，土，水之牡也；水得土而流，土得水而柔，故雒除隹而加水。」據其說，似古「伊雒」本皆作「洛」，漢始改「洛」作「雒」。陸德明、顏師古俱依《魏略》。宋王觀國《學林》引《史記》「雒邑」、「雒汭」，證司馬遷時已作「雒」，不得云光武所改。明周嬰《卮林》引《左傳》、《周禮》諸「雒」字，謂「雒」字已見於周代，竝就五德相生之說，駁《魏略》「火行忌水」之非。近段氏玉裁《伊雒字古不作洛考》〔註7〕：「古豫州之水作『雒』字，雍州之水作『洛』字，漢四百

〔註7〕 （清）段玉裁《經韻樓集》卷一《伊雒字古不作洛考》（上海古籍出版社 2008年版，第 20～23 頁）：
今學者作「伊雒」字，皆作「洛」，久無有知其非者矣。古豫州之水作「雒」字，雍州之水作「洛」字，載於經典者畫然。漢四百年未嘗清潤，至魏而始亂之。《魏志》：「黃初元年，幸洛陽。」裴《注》引《魏略》曰：「詔以漢火行也，火忌水，故洛去水而加隹。魏於行次為土。土，水之牡也，水得土而乃流，土得水而柔，故除『隹』加『水』，變『雒』為『洛』。」此黃初元年改「雒」字之始。曹丕欲改「隹」從「水」，而先以漢去「水」加「隹」為辭，竟若漢以前本作「伊洛」而漢始改之者。漢果忌水，則國號漢者將何說乎？即如顏籀雲光武以後始改，光武又何以不改「漢」而改「洛」乎？
考之六經，《詩》曰：「瞻彼洛矣。」毛《傳》曰：「洛，宗周溉浸水也。」此即《周禮》之雍州，「其浸渭、洛」，與伊雒了不相涉也。《周頌》序曰：「周公既成雒邑。」其字《釋文》尚作「雒」也。《周易》曰：「河出圖，雒出書。」王肅本未嘗誤也。王弼作「洛」，正魏人用魏字也。《春秋經》文公八年「雒戎」，三經皆作「雒」。《左氏傳》曰：「遂會伊、雒之戎。」曰：「楚子伐陸渾之戎，

遂至於雒。」曰:「揚、拒、泉、皋、伊、雒之戎,同伐京師。」曰:「武王克商,遷九鼎於雒邑。」曰:「天王使劉定公勞趙孟於潁,館於雒汭。」曰:「晉侯使屠蒯如周,請有事於雒與三塗。」「使祭史先用牲於雒。」曰:「司馬起豐、析與狄、戎,以臨上雒。」八字皆作「雒」,不作「洛」。其在《周禮·職方》:雍州,「其浸渭、洛」;豫州,「其川滎、雒」。〔正義本不誤,《釋文》本誤「洛」。〕《逸周書·職方解》、《漢·地理志》述職方皆用《周禮》之文,二字皆分別皎然。而《淮南鴻烈·墬形訓》曰:「洛出獵山。」高注:「獵山在北地西北夷中,洛東南流入渭。《詩》『瞻彼洛矣,維水泱泱』是也。」「雒出熊耳。」高注:「熊耳在京兆上雒西北。」字一作「洛」,一作「雒」,亦分別皎然,與《周禮》合。是亦見古二水二字之分矣。

或者謂《尚書·禹貢》「洛」字五見,《康誥》「洛」字一見,《召誥》「洛」字三見,《洛誥》三見,《多士》三見,《書序》再見,此非字本作「洛」之證耶?曰:此衛包不學無術,謂「雒」古字,「洛」今字,以今改古也,而其繆戾,實自陸德明、顏籀始。陸氏於《周易》、《周禮》皆作「洛」,而「洛出書」《音義》乃用「漢家以火德王」,故從「各」、「隹」之語。《周頌音義》雖作「雒」,音「洛」,而亦云後漢都洛陽,為水德,尅火,故改為「各」旁「隹」,是誤謂周時本作「伊洛」而其於《尚書》之本作「雒」、作「洛」未可知也。〔今《尚書音義》乃宋人所亂。〕師古則又有甚焉者。其注《地理志》也,於河南郡雒陽下云:「魚豢云:〔魚豢作《魏略》,記魏黃初元年詔語。〕漢火行,忌水,故『洛』去『水』而加『隹』。如魚氏說,則光武以後改為『雒』字也。」於是乃知班氏《地理志》二字本不亂,師古乃擅改《志》中《禹貢》之文。何以知班氏本不亂也?上雒下曰:「《禹貢》雒水出冢領山,東北至鞏入河。」穀城下曰:「《禹貢》瀍水出朁亭北,東南入雒。」盧氏下曰:「伊水出,東北入雒。」黽池下曰:「穀水出穀陽谷,東北至穀城入雒。」丹水下曰:「丹水出上雒冢領山。」新安下曰:「《禹貢》澗水在東,南入雒。」此豫州之雒也。歸德下曰:「洛水出北蠻夷,中入河。」懷德下曰:「洛水東南入渭。」直路下曰:「沮水出東,西入洛。」此雍州之洛也。其文明言《禹貢》雒水出冢領山,倘前文稱《禹貢》者皆「洛」字,不作「雒」字,則此《禹貢》雒水前何所承乎?何以云「考跡《詩》、《書》,推表山川,以綴《禹貢》、《周官》、《春秋》」乎?是可以知小顏信丕之言,謂漢改「洛」為「雒」,因謂三代本作「洛」,取《志》中《禹貢》盡改之以合丕說。然則河南雒陽豈光武始作「雒陽」,西漢固作「洛陽」乎?西漢作「洛陽」,則所作者西漢史也,何必用東漢字乎?曾不思一篇中首尾舛逆之不可讀乎?又何以改《禹貢》之「雒」為「洛」,而《職方》不改乎?又何以五「雒」字改其四,而「伊雒瀍澗」獨不改乎?將毋率意點竄之未能周,使其參差者,與後人以指謫,而聖經之舊幸可思而得歟!衛包之妄改,師古為之先導也。據《隸釋》石經《尚書》殘碑《多士篇》兩「茲雒」字,太史公書《夏本紀》述《禹貢》,《周本紀》、《魯世家》述《周書》,字皆作「雒」,今文《尚書》之不作「洛」可知也。《周禮·天官·序官》注引《召誥》「大保朝至於雒」,「大保乃以庶殷攻位於雒汭」,《古文尚書》之不作「洛」可知也。凡《六經》「伊雒」之字可考者有如此,師古不信古經、班《史》,輒用曹、魚之言改之。

其他經史如《國語》「伊雒」之皆為「洛」,《史》、《漢》或一篇一簡之內「雒」、

年未嘗渾淆。」羅引經傳、《史記》、《漢書》，以證古「伊雒」均作「雒」字。《尚書》之「洛」字，引《隸釋》石經《尚書》殘字「茲雒」字，《周禮·天官·序官》注「至於雒攻」、「位於雒汭」，《史記·夏本紀》、《周本紀》、《魯世家》所述《尚書》文，作「雒」不作「洛」，今書作「洛」字者，全係衛包所改。徵引甚備。以見「雒」為古「伊雒」字，非至漢始去「水」從「佳」、改「洛」為「雒」。

然段以《尚書》諸「洛」皆衛包改「雒」所為，竊恐有不必然者。攷洛水名是本字，「雒」殆是「洛」之借字。《說文·水部》「洛」字注云：「出左馮翊歸德北夷畍中，東南入渭」；《佳部》「雒」字注云：「鵋鶀也。」不箸為水名。可知洛水有二源，祇作「洛」。其作「雒」者，假借字。《文選·江賦》：「聿經始於洛汭。」李善《注》：「洛與雒通。」恐亦古有其說。就漢碑考之，《孔和碑》「奏雒陽宮」，《韓勑碑》「河南雒陽」，《史晨奏銘》「鈞河摘雒」，此皆假「雒」為「洛」；《袁良碑》「隱居河洛」，仍作「洛」字。《說文·羽部》「翚」注：「一曰伊雒而南，雉五采皆備曰翚」；《佳部》則云：「伊洛而南曰翚。」一作雒，一作洛，此尤「雒」、「洛」兩字容得通假之一證。以例經傳之「伊雒」，則古不必定作「伊洛」也。然則《魏略》以「雒」為漢所改者，其說不足憑也。如段氏謂《尚書》本無作「洛」之字，亦未敢信為必然也。

梁州黑水辨

《禹貢》黑水凡三見，後之釋《禹貢》者，或以為本一水；或以入南海之黑水與梁州黑水為一，而雍州別自有黑水；或又合導川之黑水與雍州黑水為一，梁州別自有一黑水。竊謂與其臆度古經水道，不如就經所繫之州辨之。

即如華陽黑水惟梁州，據鄭《注》：「界自華山之南，至於黑水」，明舉一

「洛」錯出，皆寫書者之訛亂，不可枚舉也。夫群言清亂，必有片言可以折衷者。許叔重《說文解字》「洛」篆下舉雍州之水，不言豫州之水；豫水果古作「洛」也，何不用「漳」篆並舉三漳之例乎？此所謂片言可以折衷者也。若《水經》本有《洛水》、《雒水》二篇，今則《洛水》篇亡，《雒水》篇乃作「洛水」，東原師說《水經》乃魏人所為，不誠然與？蓋亦魏人用魏字，與酈注中亦引去「水」加「佳」之語，未免為英雄所欺也。

〔癸酉十一月十二日，偶閱《漢書·高祖本紀》，漢王元年、二年、五年，「洛陽」字三見，五年、六年、七年、八年、九年，「雒陽」字凡七見，不應前後乖異如此，且一年之內，前云「帝乃西都洛陽」，後云「陛下取天下，與周異，而都雒陽」，何自相矛盾乃爾？今之通人亦無有隨手亂書者，當由前半經淺人塗改從「水」，後半未及為之，適此本流傳，而為汲古閣本、他氏本未考。〕

山一水錶梁州界域。既繫之梁州，自宜求諸梁州。攷《禹貢》梁州分界，東北起今陝西之商南、雒南等縣，其西南全有今蜀、滇、黔三省地。合之，鄭《注》所謂黑水者，似在梁之南境。攷《漢書‧地理志》，益州郡滇池縣，北有黑水祠。滇池，今昆明、晉寧二縣地。縣北川原無可當黑水者。惟金沙江自吐蕃徼外東徑麗江鶴慶府州界，環滇池之北；其分支，一合溫水，東南徑鬱林、日南入海；一東北徑四川馬湖，至敘州入岷江。南中諸川之大者，惟此為最。昔蒙氏封為四瀆之一，殆亦以斯。《地理今釋》：「梁州黑水，即今雲南之金沙江。其源發於西蕃諾莫渾五巴什山分支之東，曰阿克達母必拉。南流至塔城關，入雲南麗江府境，亦曰麗水。東南流至姚安府大姚縣之左却鄉北，打沖河自鹽井衛來會之。又東入四川境，徑會川營南。又東至東川府西，折而東北流，徑烏蒙府西北，馬湖府南。又東徑敘州府南入岷江。打沖河出西蕃界，在崑崙東南百里，二源同發，名查褚必拉，蒙古語謂之七察兒哈那。平地水泉數十泓，散若列星，匯而南流，有支河十二道，左右流入之。至占對安撫司，入四川界，南流，東折繞鹽井營之東北，又南至烏喇猓猓入金沙江。」案：金沙江即《水經注》之繩水。繩水出徼外，會若水、孫水、蜻蛉水、毋血水、塗水，合瀘江水，至僰道入江，亦通稱瀘江。諸葛武侯五月渡瀘，即斯水。瀘本作盧，古盧弓、盧矢俱訓黑，亦可證是水固黑水之遺。然則梁州南境當訖雲南麗江以南，東南抵巫山，西北抵西傾也。或以巴蜀西南夷，漢武始開通之，豈禹時已列版圖？攷《五帝紀》「昌意降居若水」，則若水固黃帝子所分封矣。則梁州黑水之即金沙江，不又較然辨哉！

　　說經文字，宗主古義為第一義，後來鑿空愚誣之說宜斷絕淨盡。惟攷證地道，愈近愈核實。果能符合古義，自當據以發明舊說。或誤不嫌訂正，若徇地名之相沿，而曲為附會，所謂「失之毫釐，差以千里」矣。凡釋地不可不知。自記。

蔡蒙旅平說

　　《禹貢》：「蔡蒙旅平。」枚《傳》：「蔡、蒙，二山名。祭山曰旅。平言治功畢。」《史記‧夏紀》集解引鄭康成曰：「《地理志》：『蔡蒙在漢嘉縣。』」是鄭以蔡蒙為一山。攷《漢書‧地理志》蜀青衣縣：「《禹貢》蒙山溪大渡水東南至南安入渽。」應劭注：「順帝更名漢嘉。」《續漢‧郡國志》：「蜀郡屬國漢嘉縣，故青衣。陽嘉二年改。有蒙山。」兩志記蒙山所在，咸與鄭合。孔沖遠

為傳作疏，云：「蔡山不知所在。」其非二山明矣。蔡蒙單稱蒙者，案經「岷嶓既藝」，鄭《注》謂「即嶓冢山」。嶓冢稱嶓，與蔡蒙稱蒙正同。《傳》以旅祭釋旅平。無論古祭山不定稱旅，《虞書》「元日，望於山川。東巡狩，望秩於山川」，祭山無所謂旅也。且《禹貢》初不紀祭山川之事，大而五嶽四瀆，皆不言旅，何獨鄭重於蔡蒙之平？

　　近江氏聲謂旅讀當為鴻臚之臚。臚，陳敘也。言可陳敘其平成之功也。案：《周禮·司儀》「皆旅擯」，《注》：「旅讀為鴻臚之臚。」《儀禮·士冠禮》：「旅占。」《注》：「古文旅作臚。」是「旅」、「臚」二字讀既同音，文又通用。此經「旅」字，《經典釋文》、韋昭音盧，江氏正依古讀，以陳敘平成之功釋「旅平」，即篇末「告厥成功」之義。彼自以九州平治播告，此於一山亦復陳敘者，蓋古時最嚴蠻夷猾夏之防，帝舜命皋陶可證。此篇若青之嵎夷、萊夷，徐之淮夷等，輒各隨事坿識。梁州一節紀禹之績，曰「岷嶓既藝」，曰「沱潛既道」，以二山二水為一偶。「蔡蒙旅平」與「和夷底績」對舉者，鄭君「和夷」注：「和上，夷所居之地。」逼處梁州，蔡蒙計亦不遠。當夫聲教未施，奪攘撟虔，安知不延及於蔡蒙？下而蔡蒙之居民不遑安息，上而痌瘝在抱之帝必以未盡又平為憂，禹為之去災患，正經界和夷，自此不侵不叛。然則蔡蒙之平，平於和夷之底績。而經先書「蔡蒙」、繼錄「和夷」者，亦不使蠻夷加諸夏上之義。臚陳入告，一以慰宵旰廑念，一以見他族率俾，則旅平又烏容緩者？故他山無旅平之文，獨於蔡蒙言之，殆以近有和夷也。王引之據《郊特牲》「旅樹」《注》「旅，道也」，旅平言道已平治。江云：「平成已該王義於中。」至釋旅平為行旅往來，安平無險，望文生訓，何異於析蔡蒙為二山哉？

梁雍二州織皮屬上屬下異讀說

　　《禹貢》：梁州，「熊羆狐狸織皮」，枚《傳》：「貢四獸之皮，織金罽」；雍州，「織皮崑崙，析支渠搜」，枚《傳》：「織皮毛布。」則解「織皮」已不同。據貢四獸皮之說，則梁州所云「織皮」，承上「熊羆狐狸」立文。雍州「織皮」，但釋以「毛布」，據《正義》述傳義，謂「四國皆衣皮毛，故以『織皮』冠之」，則織皮當連「崑崙析支渠搜」句。是經之「織皮」無異詞。而如傳說，則在梁州當屬上，在雍州當屬下，其讀判然迥異。後人習聞枚《傳》，其釋《禹貢》「織皮」，不特梁州所書上屬「熊羆狐狸」，即雍州所書「織皮」十二字亦欲移之「厥貢惟球琳琅玕」之下、「浮於積石」之上，以比梁州在「厥貢璆鐵銀鏤

翠罄熊羆狐狸」下之例。則枚《傳》本讀上屬者固仍上屬，枚《傳》本讀下屬者亦改上屬矣。然而據傳說以竄易經文，以強求其無異讀，何如合經文之前後參觀，並可證其本無異讀也。

　　案：《水經‧桓水》注引鄭君《書注》：「織皮謂西戎之國也。西傾，雍州之山也」，又以「雍、戎二野之間，人有事於京師者，道當由此州而來」釋「因桓是來」。則此「織皮」雖坿見梁州，既與雍州之山連文，自即雍州所書之「織皮」。王鳴盛氏《後案》：「鄭云『織皮謂西戎之國也』者，「雍州」云：『織皮崑崙，析支渠搜，西戎即敘』，知織皮謂西戎之國，即崑崙等是也。」案：「雍州」《疏》引鄭君說：「衣皮之民居此崑崙、析支、渠搜三山之野者，皆西戎也。」雍州之崑崙等三山不嫌上冠以「織皮」，而「織皮」屬下為義，在梁州所書「西傾」，同此名山，又何嫌而不當冠以「織皮」，「織皮」必宜屬上乎？攷《禮記‧王制》：「西方曰戎，被髮衣皮」，鄭謂「衣皮之民為西戎之國」，當本此。本經《旅獒》序，《釋文》：「鄭《注》：『西戎無君。』」無君則亦無所謂國別，故就其不同於他方者以為名稱。猶本篇冀州所記島夷，據鄭《注》「東方之民搏食鳥獸者」，是民搏食鳥獸即名之為島夷，與此民衣皮而名為織皮正同。然則梁、雍雖分二州，而二州所書之「織皮」則無異讀。以梁州「織皮」當上屬，雍州「織皮」當下屬，固屬強生分別。因梁州「織皮」之屬上，並改雍州之經不難。使「織皮」本非屬上者，一例屬上，無復屬下之跡，恐無解於強經就我。案：梁州「織皮」下之「西傾」為山，雍州「織皮」之「崑崙」等亦為山，在經之屬辭從同。雍州「織皮」屬下「崑崙」等三山，唐以前無異讀。梁州「織皮」之屬下「西傾」山，正可參證，又何必異讀哉？

流沙考

　　流沙之名，兩見《禹貢》。《史記‧夏紀》：「餘波入於流沙。」《集解》引鄭康成說：「《地理志》：『流沙在居延西北，名居延澤。』《地記》曰：『弱水西流入合黎山腹，餘波入於流沙。』」《漢書‧地理志》張掖郡居延自注：「居延澤在東北，古文以為流沙。」「西北」、「東北」或以誤文而異，以居延澤為流沙，則班與鄭無異詞。《水經》：「流沙地在張掖居延縣東北。」《注》：「居延澤在其縣故城東北，《尚書》所謂『流沙』者也，形如月生五日也。弱水入流沙。流沙，沙與水流行也。」酈氏之說不特與班、鄭同，並且詳其形而兼釋其義。

　　考漢居延故縣，即今額濟納旗。弱水由合黎山石峽口東北流，曰坤都倫河。

又東北逕額濟納旗東，亦曰額濟納河。又東北分為二支，流入居延海。海即漢居延澤，在旗東北，故亦曰額濟納海。蒙古稱西北者為索郭克鄂模，東北者為索博鄂模，似居延澤自是一水，非流沙，而古文以為流沙者。

《禹貢錐指》：「弱水自合黎峽口以北，水不為患，禹治此水，止於合黎，未嘗及其北。故雍州曰『弱水既西』，而導水則有『入流沙』之文，無入居延澤之文。後人以目驗之，見弱水實入居延澤，則以為流沙云爾。」發明經旨，具見明通。惟又以《經》言「西被於流沙」苟在居延澤，是北非西，近人遂有謂《禹貢》兩流沙本自不同，未可強合。「餘波入於流沙」，《經》以未見居延澤，故約略言之，其意蓋指北流沙。今蒙古北之瀚海，橫亙二千里。《竹書紀年》：「穆王北征，行流沙千里。」《說文》「漠，北方流沙」即此。若西被於流沙，自斥西流沙言。《錐指》所引《楚辭·招魂》、魏晉以下各史志傳、《西域記》、《廣志》之流沙，今新疆諸地之大戈壁是也。劃分居延澤流沙，非即西被之流沙。

攷《尚書小疏》，《禹貢》「東漸于海」、「西被于流沙」，皆實指其地。而朔南但言「暨」者，蓋蒙上二句之文，謂朔及流沙，南及海。沈說頗確。案：中國輿地，東方、南方皆際海，言東即可賅南，故江東亦得稱江南。以例西北二方，亦何必鑿為區別？然則《禹貢》流沙準以今時地望，瀚海、戈壁皆可包舉其中。釋《禹貢》者以居延澤當流沙，殆就當時中國輿圖所知者言，未可謂其考之未審已。

《禹貢》導河曰播曰逆《孟子》曰疏其意是否相同說

自來論水之功，莫神於禹紀；治水之功，莫古於《禹貢》。後之深識水性，往往取諸水以曉人。《孟子》尤擅其長，故七篇中，述禹之治水，先後凡四見。然《禹貢》敘導河，終之以「又北播為九河」。同為逆河，皆就河言。曰播，見河之至山而分；曰逆，見河之於此又合。《孟子》詳敘洪水泛濫之平，曰「禹疏九河」。據《禹貢》，則播若逆皆河所自為，而《孟子》言疏由於禹之所為，其意似不盡同。案：《禹貢》鄭《注》：「播，散也。同，合也。下尾合，名曰逆河，言相向逆受也。」又謂：「河水自上至此，流盛而地平無岸，故能分為九，以衰其勢。壅塞，故通利之也。」趙岐《孟子注》：「疏，通也。」一則以通利釋播與逆，一直以通詁疏。據鄭、趙古義，則播也、逆也雖異於疏之立文，無非即疏之實功。是《禹貢》與《孟子》不同者其語，無不同者其意矣。且鄭

君以散釋播，散與壅義適相反，疏之使無所壅，自不致停閼而上行；逆之義為相向逆受，逆受與橫流義亦相反，疏之使相逆受，又無慮岐趨而旁及。當日河之曲折以趨海，擬議其狀，以曰播曰逆分著，因地之宜。《孟子》總舉其綱，以曰疏者，推原施功之始同。一見治河之績，不外乎水由地中行耳。《洪範》曰：「鯀陻洪水。」說者以多立隄防釋陻。多立堤防，既非決之使導，而偪束於一處，勢必首尾橫決，終無注之海之一日。然則非禹有以疏之，河何自而播為九？又何自而同為逆河乎？《史記・河渠書》敘禹道河，「至於大邳」云，「於是禹以為河所從來者高，水湍悍，難以行平地，數為敗，乃廝二渠以引其河。北載之高地，遇降水，至於大陸，播為九河，同為逆河」云云。「廝」為「釃」之通假。釃訓為分，與疏義近。《漢書・溝洫志》：「賈讓謂：『昔大禹治水，山陵當路者毀之，故鑿龍門，闢伊闕，析底柱，破碣石，墮斷天地之性，此乃人功所造。』」據此，則禹之行水，無往而非疏之之法。有時利用緩，則以播為疏，分布歧出，播為九河者，所謂徐以殺其怒也。有時利用急，則以逆為疏，刮除成空，同為逆河者，所謂合以疾其行也。平當言：「九河今皆寘滅。案經義，治水有決河深川，而無隄防壅塞之文。」《禹貢》專言治水之書，所云「經義」，當指斯。禹成九河而水患除，寘滅九河而漢患劇。「決河深川」，則又《孟子》所謂疏也。參觀平當之說，播也，逆也，何嘗異於疏哉？

禹分九州以山川為疆界論

　　《禹貢》特《尚書》百篇之一，而世之為地理學者，迄今遵奉以為法，則以所分九州，歷數千年而疆界猶可案籍而稽，則以大書山川為各州標識，使人一望而知也。

　　就《禹貢》論之，兗州曰沇河，揚州曰淮海，雍州曰黑水、西河。沇河、淮海、黑水、西河，莫非川也。荊州曰荊及衡陽，荊為荊山，衡陽謂衡山之陽，則皆山也。青州曰海、岱，徐州曰海、岱及淮，豫州曰荊河，梁州曰華陽、黑水。海若河，若黑水，皆川。岱若荊，若華陽，則又山也。其一州而繫以某山某川者，無非概當州之限斷。其二州而同此一山一川者，用以見州境之毘連。八州之疆界分明。即帝都所在之冀州，不識山川，以寓一尊之誼，而疆界不難參攷以得之。東以大陸為界，導河云：「北過降水，至於大陸。」《漢書・地理志》鉅鹿縣：「大陸澤在北。」蓋自昌黎始碣石，與青分界；自樂亭至寧河，沿逆河北岸；自天津至內黃，沿大河西北岸，至浚縣止，河折而東北也。南以

孟津為界，導河云：「東至於底柱，又東至於孟津。」蓋自浚縣始，河與沇分界；自汲縣至芮城，沿河北岸，至永清止，河折而東也。西以壺口為界，冀州首列壺口，攷《漢志》北屈縣，壺口山在西南。蓋自永濟始，河與豫分界；自臨晉至河曲，沿河東岸，至偏關止，河自此入塞也。北以雁門為界，據《經》「夾右碣石，入於河」，鄭《注》：「禹由碣石西北行，盡冀州之境。」《北山經》：「碣石之山又北，水行五百里，至於雁門之山。」蓋自偏關始，河與雍分界；自平魯至盧龍，據雁門東西相望，至昌黎止，碣石所在也。然則八州之疆界，誠可據山川以為分。即冀州之疆界，要可準鄰州之山川而得其分矣。地學家每謂郡縣有廢置，陵谷有升沉，土石有消長，古今之變幾無終窮，而名山大川之流峙於兩間者，歷久而變改究鮮。雖大河或徙，沛水善決，非復禹時故道，而所紀水之經行，合之所分州界，其蹤跡固猶可推尋，宜釋地者謂為疆理天下無踰於斯也。

三代下輿地書，咸以杜氏《通典》、《元和郡縣志》、《太平寰宇記》於各州縣下詳列四至八到，隱以山川為主而求其郡縣，異乎自來之以郡國為主而求其山川，體例之精善，抑知遠祖《禹貢》以山川為疆界乎？

然則山也，川也，不特不可偏廢，又當以水為主。蓋二水之間，即知為山脊。明乎水道，即明山勢。山水條理既明，然後攷某水某山之東西南北即某州之分疆劃界處，固瞭如指掌也。吾觀《左傳》引周虞人之箴曰：「茫茫禹跡，劃為九州。」夫自夏而殷，而周，典章制度之損益者何限，而劃州猶頌禹跡勿替，亦可見九州分界之法，洵千古不易已。

卷二終

青學齋集卷三

新陽汪之昌

《湯誓序》說

　　《書序》：「伊尹相湯伐桀，升自陑，遂與桀戰於鳴條之野，作《湯誓》。」
枚《傳》：「桀都安邑，湯升道從陑，出其不意。陑在河曲之南，鳴條在安邑
之西。」近金氏鶚據《史記》吳起語，力辨枚《傳》「都安邑」之妄與「出其
不意」之誣。以桀都大約在今河南府洛陽縣，陑地無可考。《太平寰宇記》云：
「堯山在河東縣二十八里，即雷首山，亦即陑山。湯伐桀，升自陑，即此。」
然別無證據，亦本枚《傳》以坿會耳。謂陑蓋自昆吾之夏所經之路者近是。
鳴條所在，近江氏聲、王氏鳴盛、孫氏星衍咸據《逸周書》、《呂氏春秋》、《淮
南子》，當依鄭《注》為南夷地，足定岐說。竊謂此《序》文當有錯簡，「作
《湯誓》」三字當在「升自陑」下，「遂與桀戰於鳴條之野」句當在後序「夏
師敗績」句上。何以言之？本篇首言「非臺小子，敢行稱亂」，中言「今朕必
往」，篇末「予其大賚汝」、「予則孥戮汝」，明是啟行之始，兩軍未見之時，
故以賞罰相激厲。若既戰之後，則為賚為戮，必有其見其聞者，不煩申告矣。
此其證一。《序》言「升自陑，作《湯誓》」，猶之「至於大坰，仲虺作誥」；
「遷於囂，作《仲丁》」；「師渡孟津，作《大誓》」。序記一例，其證二。或以
《牧誓序》亦云：「與受戰於牧野，作《牧誓》」，與此正同。不知彼《序》但
云「武王戎車三百兩，虎賁三千人」，未嘗先言伐、受，不言與受戰，所與戰
者不明。此序已云「伐桀」，與戰者必桀，何必「戰於鳴條」之上復贅「與桀」
二字？又安知非後人因《牧誓》序文，遂移「遂與桀戰於鳴條之野」於「作

《湯誓》前乎？《胤〔註1〕征序》：「羲和淫湎，廢時亂日，胤往征之。」不再言羲和，名已具前，與此《序》之桀同。其證三。就本書證之，錯簡顯然。《史記·殷本紀》：「伊尹從湯，湯自把鉞，以伐昆吾，遂伐桀。」此即《序》所謂「伊尹相湯，伐桀，升自陑」文也。《本紀》錄《湯誓》辭，云「作《湯誓》」下乃敘「桀敗於有娀之虛。桀奔於鳴條，夏師敗績」。敘戰在作誓後。史遷錄三代事次弟，每與《書序》合，則「遂與桀戰」句當與「夏師敗績」相接。此又一證。此《序》枚《傳》之謬，前人已經駁正。序文錯簡，未有及之者，故為此說以俟質焉。

伊陟原命解

傳《尚書》，以孔安國為最古。司馬遷問故於安國，則孔《傳》雖佚，而《史記所》述皆真古文也。《商書序》：「大戊贊於伊陟，作《伊陟》、《原命》。」偽孔《傳》：「原，臣名。」《原命》、《伊陟》二篇皆亡孔沖遠《疏》：「大戊贊伊陟，惟告伊陟，不告原也。史錄其事，而作《伊陟》、《原命》二篇，則大戊以桑穀事告伊陟，亦告原。《序》故總以為文。原是臣名，以言命原，故以名篇，猶《冏命》、《畢命》也。」偽《傳》、孔《疏》以原為臣名，蓋本馬融。融曰：「原，臣名。命原以禹、湯之道，我所修也。」融說未知所本，別無取證。然以原為臣名，例以伊陟、巫咸，《商書》紀述既詳，《周書·君奭》篇亦云「時則若伊陟」及「巫咸，乂王家」文。《史記》並各載其事蹟。果有臣名原，何以經史俱寂無表見也？如謂經以命名篇者，《說命》、《冏命》諸篇其上一字率係臣名，然《說命》、《冏命》經文已佚，若未逸之《顧命》亦以命名篇，初非臣名也。案：《史記·殷本紀》：「帝大戊贊伊陟於廟，言弗臣，伊陟讓，作《原命》」。史公敘事次第，輒與《序》合，其所據依，必親見之壁中真古文，必本親問於安國者。是《序》無《伊陟》篇目矣。命伊陟而曰「原命」者，原之言再。《爾雅·釋言》：「原，再也。」《周禮》「禁原蠶」，《注》亦以「原為再」。均可證。蓋因伊陟謙讓不受而再命之，故以《原命》名篇。考《殷本紀》「伊陟贊言於巫咸。巫咸治王家有成，作咸艾，作大戊。」以史文準《序》，《序》當云「作《咸乂》四篇、《大戊》」，猶《虞書序》云「作《汩作》、《九共》九篇、《槁飫》」，句法一例。俗儒誤闕《大戊》一篇，與百篇之數不符，遂增《伊陟》篇目以足之。江氏聲云：「古文重字不再書，止於字下加二畫。」

〔註1〕「胤」，底本作「允」。下同。

此《序》「大戊贊於伊陟」承「《咸乂》四篇」之後，「大戊」字下皆當有二畫作重文以兩屬，俗儒誤作單文，闕《大戊》篇，因增《伊陟》之目。江氏所云，實能抉其妄增之由。吁！作偽者不知《原命》之誼，增《伊陟》篇目，作疏者復曲為之附會，苟非史公以得之問故者明著《本紀》，又奚以證《原命》之名篇而訂《伊陟》篇目之為誤分哉？

盤庚始稱殷辨

「盤庚遷於殷」，鄭《注》：「商家自徙此而號曰殷。」《疏》謂鄭以此前未有殷名，以中篇「殷降大虐」，為將遷於殷，先正其號名。引《商頌》「商邑翼翼，撻彼殷武」，證稱殷而不改商名；《大雅》「殷商之旅，諮女殷商」，證殷商亦可兼稱。《尚書集注音疏》：「湯有天下之號曰商。而此中篇『殷降大虐』、《西伯戡黎》『天既訖我殷命』、《商頌》『殷受命咸宜』，皆謂商為殷，明是由遷於殷而改稱殷」，與《疏》說相近。據《疏》釋鄭義，直是盤庚改商為殷，又見經於盤庚後未嘗不稱商，乃分別單稱兼稱，以自圓其說。竊謂鄭《注》散佚，此《疏》節引單文。案諸經，殷商每錯出一篇中。如《微子》「殷其弗或亂正四方。殷罔不小大」，而下云「商今其有災。商其淪喪」。所謂「自徙此而號殷」者，未見其確。《竹書紀年》：「帝芒三十三年，商侯遷於殷。」徐文靖《統箋》以此商侯為子亥，殷之號自此始。《世本》亦云：「子亥遷殷。」《紀年》：「孔甲九年，殷侯復歸於商邱。」正未可謂前此未有殷名，《疏》說決非鄭意。案：鄭君此語當為敘「將治亳殷」之注。云「商家自從此而號曰殷」者，對亳立文，謂向稱亳而自此曰殷，非謂自此改商為殷也。攷百篇敘，自湯始居亳後，《女鳩》、《女房》敘曰「去亳曰復歸於亳」，《湯誥》敘亦曰「復歸於亳」。紀湯事輒繫諸亳。而《太甲》敘「三年復歸於亳」，《沃丁》敘「沃丁既葬伊尹於亳」，《咸乂》敘「亳有祥桑穀共生於朝」，是湯以後，亦仍亳稱，而未見殷稱。而《西伯戡黎》敘曰「殷始咎周矣」，《微子》敘曰「殷既錯天命矣」，則不復稱亳而概稱殷。嗣後，《周書》敘之涉商家者，若伐殷勝殷，悉以殷稱商家。鄭君以敘之稱殷實始於將治亳，爰釋之曰「自徙此而號曰殷」，徙此謂徙亳，見前此居亳即曰亳，此後雖居亳而曰殷，前此所稱之亳，即後此所稱之殷，而後此之稱殷乃肇始此。敘之稱殷，專就百篇敘為訓。若商雖為天下之名，曾不見於百篇敘，此又可證始稱殷之斷非謂改商稱殷矣。盤庚遷居之殷地，《尚書》家攷之已詳，特就始稱殷之義辨之。

于今五邦解

「于今五邦。」《傳》：「湯遷亳，仲丁遷囂，河亶甲居相，祖乙居耿，我往居亳。凡五徙國都。」據《傳》，則五邦為亳也、囂也、相也、耿也，及盤庚居亳，凡五。《釋文》：「馬云：『五邦，謂商邱、亳、囂、相、耿。』」據馬，數商邱而不數盤庚之遷。《疏》：「鄭、王皆云湯自商徙亳，數商、亳、囂、相、耿為五。計湯既遷亳，始建王業。此言先王遷都，不得遠數居亳之前充此數也。」《尚書集注音疏》：「五邦與五遷不同。五遷謂五次遷都。成湯、仲丁、河亶甲、祖乙各一遷，並盤庚為五，故敘言『盤庚五遷』。五邦則建邦有五所。湯自商邱遷亳，一遷即有兩邦。後又三徙，有囂、相、耿三處，通商邱、亳為五，故云五邦。實止四遷，不數遷殷。」據江說，則孔《傳》可以釋五都，非可以釋五邦。五邦自當依馬、鄭、王之說。《群經平議》引「《西京賦》：『殷人屢遷，前八而後五。』後五遷當從亳始。若非商邱數之，則不足前八遷之數」。其說洵塙。竊謂商邱誠不當與於後五之列。即亳為湯開國所定都，受命興王之地，似亦不宜併入，正不止未遷之亳也。就孔《傳》若馬注而論囂、相、耿，百篇敘顯有明文。攷《竹書紀年》「仲丁元年，自亳遷於囂」，孔《疏》引李氏云：「在陳留濬儀縣」，皇甫謐云：「仲丁自亳徙囂，在河北。或曰今河南敖倉。」《史記·殷紀》：「帝中丁遷於隞。」《索隱》：「隞亦作囂。」《括地志》：「滎陽城，殷之敖地，亦曰囂，在敖山之陽山。上有城，秦置倉其中，曰敖倉。」《紀年》：「河亶甲元年，自囂遷於相。」《殷紀》：「河亶甲居相。」《正義》：「《括地志》：『故殷城在相州內黃縣東南十三里，即河亶甲所築都之，故名殷城。』」《魏書》：「道武帝幸鄴，訪立州名，崔光取亶甲居名之相州。」《紀年》：「祖乙元年，自相遷於耿。」《殷紀》：「祖乙遷於邢。」《索隱》：「邢音耿。」近代本亦作「耿」。今河東皮氏縣有耿鄉。《括地志》：「絳州龍門縣東南十二里耿城，故耿國。」《左傳》閔二年注：「平陽皮氏縣東南有耿鄉。」開皇之耿州，即為邢。《通典》亦云：「祖乙遷邢。」邢即耿無疑。是囂、相、耿三地，《紀年》、《史記》之文可與《書》敘互證。案：《紀年》：「祖乙二年，圮于耿。自耿遷于庇。八年城庇。」是祖乙遷耿，後又有庇之遷。「南庚三年，遷于奄。」《續漢·郡國志》：「魯國即奄國。」《左氏》定四年傳：「因商奄之民。」商奄殆以商之舊都名。然則囂、相、耿外，又有庇、奄二邦，又均在盤庚前，尤與經「于今」之義相應，烏得牽合湯都之亳與盤庚謀遷之殷以足五邦之數哉？

《西伯戡黎》《微子》二篇《說文》引作《周書》說

《說文》女部:「《周書》曰:『大命不摯。』」見《西伯戡黎》篇,惟「摯」作「摯」。口部:「《周書》曰:『咈其耇長。』」辵部:「《周書》曰:『我興受其退。』」均見《微子》篇,惟「退」作「敗」。案:《西伯戡黎》、《微子》二篇,今《尚書》均次四十篇之《商書》中。據《說文》戈部「𢦏。」下:「《商書》曰:『西伯既𢦏。黎』」;足部「躋」下:「《商書》曰:『予顛躋。』」「西伯既𢦏。黎」即《西伯戡黎》篇之「西伯既戡黎」,「予顛躋」即《微子》篇之「予顛隮」。明稱《商書》,故說者咸以「摯」下、「咈」下、「退」下諸作《周書》,「周」當為「商」之誤。俞氏《茶香室經說》謂「安有三處皆誤」,其說甚正。又引《帝告》、《釐沃》、《湯征》、《汝鳩》、《汝方》。《釋文》:「此五亡篇。」舊解是《夏書》,馬、鄭之徒以為《商書》,兩義竝通。五篇皆《商書》,以作書猶在夏時,不嫌列之《夏書》。證《西伯戡黎》、《微子》二篇雖《商書》,而文王受命作周,改元稱王,依鄭君說,入戊午部三十年,歲在己未為文王元年。則自己未後,已為周代。此二篇作於周時,即為《周書》。〔註2〕比例精當,足正以《說文》引《西伯戡黎》、《微子》作《周書》為誤者之妄。

竊謂之二篇之作《周書》,有即本篇敘文而可證者。《西伯戡黎》敘:「祖伊恐,奔告於受。」鄭《注》:「紂,帝乙之少子,名辛。帝乙愛而欲立焉,號曰受德。」案:商王咸以十干為號,敘所謂太甲、沃丁、太戊皆是。《商紀》:「帝乙崩,子辛立,是為帝辛,天下謂之紂。」據此,《西伯戡黎》敘之「受」,

〔註2〕(清)俞樾《茶香室經說》卷一《尚書》「西伯戡黎　微子」條:
《西伯戡黎》、《微子》二篇,今在《商書》。而《說文・女部》「摯」篆下引《周書》曰:「大命不摯。」即《西伯戡黎》篇「大命不摯」也;《口部》「咈」篆下引《周書》曰:「咈其耇長。」即《微子》篇「咈其耇長」也。《辵部》引《周書》曰:「我興受其退。」即《微子》篇「我興受其敗」也。是許君以此二篇為《周書》,若謂字誤,安有三處皆誤者哉?惟《足部》「躋」篆下引《商書》曰:「予顛躋。」即《微子》篇之「予顛隮」。然三處作《周書》,一處作《商書》,校讎古書,必從其多者,當據三處改此一處,不當據一處改彼三處也。然則此二篇何以為《周書》,曰:是有《帝告》五篇之例,《書》序《允征》之下,有《帝告》、《釐沃》、《湯征》、《汝鳩》、《汝方》五篇。《釋文》曰:「此五亡篇。」舊解是《夏書》,馬、鄭之徒以為《商書》,兩義並通。夫《帝告》以下五篇皆《商書》,而今列之《夏書》者,以作書之時猶在夏時而未至商代也。然則《西伯戡黎》、《微子》二篇,雖是《商書》,而文王受命作周,改元稱王,依鄭君說,入戊午部三十年,歲在己未為文王元年。則自己未以後,已為周代矣。此二篇作於周時,即為《周書》。疑古文家舊說有如此,故許君從之,此治《古文尚書》者所未知也。

以《商書》敘太甲、沃丁、太戊例之，自當稱辛，而乃稱受，與《周書·洪範》敘「勝殷殺受」之稱「受」正同。《牧誓》「今商王受」，《無逸》「無若殷王受之迷亂」，是《周書》以「受」為通稱，此其顯據。《微子》敘「殷既錯天命」，揆諸《周書·分器》敘「武王既勝殷」，《微子之命》敘、《周官》敘均言「既黜殷命」，諸云「既」者，皆就事後而言，則「既錯天命」自是天命錯後之詞，亦可見《微子》一篇決非作於商時。參觀二篇敘之立文，似本係《周書》。《史記·孔子世家》敘「書傳上紀唐虞之際，下至秦繆」，是敘為孔子作。據《西伯戡黎》、《微子》敘，則孔子固不以二篇為《商書》也。《說文自敘》其稱「《書》孔氏」，皆古文，此之以《周書》目《西伯戡黎》、《微子》，當本孔壁真古文舊義。且《左傳》文五年、成六年、襄，三年引《洪範》作《商書》，解者以作《洪範》者，商人箕子，故稱《商書》。而戡黎之西伯則周之文王也，微子則卒為周之上公也，此二篇一記周君之事，一記周臣之語，何不可稱《周書》，與商人所作為《商書》亦同？是則《說文》引《西伯戡黎》、《微子》，以《周書》稱之，不得謂之誤已。

我舊云刻子解

　　《微子》篇：「我舊云刻子。」《釋文》引馬融《注》云：「言也。刻，侵刻也。」枚《傳》：「刻，病也。我久知子賢，言於帝乙，欲立子，帝乙不肯。病子不得立，則宜為殷後者子。」《正義》：「刻者，傷害之義，故為病也。」引《呂覽》文云云。《疏》以「傷害」釋「刻」，蓋援馬《注》以坿合傳義。然言知其賢而請立為嗣，不得謂侵刻傷害之。唐賈至《微子廟碑》即據以立說。案：《傳》以「我久知子賢」解「舊」字，以「言於帝乙，欲立子」解「云」字，以「病子不得立」解「刻子」二字，以「宜為殷後者子」解「王子」二字，則「王子」連「刻子」為句。然經明言「我舊云刻子」，其他云云，經文無之，未免不得其說，而徒為之詞。近焦循以「病」當訓「堯舜其猶病諸」之「病」。「刻」之訓為極、為急。趙岐《孟子注》：「病，極也。」《〈詩·召旻〔註3〕〉箋》：「疾，猶急也。」故刻之意與病同。又以「刻子」即「箕子」。《易》：「箕子之明夷。」劉向、荀爽讀「箕」為「荄」。《淮南·時則訓》：「爨萁。」高誘《注》：「萁讀荄備之荄。」古荄、萁音通。刻從亥，與荄、荄同。箕即萁字。此乃述其平素私自之言。「舊」，久也。謂不特今日因王子問我，我始言之，且

〔註3〕「旻」，道光皇帝諱，底本原作小字「謹避」。此係「旻天疾威」句箋。

不獨言當去，久已言箕子、王子兩人皆當出。〔註4〕然《洪範》箕子兩見，不作刻子，則焦說似亦臆測。案：《論衡・本性篇》引《微子》云：「我舊云孩子。紂為孩子之時，微子睹其不善之性。」魏源謂微子當作太師。是王充所見《尚書》為「我舊云孩子」。「刻」作「孩」者，焦循所謂刻從亥，與孩、荄同也。《大戴禮・保傅篇》：「古者胎教，王后腹之七月，太師持銅而御戶左。王后所求聲音者非禮樂，則太師縕瑟而稱不習。太子生而泣，太師吹銅曰：『聲中某律。』」《史記・宋世家》：「微子乃問於太師、少師。」是此語本太師答微子，故云「知其不善於孩子之時」。充當東漢初，去西京未遠，猶見古《尚書章句》，當本歐陽、夏侯家義。準諸《大戴記》亦合，決非臆說。《洛誥》：「孺子其朋。」

〔註4〕《尚書補疏》卷下（《續修四庫全書》第48冊，第12～13頁）：
我舊云箕子、王子弗出，我乃顛隮。《傳》：「刻，病也。我久知子賢，言於帝乙。欲立子，帝乙不肯。病子不得立，則宜為殷後者子。今若不出逃難，我殷家宗廟乃隕墜無主。」
循案：《釋文》：「舊云：馬云『言也』，刻音克。馬云：『侵，刻也。』」《正義》以刻為傷害之意，蓋以馬氏侵刻為傳解也。然言其賢而請立，不可為侵刻傷害之。玩傳云「病子不得立」，則當如「堯舜其猶病諸」之「病」。「刻」之訓為極、為急。趙岐注《孟子》云：「病，極也。」《《詩・召旻》箋》云：「疾猶急也。」故刻之義與病同。〔高誘注《呂覽・處方篇》云：「刻亦急也。」注《達鬱篇》云：「刻，盡也。」盡與極同。刻訓盡，猶該訓備。〕《傳》以「我久知子賢」解「舊」字，以「言於帝乙，欲立」解「云」字，以「病子不得立」解「刻子」二字，以「宜為殷後者子」解「王子」二字，「不出我乃顛隮」六字為句。然經止言「我舊云刻子」，其他云云，經文無之。王充《論衡・本性篇》引作「我舊云孩子，王子不出。紂為孩子之時，微子睹其不善之性，性惡不出眾庶，長大為亂不變，故云也。」此說尤為不辭，於經文殊費辭說，而不能達。余謂「刻子」即箕子也。《易》：「箕子之明夷。」劉向、荀爽讀「箕」為「荄」。《淮南子・時則訓》：「爨萁。」高誘注云：「萁讀荄備之荄。」古荄、萁音通。〔《說文》：「亥，荄也。十月微陽起，接盛陰。」用起字明荄字，以起、荄聲相近也。又：「侅，奇侅，非常也。」以奇連侅，奇、侅音近相疊也。《爾雅》：「山無草木，峐。」《說文》「無草木」為屺。《釋文》引《三蒼》、《字林》、《聲類》，言峐猶屺字。亥唐亦作期唐。〕刻從亥，與孩、荄同。箕即萁字。〔《釋名》：「亥，核也。」核之與荄，猶刻之與孩。《史記・律書》：「箕者，言萬物根棋。」棋即萁也。《毛詩傳》：「棘，急也。」與戒音義同。棘之為戒，猶刻之為急。急為萁之入聲，戒為荄之去聲。陔亦作烗。該，亦該備。《曲禮》：「梁曰薌萁。」《釋文》：「萁字又作箕，同音姬，語辭也。」〕以此推之，父師既云「詔王子出迪」，則已勸微子去矣。下云：「我舊云箕子、王子弗出，我乃顛隮。」此乃述其平素私自之言。「舊」，久也。謂不特今日因王子問我，我始言之，且不獨言王子當去，久已言箕子、王子兩人皆當出，若箕子、王子不出，則我殷乃顛隮矣。（下略不錄。）

鄭《注》：「孺子，幼少之稱，謂成王也。」何嫌於此之稱紂孩子？《立政》亦云：「咸告孺子王。」《史記》以此篇為微子、商度諫紂與否，太師自述久言之矣。彼言「咸告」，猶此言「舊云」；彼言「孺子王」，猶此言「孩子」。句法正同。以經證經，尤為明顯。奚必別求刻子之訓而曲為坿會哉？

《牧誓》司馬攷

古制：司馬主軍政。而《牧誓》紀武王行軍，與司徒、司空並列。解經家但釋為官名，未嘗實指其人。案：《論衡·是應篇》云：「師尚父為周司馬。」《〈詩·大明〉疏》引王肅說，亦言太公為司馬。雖未知充、肅之說所本，或係漢經師相傳舊誼。今且攷經傳諸書所述太公事，合諸《周禮》司馬之職，厥證數端，有可為引申者。

《周禮》：「司馬掌九伐之法。」《左氏傳》，管仲述召康公命太公曰：「五侯九伯，汝實征之。」與「掌九伐」合。此雖為勝殷分封時事，然例以鄭桓公、武公為司徒，則列侯或仍居故官。其證一也。《周禮》司馬之職，「弊旗誅後至者」。又，「群吏聽誓於陳前，曰：『不用命，斬之。』」《書》今文《〈太誓〉大傳》載師尚父有「總爾眾庶，與爾舟楫，後至者斬」語。《史記·周本紀》、《齊世家》同。雖在觀兵初，居二年為坶野之誓，計時未久，司馬未必更異。其證二也。《周禮》司馬於大祭祀「羞牲魚」。《逸周書》：「王即位，於社告神，師尚父牽牲。」《史記·周本紀》、《齊世家》亦載之，在牧誓勝殷時。其證三也。《周禮》司馬「軍有功，則左執律，右秉鉞」。《注》：「律以聽軍聲。」《六韜》有武王、太公律之音聲問答文。秉鉞，則《書大傳》、《史記》均有師尚父杖鉞事。雖未必屬牧誓時，要任司馬之官。其證四也。至《白虎通論》「司馬順天」，而王者法天。《詩》之詠尚父，獨以師稱。今文《太誓》有「司馬在前，文、武王入殷，先問太公，答以愛人」云云。斯又可為旁證者也。歷考眾書，《牧誓》司馬以太公當之，或亦備傳注未及乎？若攷訂於軍司馬、輿司馬、行司馬等名，則此司馬安得與司徒、司空並列哉？

旅獒解

《周書·旅獒》篇目存而經逸。據《書序》「西旅獻獒，太保作《旅獒》」，《傳》：「西戎遠國貢大犬，召公陳戒。」孔《疏》：「西旅，西方夷名。西方曰戎。克商之後乃來，知是西戎遠國。獒是犬名，故云貢大犬。成王時，召公為

太保，知此時太保亦召公。《釋詁》:『旅，陳也。』故云『召公陳戒』。上『旅』
是國名，此『旅』訓為陳，二旅字同而義異。」曲申《傳》說，以大犬釋獒，分
別序「西旅」之「旅」為國旅，獒之旅訓陳。洵如所云。篇名「旅獒」，尤言陳
犬，毋乃不辭？據《疏》述鄭君說，獒讀曰豪。西戎無君名，彊大有政者為酋
豪。國人遣其酋豪來獻，見於周。案:《釋文》出「獒」字，注:「馬云:『作豪，
酋豪也。』」是鄭讀「獒」為「豪」，正同馬義。「獒」、「豪」聲近，古人字多通
假。「獒」之讀「豪」，閻若璩所謂「以聲相近而讀者」。馮景《旅獒說》〔註5〕

〔註5〕（清）馮春《解春集文鈔》卷十《旅獒說》:

閻子駁《尚書》古文《旅獒》云云，景深有味乎其言也。〔古人字多假借。有
以形相近而讀者，素隱之為索隱。有以聲相近而讀者，既稟之為餼廩。有以形
聲俱相近而讀者，親民之為新民。有形既不同、聲亦各異，徒以義當讀作某者，
命也之命，鄭氏以為慢，程子以為急是也。安國壁中書原有《旅獒》篇，馬融、
鄭康成親從講習，知旅獒不得讀以本字。故注《書序》，馬云:「作豪，酋豪也」;
鄭云:「獒讀曰豪。西戎無君名，強大有政者為酋豪。國人遣其酋豪來獻，見
於周。」蓋從篇中文與義定之也。偽作此篇者，止見《書序》有「旅獒」字，
遂當以《左傳》「公嗾夫獒焉」、《爾雅》「狗門尺為獒」之獒，若馬、鄭兩大儒
為不識字也者。〕蓋嘗論經史中字多不從本字為文，若劉之為殺也，〔《盤庚》:
「重我民，無盡劉。」《周頌》:「勝殷過劉。」〕蔡之為放也，〔《禹貢》:「二百
里蔡。」《左傳》:「蔡，蔡叔。」〕離之為麗也，〔《易·離》卦:「離，麗也。」
《國風》:「雉離于羅。」《禮》:「昏經曰納徵，束帛離皮。」〕旬之為均也，〔《丰》
卦:「雖旬无咎。」《內則》:「旬而見。」〕音之為蔭也，妃之為配也，平之為
便〔平聲〕也。他如資讀為齊，〔《巽》卦:「喪其資斧。」〕圮讀為弊，〔《堯
典》:「方命圮族。」〕術讀為遂，〔《月令》:「審端徑術。」〕鮮讀為獻，〔天於
乃鮮羔開冰。〕辨讀為貶，〔《玉藻》:「立容辨，卑毋諂。」〕美讀為儀，〔《少
儀》:「鸞扣之美。」〕建讀為展，〔《樂記》:「名之曰建櫜。」〕浮讀為罰，〔《投
壺》:「若是者浮。」〕政讀為征，〔《周禮·小司徒》:「施其職而平其政。」〕奠
讀為定，〔《賈師》:「展其成而奠其賈。」〕奠又讀為停，〔《匠人》:「為溝洫，
凡行奠水。」〕修讀為滌，〔《司尊彝》:「凡酒修酌。」〕果讀為裸，〔《大宗伯》:
「攝而載果。」〕狸讀為埋，〔《鬱人》:「遂狸之。」〕舍讀為釋，〔《大胥》:「春
入學舍采詩。」《駒鐵》:「舍拔則獲。」〕繩讀為孕，〔《薙氏》:「秋繩而芟之。」〕
個讀為幹，〔《考工記》:「上兩個與其身。」〕屬讀為注，〔《函人》:「犀甲七屬。」〕
空讀為孔，〔眠其鑽空。〕眾讀為終，〔《春秋》:「眾父卒。」〕恪讀為客，〔《左
傳》:「以簡三恪。」〕渠讀為遽，〔《史記》:「何渠不若漢？」〕紅讀為功，〔《漢
紀》:「女紅，大紅之類。」〕隃讀為遙，〔《漢書》:「兵難隃度。」〕訟讀為公，
〔《呂后紀》:「未敢訟言誅之。」〕聟讀為壻，〔《風俗通》:「怪神女新從聟家
來。」〕醳讀為釋，〔《史記》:「醳兵。」〕泣讀為澀，〔《素問》:「脈泣而血虛。」〕
又如惡池讀為呼駝，〔《禮器》。〕顐典讀為懇殄，〔《考工記》:「輈欲顐典。」〕
蕭爽讀為驌驦，〔《左傳》:「唐成公如楚，有兩蕭爽。」〕旖旎讀為猗儺，〔平聲。
《楚辭》:「紛旖旎乎都房。」揚雄賦皆同。〕於菟讀為烏塗，曰他讀為蜜低，

帛喜讀為伯嚭，〔王充《論衡》。〕緷綄讀為袞冕〔《管子·君臣上篇》。〕之類，其義與音均不得就本字而為之辭也明矣。至於桓字、能字有三同，〔《禹貢》：「西傾因桓是來。」又：「和夷底績。」《水經注》：「和即桓。」《漢書注》：「桓楹即和表。」和表又轉為華表。桓譚《新論》、《隋志》作「華譚」。○能象熊之形。許氏謂「能，熊屬。音臺」。《禮記》「耐可」之「耐」音能。〕般字、甄字有三音，〔夏般之音婢，「左輪朱般」之音焉，「般其靁」之音隱。○《漢書》「甄表門閭」之音真，《左傳》「左甄右甄」之專，《周禮·典同》「薄聲甄」之音震。〕惡字、率字有五音五義，〔善惡之音屋，好惡之音塢，惡在之音烏，周惡夫印之音亞，惡衣惡食之音阿。○將率音帥，彀率藻率皆音立，量名音刷，督率音朔，算法約率音類。〕繇有六義，離有十六義，闢有三十七義，〔見景別著。〕衰有四音，齊有五音，賁有七音，〔見《易疏》。〕從有七音，差有八音，敦有九音，〔敦厚音墩，「敦彼獨宿」音堆，《樂記》「樂者敦和」音純，「敦彼行葦」音團，「敦弓既堅」音雕，《周禮》「每敦一幾」音幬，《周禮》「度量敦制」音準，《周禮》「珠盤玉敦」、《明堂位》「有虞氏之兩敦」音對，《爾雅》「敦丘如覆敦」音鈍。〕苴有十四音，若皆如字以求，不亦繆戾乎？矧字有正訓則非者，如息，長也；〔「天地盈虛，與時消息」訓長。〕亂，治也；擾，順也；荒，定也；〔「荒度土功」、「遂荒大東」之類。〕臭，香也；糞，除也；潰，遂也；〔「草不潰茂」、「是用不潰于成。」〕結，解也；〔「親結其縭。」〕坐，跪也；〔「則皆坐奠之而後取之。」〕浮，沉也；〔「賜之鴟夷而浮之江。」〕面，背也；〔「面縛銜璧」、「呂馬童面之。」〕皆美惡相對之字而反用之，必解本字則義有弗通焉耳。彼偽作《旅獒》篇者，文從字順，固亦易使人信。何也？蓋成周時，原有越裳獻白雉。及兩漢時，大宛貢天馬，月氏、安息獻扶拔、師子，條枝獻大爵，永昌徼外夷獻犀牛、大象。若斯之類，世咸通曉，反覺馬、鄭兩大儒為不識獒字也者。景因譴曰：惜哉！古詩協韻，不然，誰信龍當讀為寵者乎？《商頌·長發》云：「荷天之龍。」若直以本字作解，附會如黃帝鑄鼎成，有龍垂鬍顧下迎；夏后孔甲，天降龍二；漢文帝時，黃龍見成紀之事；而謂湯承天之嘉祥，時則有龍降於庭，人孰敢牴牾其說者哉！

《旅獒說二》

馮子曰：旅獒之獒當作豪，決然無疑也，奚以言之？其證乃時時見於他說。一、《汲冢周書·王會解》，四夷獻犬者有三。渠叟以鼩犬，而非獒也。匈戎以狡犬。狡犬者，巨身四尺，則亦獒類矣。然而匈戎乃北戎，非西旅也。正南六蠻〔甌、鄧、桂國、損子產、裏、百濮、九菌六者，南蠻之別名。〕獻短狗，而又非西旅與獒也。一、《竹書紀年》，於周武王十三年書「巢伯來賓」，於十五年書「肅慎氏來賓」。信有西旅獻獒之事，有不大書特書者乎？然並不書西族來賓者何？巢伯、肅慎氏皆其國之君，西旅第遣其酋豪來獻耳，非君也。非君則不書。一、魏張揖《廣雅》，其釋犬屬也，殷虞、晉獒、楚黃、韓獹、朱猉。使武之旅獒既明見於書，乃獨不曰周獒而曰晉獒乎？張華《博物志》亦然。《物名攷》云：「周穆王有犬，名(來+毛。毛白；晉靈公有畜犬，名獒。他如韓國有盧，宋犬曰誰。」與揖說同，亦無及西旅獻者。彼皆信傳不信經，言晉不言周，述後不述前，學者宜亦可以思共故焉。夫《逸周書》古矣，固無論，即魏張揖、晉張華猶必習見馬、鄭獒作豪說，信而弗疑也。故吾讀群書，而旅獒之誣乃益明。

歷論經史中字多不從本字為文，其說甚辨。以證讀「獒」為「豪」，亦確。《呂氏春秋·恃君覽》：「氐羌、呼唐、離水之西，僰人、野人、篾笮之川，舟人、送龍、突人之鄉，多無君。」高誘注：「西方之戎無君者。」呂為秦人，秦地迫近西戎，所舉無君之種族正鄭說西戎無君之所，本《後漢書·西羌傳》「不立君臣無相長，一強則分種為酋豪。《漢書·宣帝紀》：「斬其首惡大豪楊玉、酋非首。」注：「文穎曰：『羌胡名大帥為酋，如中國言魁。』」是羌戎有酋豪，漢時猶然。其以《旅獒》名篇者，《疏》以陳釋旅，蓋援下序《旅巢命》之文。不知彼下有命字，故旅當訓陳。《歸禾序》「旅天子之命」，可證此不言命。則所謂旅者，何所系屬。江聲《尚書集注》：「旅，遠人之稱，之言羈旅。」引《秦策》「今臣羈旅之臣」，言異國之臣，則是遠人。雖不必絕遠，即絕遠亦為旅。以旅名篇，皆以遠為義。蒙謂旅之訓遠，自是引申之義。《國語·晉語》：「禮賓旅，友故。」舊注：「旅，客也。」古每以賓旅連文，則旅之本義當訓客。以其為客而名為旅，故待之以賓旅之禮即為旅，猶之同志曰友，而視之為同志，亦稱友也。《尚書大傳》：「越裳重九譯而朝。周公曰德澤不加焉，則君子不饗其質；政令不施焉，則君子不臣其人。」此獻見之酋豪，殆與越裳相類。不臣其人，而以賓旅之禮禮之固宜然。則禮之如賓旅而曰旅獒，無所謂「底貢厥獒」也。至武王時，西戎未嘗貢獒，太保非即召公，《尚書》家辨之稔矣，故就旅獒名義解之。

周公避流言出亡論

嘗讀《金縢》篇，周公以不利孺子之流言，即以弗避無以告先王，告二公，繼書曰「周公居東」。《豳風·鴟鴞》序疏稱述具詳，並引鄭君說：「管、蔡流言，周公乃避之，出居於東都。周公之屬黨見公之出，亦皆奔亡。」然則《書》所謂「居東」，實避流言而出亡。矧周公以天下甫定，嗣王幼沖，勢不得不躬攝大政，詎可因無稽之言，率爾委去？《傳》有之：「禮儀不愆，何恤乎人言？」公之請代武王也，質天地，動鬼神，召公、太公與謀之，諸史百執事咸信之。聞流言而互相傳述，大都無識之庸愚，又何必以出亡者急自表暴？且公在朝，尊則周京之冢宰，親則當王之叔父，在欲逞志於公者，固亦無如之何！無端行遯，所謂一死士之力制之而有餘，豈仁且知如公而不及此？雖然，以後人而尚論前世，孰君子，孰小人，孰是非，孰難易，因已有成跡可稽，不難處置，而具合幾宜。當夫事變初起，紛然傳播於人口，而且加以倒行逆施之惡名，設於此而懵然罔覺，恐非君子；即於此而安然不問，亦非人情。意當日周京，忽有將不利孺子之一說，群然

指目周公，在公明知言本無稽，然執途人而逐一與為剖析，無論不盡見信，亦且有不暇給。公以為與其辨之於人，不如察之於己；彼以近似而滋其謗，不如遠行而釋其疑。案流言云云，無非以公攝政，日在嗣王左右，國是咸掌諸一人，其利孺子與否未可定。顧以攝位而滋其疑，將去位，自不難釋其疑，此又可以意決者。觀於經書，周公居東，即不復及流言事，可見公一出而群情帖然。或謂：《尚書大傳》：「奄君薄姑謂祿父曰：『武王既死矣，今王尚幼矣，周公見疑矣，此百世之時也，請舉事。』」是懷不軌者隱伺公之進退為動靜。公而一聞流言，倉皇出亡，夫固彼中傷者所朝夕以求。管、蔡等乘主少國疑之會，擾攘中原，事正不堪設想，恐寶命不免於墜。則公之出亡，無乃失策尤甚。竊嘗審度當日情勢，此說正所謂似是實非。管、蔡亦文王子，儼然懿親之列，安有反助武庚以規復舊物？攷《史記‧管蔡世家》：「管叔、蔡叔疑周公之為不利於成王。」《衛世家》亦曰：「管叔、蔡叔疑周公。」然則管、蔡特疑公之所為，初非欲傾毀王室。《尚書後案》：「當武王初崩，周公固已攝政，自是常禮，不應致疑。及免喪，成王幼，將代攝其位。三叔疑公欲依殷禮，兄死弟及，故流言起也。」此說當得其實。觀於以「不利孺子」為辭，居然亦為孺子計，初非與周公不竝立，必欲去之為快。迨後之與武庚、淮夷等同叛，或自愧前此以小人腹度君子心，恐無逃於訛言之刑，怙終而冀幸免，非必本意不容周公耳。以攝政而有此流言，斯出亡流言自息。然則此流言者，避之足矣。論者勿疑為輕舉妄動可已。

天球河圖解

　　《周書‧顧命》篇：「天球河圖。」枚《傳》：「球，雍州所貢。河圖，八卦，伏羲王天下，龍馬出河，遂則其文，以畫八卦，謂之河圖，及典謨皆歷代傳寶之。」據《正義》，此《傳》大率點竄鄭《注》，惟鄭以「河圖，帝王聖者所受」，《傳》則專言「伏羲」。然《傳》以天球合大玉、夷玉為玉三重，與西序之弘〔註6〕璧琬琰〔註7〕二重，以傳合「越玉五重」之數。直以天球為玉，不知即以「玉五重」論，鄭注：「弘〔註8〕，大也。琬琰〔註9〕，皆度尺二寸者」，言「皆」則明分為二璧也。琬也、琰〔註10〕也為三重，大玉、夷玉又為二重，

〔註6〕「弘」，底本作小字「廟諱」，據《尚書‧顧命》改。
〔註7〕「琰」，底本作小字「廟諱」，據《尚書‧顧命》改。
〔註8〕「弘」，底本作小字「廟諱」，據《尚書正義‧顧命》改。
〔註9〕「琰」，底本作小字「廟諱」，據《尚書正義‧顧命》改。
〔註10〕「琰」，底本作小字「廟諱」，據《尚書‧顧命》改。

已足五重之數，天球不當在其列。且鄭君以大玉為華山之球，則言玉可以該球。天毬果為球玉，何以又變玉言球？竊謂此之天球，當即《虞書》之「璇璣玉衡」。馬融謂「璣衡為渾天儀」，鄭君謂「轉運者為璣，持正者為衡，皆以玉為之」。《尚書攷靈曜》曰：「觀玉儀之遊。」鄭君謂「以玉為渾儀也」。是古測天之器，本以玉製。班孟堅《典引》「御東序之祕寶，以流其占」，李善《注》：「《尚書》曰：『顓頊河圖洛書在東序。』」章懷《注》：「《尚書》曰：『天球河圖在東序。』」近段氏玉裁以《文選‧典引》錄蔡邕注，所引當是《今文尚書》。案：古文「天球」，今文作「顓頊」者，此天球或出顓頊所創，或由顓頊所定，即以顓頊稱，猶顓頊曆法，曆家名以顓頊也。《隋書‧天文志》引劉智云：「顓頊造渾儀。」蔡邕《蓋天說》：「圓者為璣，其徑八尺，以美玉為之。」是古天球用玉之證。《唐書‧天文志》：「李淳〔註11〕風言：『暨於周末，此器乃亡。』」可見當時傳有顓頊測天之器。《文選》王儉《褚淵碑》注：「《雒書天準聽》曰：『天球，寶器也。』」貴重可知。以其測天體而名為天球，與圖出於河名河圖正同。《漢書‧五行志》：「劉歆以為伏羲氏繼天而王，受河圖，則而畫之，八卦是也。」即枚《傳》所本。王鳴盛謂「八卦是伏羲所受河圖，而河圖不止是八卦」，說最明簡。《禮運疏》引《中候握河紀》：「堯時受河圖。」《廣博物志》引《尸子》：「河精授禹河圖而還於淵中。」《墨子‧非攻篇》：「天命文王，伐殷有國，泰顛來賓，河出錄圖。」《宋書‧符瑞志》：「周公旦攝政七年，與成王觀於河，沈璧禮畢，榮光出河，青龍臨壇，元甲之圖，坐之而去。周公援筆寫之。」江聲謂「周家當寶先祖之河圖」，專指文王所受者。然鄭注《大訓》，謂「禮法先王德教」，以例河圖，亦不當但陳本朝所受。《隋書‧經籍志》：「河圖九篇，洛書六篇。相傳自黃帝至周文王所受」，與鄭《注》「帝王聖者所受」尤合。天球亦傳自前代者，故與河圖竝舉，夫豈區區磬材及一朝符命之謂哉？

哲人惟刑解

《書‧呂刑》：「哲人惟刑。」《傳》曰：「言智人惟用刑，乃有無窮之善辭，名聞於後世。」竊以如《傳》所云，「刑」上當增一「用」字，文義乃明顯。〔註12〕《吳志‧步騭傳》：「騭曰：『明德慎罰，哲人惟刑』」云云。言當選擇明哲之人，任之以刑，與《傳》頗合。以「哲人」如《詩‧大雅‧抑》之篇「其

〔註11〕「淳」，底本作小字「廟諱」。
〔註12〕按：王引之之說，參下注。

維哲人」、《禮記·檀弓》篇「哲人其萎」之「哲人」，然在騺引經原不妨斷章取義，《傳》主釋經，究何可望文影坿？案：本經「伯夷降典，折民惟刑」，《漢·刑法志》引作「恝」，《墨子·尚賢篇》引作「哲」，《尚書大傳》作「哲獄」，同今文。「哲獄」既可作「哲」，「哲人」又安知非作「折」之假借乎？《說文》「口」部：「哲，知也。重文作恝。」《釋言》亦訓「知」。張參《五經文字》卷下一百三十二「口」部「哲」、「恝」同，是「折」、「哲」、「恝」三字音義並通之確證。《釋文》：「折民馬曰知也。」既訓為「知」，當直作「哲」。《釋文》欲遷就偽孔，故並馬注亦引作「折」。近朱氏彬謂「哲即折。『哲人惟刑』猶上言『折民惟刑』」，解經最為直截了當。試就其說推廣之。

　　「折」、「哲」同義，顯有明證。「民」、「人」之相通用，見於經傳者亦不勝悉數。即如《無逸》篇，或言「小人」，或言「小民」，文異而旨一，不得以「民」、「人」異稱而鑿為二說也。發「民」言「人」者，猶《立政》篇上言「厥邑」，下言「厥邦」也。以經證經，可為確據。王氏引之謂「『哲』當讀為『折』，折之言制也。言制民人者惟刑。蓋本上文『制以刑』。《墨子》引作『折則刑』」。〔註13〕《論語·顏淵》篇鄭《注》「折獄」亦訓「制哲人」，不訓如字。與朱氏說脗合，可破俗儒拘文牽義之陋。蓋「折」為正字，「哲」係假借字。不通六書假借之恉，烏足以釋經？篇終再言之者，是篇大旨在於明慎用刑，故重言申明之。且上推原古王制刑，此則申警後嗣，如以詞重意復疑之，即如傳說，上文「有德惟刑」，既云當使有德者典刑矣，何又及明哲之人哉？

《漢書》孔壁古文經篇目攷

　　《漢書·藝文志》：「武帝末，魯恭王壞孔子壁，欲以廣其宮，而得古文《尚書》及《禮記》、《論語》、《孝經》，凡數十篇，皆古字也。」是得於孔壁者為《尚書》、《禮記》、《論語》、《孝經》，其字皆與博士讀說之本不同，故謂為「古

〔註13〕（清）王引之《經義述聞》弟四《尚書下·哲人惟刑》（上海古籍出版社2018年版，第242～243頁）：「哲人惟刑，無疆之辭。」《傳》曰：「言智人惟用刑，乃有無窮之善辭，名聞於後世。」引之謹案：如《傳》說，則「刑」上當增「用」字，文義乃明，殆非也。「哲」當讀為「折」，折之言制也。「折人惟刑」，言制民人者惟刑也。〔上文「制以刑」，《墨子·尚同》篇引作「折則刑」。〕上文「伯夷降典，折民惟刑」，《傳》曰：「伯夷下典禮教民而斷以法。」《墨子·尚賢篇》引作「哲民惟刑」。「折」，正字也。「哲」，借字也。〔上文「哀敬折獄」，《困學紀聞》卷二引《尚書大傳》作「哀矜哲獄」，「哲」亦「折」之借字。〕「哲人惟刑」，猶云折民惟刑耳。

文」。「數十篇」，則總計所得之篇數。《魯恭王傳》：「壞孔子舊宅，於其壁中得古文經傳。」渾言「古文經傳」，書名、篇數俱從其略。論者以《書》、《禮》為經，《論語》、《孝經》為傳，自是漢世通稱，則敘孔壁所得各古文書與《藝文志》相應。攷《志》，「《論語》古二十一篇」，注：「出孔子壁中，兩子張。」據班氏自注及如氏注，《論語》通行本蓋二十篇，古文《論語》分《堯曰》篇後「子張問何如可以從政」已下為篇，名曰《徒政》，猶《齊論》於二十篇外多《問王》、《知道》為二十二篇也。「《孝經古孔氏》一篇」，注：「二十二章」。師古曰：「劉向云：『古文字也。庶人章分為二，曾子敢問章為三，又多一章，凡二十二章。』」《志》言壁中古文異於長孫氏、孫氏等諸家之本，「父母生之，續莫大焉」云云，專就字讀言之，實則章數亦有分合與增多之殊。〔註14〕然則孔壁古文傳，即班《志》攷之，而篇目瞭如。志：「《尚書》古文經四十六卷」，注：「為五十七篇。」又敘：「古文《尚書》，出孔子壁中也。安國悉得其書，以攷二十九篇，得多十六篇。」《禮》古經五十六卷，經七十篇。」或謂此「七十」乃「十七」誤倒。攷《志》：「《禮》古經者，出於魯淹中及孔氏，學七十篇文相似，多三十九篇。」案：五十六卷除十七，正多三十九。劉敞謂「學七十篇」當作「與十七篇」，其說可信。據《劉歆傳・移太常博士書》：「魯恭王壞孔子宅，欲以為宮，而得古文於壞壁之中，《逸禮》有三十九篇，《書》十篇。」歆典校祕書，所云古文《禮》若《書》，篇數當本目覩者言，班《志》殆據之立文。然十六篇、三十九篇，《志》與傳數雖從同，而十六篇、三十九篇之目則均未箸錄。攷《堯典疏》引鄭注《書序》，於今文二十九篇外增多者：《舜典》一、《汨作》二、《九共》九篇十一、《大禹謨》十二、《益稷》十三、《五子之歌》十四、《胤征》十五、《湯誥》十六、《咸有一德》十七、《典寶》十八、《伊訓》十九、《肆命》二十、《原命》二十一、《武成》二十二、《旅獒》二十三、《冏命》二十四。《九共》九篇同卷，除去八篇，則二十四篇，適合十六之數。《疏》謂鄭依賈氏所奏《別錄》，故近《尚書》家咸以鄭說為本。劉向校定之孔壁古文，則《逸書》十六篇之目尚未盡湮，惟五十六卷之《禮》古經除今所傳《儀禮》十七篇外，此幾無可稽攷。《困學紀聞・儀禮》篇：「《逸禮・中霤》在《月令》注疏。《奔喪》、《投壺》，《釋文》引鄭氏云：『實《曲禮》之正篇。』

〔註14〕《漢書》卷三十《藝文志》：「漢興，長孫氏、博士江翁、少府后倉、諫大夫翼奉、安昌侯張禹傳之，各自名家。經文皆同，唯孔氏壁中古文為異。『父母生之，續莫大焉』，『故親生之膝下』，諸家說不安處，古文字讀皆異。」

又，《遷廟》、《釁廟》〔註15〕，可補經禮之闕。」又謂：「《天子巡狩禮》、《朝貢禮》、《王居明堂禮》、《烝嘗禮》、《朝事儀》見於《三禮》注，《學禮》見於賈誼書，《古大明堂》之禮見於蔡邕論。」王所舉篇目凡十二。吳澄《儀禮逸經八篇》所採《公冠》及《禘於太廟》兩篇，為王氏所遺。《古文尚書疏證》以《〈周禮·士師〉注》所引《軍禮》，謂「亦古《禮經》之逸篇」。案：《通典·禘祫上》引祫太廟之禮，例以烝嘗禮、禘於太廟禮，烝嘗禘祫，四時祭，古本並重，祫於太廟禮宜自有專篇，其為逸篇之一無疑。然則孔壁古文之《逸書》、《逸禮》、《論語》、《孝經》，其篇雖不可復見，其目不尚可攷哉？

卷三終

〔註15〕《困學紀聞》卷五《儀禮》下有「見《大戴記》」。

青學齋集卷四

新陽汪之昌

考槃解

　　《衛風》：「考槃在澗。」毛《傳》：「考，成。槃，樂也。」鄭《箋》：「有窮處，成樂在於此澗者。」明言「成樂」，正本《傳》義，是鄭與毛無異解。《疏》引王肅云：「窮處山澗之間而能成其樂。」肅好與鄭違反。以「能成其樂」立文，亦可見「考槃」詁訓，詩家初無異說。案：《爾雅·釋詁》：「考，成也。般，樂也。」《說文》「木」部：「槃，籀文從皿作盤。」是「槃」、「盤」本一字。《書》「盤庚」，《釋文》及《古今人表》作「般庚」。「般」得通「盤」，即「般」得通「槃」。是「槃，樂」與「考，成」同用《雅》詁，固無可疑者。《集傳》於「考槃」列二說。前說謂「成其隱處之室」，即黃氏一正所云：「槃者，架木為屋，有槃結之義。」皆本鄭樵木「偃蓋為槃」之說，殆取其有似於木槾蓋而以形為名。然《檀弓》篇歷言墓制，若堂，若坊，若覆夏屋，若斧不問。即以堂、坊等為稱，以例室即似槃，要不得以槃當室也。後說引陳傅良云：「考，擊〔註1〕也。槃，樂器也。扣之以節歌，如鼓盆拊缶之為。」此乃末世貧無聊賴者容或有之，古賢者當不如此。近惠半農據「《家語》作『《槃琴》以衷之』，王肅《注》：『槃，操。琴，曲名也。』然則《考槃》即《槃琴》歟？考猶鼓也。蓋古有是名，而孔子作之，曰考曰作，皆鼓之義」。胡承珙《後箋》以惠說「近於坿會」〔註2〕，蓋就《集傳》之後一說而小變之，且所引《家語》

〔註1〕「擊」，《詩集傳》作「扣」。
〔註2〕（清）胡承珙撰，郭全芝校點《毛詩後箋》卷五《考槃》。（黃山書社1999年版，第287頁）。

撰自王肅，不足憑。竊謂諸家未達「成樂」之義，釋「考槃」遂無定解。

　　《春秋》隱五年《穀梁傳》：「考者，成之也。」《無逸》篇：「文王不敢盤於遊田」，義亦為樂。「考，成。槃，樂」為古時通義，正不獨《爾雅》云云。《國語·鄭語》：「虞幕能聽協風，以成樂物生者也。」是「成樂」連文為古時通語，足以證《傳箋》所本。蓋以其施諸事者言則曰「成樂物生」，以所處之地言則曰「考槃在澗」。《小宛》篇《箋》：「衰亂之世，賢人君子雖無罪，猶恐懼。」正與「成樂」之義相反。未見其樂，又安所謂成？作詩者所以於「在澗」、「在阿」、「在陸」反覆詠歎，其寬邁與軸，有無往而不成其為樂者。《論語·雍也》篇：「不改其樂。」「不改」乃謂《述而》篇「樂以忘憂，不知老之將至」，《孟子·萬章》篇「我豈若處畎畝之中，由是以樂堯舜之道」，斯其義矣。明乎「考，成。槃，樂」之本古訓，「成樂」連文之為古語，則知《傳箋》所以詁經者固有自來哉！

碩人其頎或作頎頎說

　　《玉篇》「頁」部：「頎，渠衣切。《詩》云：『碩人頎頎。』《傳》：『具長貌，又頎頎然佳也。』」似顧野王所見《詩》為「碩人頎頎」。案：《衛風》：「碩人其頎。」毛《傳》：「頎，長貌。」鄭《箋》：「碩，大也。言莊姜儀表長麗，俊好頎頎。」然據今詩「其頎」，非「頎頎」，《傳》亦單言「頎」，惟《箋》言「頎頎然」耳。近臧玉林引《玉篇》之文，謂下章《箋》云「敖敖，猶頎頎也」，據鄭《箋》，知詩本重「頎」字，六朝時猶未誤，故顧野王據之。然據下《正義》曰「以類宜重言，故《箋》云『頎頎然長也』」，知唐初孔所見本已作「其頎」矣。阮文達《校勘記》引「明星有爛」《箋》云：「明星尚爛爛然，則經文一字、《傳箋》疊字者多矣。」《釋文》云：「『其頎』、『其機』反。」《正義》云：「有大德之人，其貌頎頎然長美。」皆經文作「其」字之證。竊謂阮說誠塙。然《玉篇》引《詩》，往往有與《毛詩》異者。《召南》「于以采蘋」篇「有齊季女」，《玉篇》作「有齋季女」。《說文》「女」部：「齊，材也。」段懋堂《注》：「顧氏或取諸三家詩。」無論《詩》有齊、魯、韓、毛四家，文義率多不同，即同一毛詩，亦或不盡相同。如《王風》「邱中有麻」篇「將其來施施」《顏氏家訓·書證》篇曰：「河北《毛詩》皆云『施施』，江南舊本悉單為施。」然則河北本之「將其來施施」，江南本作「將其來施」，一疊「施」字，一不疊「施」字，與此之或作「其頎」，或作「頎頎」正同。《小雅》「節彼南山」篇「憂心

如惔」，《釋文》、《說文》作「炎」。《說文》「火」部：「炎，小熱也。《詩》曰：『憂心炎炎。』」陸氏本此。言「如炎」，以「炎」擬議其憂心。重言「炎炎」，猶云「憂心忡忡」、「憂心惙惙」，亦狀其憂心，以例「其頎」形容其貌之長，重言「頎頎」亦形容其貌之長也。就《箋》「敖敖，猶頎頎」之文論之。《唐風》「羔裘豹袪」篇首章「自我人居居」，次章「自我人究究」，《傳》：「究究，猶居居也」；《秦風》「蒹葭蒼蒼」篇次章「蒹葭萋萋」，《傳》：「萋萋，猶蒼蒼也」；三章「蒹葭采采」，《傳》：「采采，猶萋萋也」。以同是重言形，況義不相違，已具於前，不嫌引以為訓，故云「猶」。此《箋》「猶頎頎」，以訓詁之體例之，設「頎」本單文，則「猶」字何屬？所謂「頎頎」，讀者何所適從？且證之本經，《邶風》「碩人俁俁」，《傳》：「俁俁，容貌大也」；《王風》「君子陽陽」，《傳》：「陽陽，無所用其心也」；「君子陶陶」，《傳》：「陶陶，和樂貌」；據此詩以「俁俁」、「陽陽」、「陶陶」狀所詠之碩人若君子，與此以「頎頎」詠碩人，句法一例。《玉篇》所引，殆古時別本。必欲據以改《毛詩》「其頎」為「頎頎」，未免好奇。然謂《玉篇》之「碩人頎頎」必當改為「其頎」，恐亦輕於蔑古。若顧廣圻所云「一誤再誤」。立說雖巧，終無解於臆斷已。

  《毛詩·邶風》：「雨雪其霏。」《列女傳·楚處莊姪》篇作「雨雪霏霏」，與《毛詩》「其頎」而《玉篇》所引《詩》作「頎頎」正同。偶讀《列女傳》，識此。 玉繩謹案：此篇據顧引，謂有別作「頎頎」之本耳，非欲改《毛詩》「其頎」為「頎頎」也。又有一篇申明毛本，云：「『碩人其頎』與《鄭風》『靜女其姝』、『靜女其孌』句法一例。彼言『靜女』，猶此言『碩人』；彼言『其姝』、『其孌』，猶此言『其頎』；同皆以末一字為擬議形容之詞，尤證之本經而無可疑者」云云。致為精塙。因他處為辨顧引之誤，不合與此篇竝存，特節其說於此。

周平王戌申甫許論

  《王風·揚之水》詠戌申及甫許事。《序》曰：「刺平王不撫其民而遠屯戌於母家，周人怨思焉。」平王，申之所自出，故《序》云「母家」。毛《傳》：「申，姜姓之國，平王之舅。」「甫許」，《傳》但云「諸姜」。案：《周語》：「當辰曰：『齊、許、申、呂由太姜。』」「呂」即「甫」。《書·呂刑》以呂侯作名，《孝經》、《禮記》引作「甫刑」，是申之有甫許，猶晉之有曲沃，紀之有酅也。《正義》：「借甫許以言申其實不戌甫許。」攷《一統志》，申國在河南陽府南陽

縣坿郭，呂城在南陽府西三十里，今名董呂村，許在今河南許州。境壤俱不甚遠，相為脣齒。可知平王當內難甫靖，勞民屯戍，宜其見刺詩人。然吾讀此詩，益歎周家忠厚，不獨見保護藩封，竝見當時嚴猾夏之防，惜申之不能自立也。

夫《崧高》之詩作於宣王朝，褒賞申伯，俾保南土。為之營建者，召伯也。遷其私人者，傅御也。躬為擘畫勑遣在朝重臣，勤亦至矣。為申伯者，既荷貴戚之顯榮，復當藩垣之任寄，處常則慎固封守，有事則敵王所愾，亦固其所。乃曾幾何時，構結戎夷，首敗王略。平王曾未詰責，即夾輔之晉文、鄭武亦未請興問罪之師，或以作藩南國，用邊蠻方，與其「蠢爾蠻荊，實逼處此」何若？婚姻舊邦，式固吾圉也，況彊楚相逼而來，岌岌有不終日之勢，亟為經管，若甫若許，一律置戍，庶幾無隙可乘，所以為申國籌，不遺餘力矣。申國君若臣宜若何感奮？近與甫許鄰封，遠聯漢陽諸姬，戮力一心，扞衛王朝，庶或稍盡國報耳。而乃不自振作，不思天威不可久假，始則往戍之人怨，繼且境內之民離，卒致先後見並於楚。苟其稍能自立，亦何遽至於此？雖然，申不足道，周王之保全申者，儼然以休戚與同，憂患與共待之。吾觀《春秋》一經，魯莊六年猶書「王人救衛」。綏輯藩封，有如斯哉！益歎周家忠厚之澤長矣。

有為而言，恐非說經之體。自記。

申《雞鳴》思君子說

《鄭風·風雨》篇，三章均以風雨立文，繼之曰「既見君子」無異詞。《小序》：「《風雨》，思君子也。亂世則思君子，不改其度焉。」夫愛而不見謂之思。經明云「既見君子」，《小序》何以一再言「思君子」？毛《傳》：「興也。風且雨，淒淒然，雞猶守時而鳴，喈喈然。」初不言為「思君子」而作。鄭《箋》：「興者，喻君子雖居亂世，不變改其節度。」竊謂鄭君不獨以《序》說解經，「興者」云云，明申毛意。蓋《傳》言「風且雨，淒淒然」，隱以風雨興亂世「雞猶守時而鳴，喈喈然」，當以雞鳴興「君子不改其度」，是《傳箋》與《小序》義同。毛西河謂「陳晦伯作《經典稽疑》，載《風雨》一詩，行文取證者甚備」。歷引呂光《遺楊軌書》、劉峻《辨命論》、梁簡文《自序》，率引風雨雞鳴之句，竝證諸《南史·袁粲傳》，力辨《風雨》非淫奔之詩。〔註3〕吾謂毛氏

〔註3〕（清）毛奇齡《白鷺洲主客說詩》：
又曰：自「淫詩」之說出，不特《春秋》事實皆無可按，即漢後史事，其於經典有關合者，一概埽盡。如《南史·袁粲傳》：「粲初名愍孫，峻於儀範。廢帝保之，迫之使走。愍孫雅步如常，顧而言曰：『風雨如晦，雞鳴不已。』」此《風

廣引史傳，誠足正淫詩之說。而於「思君子」之義寓諸《雞鳴》者未盡申明。

案：雞為知時之禽。《易・繫辭》：「君子藏器於身，待時而動。」是君子之俟時，與雞之伺晨而鳴，正可罕譬而喻。即如《女曰雞鳴》，《序》謂「陳古士義以刺今」；《齊風》之《雞鳴》，《序》謂「思賢如詩人懷古。」思賢往往託雞鳴以見義者，殆以斯歟？吾觀《小雅・隰桑》篇《序》：「君子在野，思見君子盡心以事之。」其詩言「既見君子」，曰「其樂如何」，曰「云何不樂」，曰「德音孔膠」，與此篇之「云胡不夷」、「云胡不瘳」、「云胡不喜」無異也。即不信《小序》者未嘗指為淫詩，不過易「思見君子」為喜見，夫亦以經文之顯有可憑也。然則即《隰桑》以例《風雨》所謂「思君子」者，非必以君子不竝世而慨想也，非必以君子在異地而遙慕也。金錫圭璧之行，固已相知有素，惟是卷懷寂處，抱負大有為之經綸，或小試其一二，或曾未效其設施而不得見之於行，遂至僅託諸言，正猶「喈喈」、「膠膠」之應時而鳴，極之晦冥昏默之交。當其時者，容或不辨昏曉，而鳴之不已，以警昏惰，聞其聲而懷不能置固宜。《左氏》昭十六年傳：「鄭六卿餞晉韓起，子游賦《風雨》。」注謂「取其『既見君子，云胡不夷』」。案：餞訓送行，賦此者殆惜其去而不留。尤足證成「思君子」之說。然則古義洵不可易已。

黻衣解

《秦風》：「黻衣繡裳。」毛《傳》：「黑與青謂之黻，五色備謂之繡。」《傳》據《考工記》文以釋黻與繡，而不及衣裳者，殆以衣裳人所習知，經明以黻屬

雨》之詩，蓋言君子有常，雖或處亂世，而仍不改其度也。如此事實，載之可感，言之可思。不謂「淫說」一行，而此等遂闃然！即造次不移、臨難不奪之故事，俱一旦歇絕，無可據已。嗟乎痛哉！

又曰：陳晦伯作《經典稽疑》，載《風雨》一詩，行文取証者甚備。郭磨叛，呂光《遺楊軌書》曰：「陵霜不彫者，松栢也；臨難不移者，君子也。何圖松栢彫於微霜，而雞鳴已於風雨？」《辨命論》云：「《詩・風》云：『風雨如晦，雞鳴不已。』故善人為善，焉有息哉？」《廣弘明集》云：「梁簡文於《幽縶中自序》云：『梁正士蘭陵蕭綱，立身行己，終始如一。風雨如晦，雞鳴不已。非欺暗室，豈況三光？數至於此，命也如何！」田汝成云：「《風雨》之詩，《序》以為世亂，君子不改其度。而必以為淫奔之詩。《王風・君子陽陽》，《序》以為賢人仕于伶官，與《邶風・簡兮》同意，而必以為『室家思夫』之作。夫毛公之序《詩》，與朱氏之釋《詩》，皆未得詩人之面命也。即如《序》說，猶足以存禮義於衰亂，昭賢達之憂勤，乃改曰『淫奔』『室家』之辭，既無可以助名教，而反以之導淫佚，此何意也？」

衣而繡屬裳，更不煩詁訓歟？孔《疏》以《考工記》注，黻皆在裳；言「黻衣」者，衣大名，於「繡裳」異其文耳。孔意以黻衣於繡裳文雖異而實則一。案：經言衣裳，或舉衣而包裳，或即裳以見衣，大都散文則通，而對文各別。此詩衣言黻而裳言繡，揆諸上章「錦衣狐裘」，《傳》以「彩色」釋「錦衣」，「朝廷之服」釋「狐裘」。衣裳不同物，則黻衣專言其衣，非即指備五色繡之裳。使黻同在裳，黑青二色該於繡文之中，何得別為黻稱？孔據鄭《周禮注》以申《傳》。案：《正義》蓋本《虞書》「黼黻絺繡」及黼、黻二字皆從黹，故為此說。然鄭釋《虞書》十二章，謂施於衣、施於裳者各六，宗彝為紩，以為繡於裳之一。至說周制，以宗彝在九章，次五。又謂畫以為繢。據此，則繡於裳者何不可繢於衣？以例諸黻，安必其獨不可畫耶？攷《月令》「季夏之月，命婦官染采，黼黻文章，必以法」，是黼黻法自用染，不盡黹繡顯然。即《考工記》所云「黑與青謂之黻」，繫諸畫繢之事。《皋陶謨》鄭《注》：「繪讀曰繢。」是「繪」、「繢」可通。《說文》：「繢，會五繡也。繡，五采備也。」段玉裁《注》：「今人以鍼縷所紩者謂之繡，與畫為二事。」如《考工記》則繡亦繫之畫繪，同為設色之工，此又非黹繡之明證。案：《爾雅·釋言》：「袞，黻也。」《注》：「袞衣有黻文。」郝懿行《義疏》：「《釋名》：『袞，卷也。畫卷龍於衣也。』卷、袞古音近，經典借卷為袞。袞訓黻者，黻為弗，文取拂弼為義。是黻衣即袞衣。《秦風》之『黻衣繡裳』，即《豳風》之『袞衣繡裳』。」案：「是以有袞衣兮」，《箋》謂「成王所齎來袞衣，願其封周公於此，以袞衣命留之」。《〈終南〉序》：「戒襄公也。能取周地，始為諸侯，受顯服，大夫美之。」與《〈九罭〉箋》所云「以袞衣封周公」者義亦相合。據《禮器》「諸侯黼，大夫黻」，襄公既封為諸侯，應用黼，而詩言「黻衣」者，陳奐謂「此與《唐·無衣》篇晉武公始封侯伯，二章仍就天子之卿鄉六命言之，其例正同」。又引《曾子問》，證天子所賜冕弁必歸奠而後服，在天子朝廷不得服所賜之服。此亦詩詠黻之義。案：《左氏》宣十六年傳：「晉侯請於王，以黻冕命士會將中軍。」《論語》：「而致美乎黻冕。」鄭《注》：「祭服之衣，冕其冠也。」蓋以衣配冕謂之黻冕，猶之袞冕連文；單言衣則謂之黻衣，猶之單言袞衣矣。且據《論語注》，則畫黻於衣，禹時已然，安得以毛不言黻所在而據鄭君之他經說以為黻在裳哉？

掘閱解

《曹風》：「蜉蝣掘閱。」《傳》：「掘閱，容閱也。」《箋》：「掘閱，掘地解

閔，謂其始生時也。以解閔喻君臣朝夕變易衣服。」案：《邶風》：「我躬不閱。」《傳》：「閔，容也。」似《傳》「容閔」專釋「閔」字，《箋》以「掘地」釋「掘」，「解閔」釋「閔」，申之以「解閔」，為「變易衣服」之喻，則謂蜉蝣掘地而出，隨復變化。《傳》語太簡，與《箋》同否不可知。《疏》定本云：「『掘地解閔』，謂開解而容閔。」義亦通。又以所見他本《箋》有作「鮮閔」者，故釋《傳》「容」為「形容」，「閔」為「鮮閔」，恐近於彊《傳》以合《箋》。段懋堂《詩經小學》：「古『閔』、『穴』通。宋玉《風賦》：『枳句來巢，空穴來風。』『枳句』、『空穴』皆重疊字。空穴即孔穴。李善《注》引《莊子》『空閔來風』。司馬彪云：『門戶孔空，風善從之。』『掘閔』，當從《說文》作『堀閔』，言蜉蝣出穴。《老子》：『塞其兌。』『兌』即『閔』之省假。」然如段說，《詩》猶云「蜉蝣孔穴」，於文義似未能順，戴東原《毛鄭詩考正》：「『掘』，《說文》引作『堀』，云：『突也。』突者，崛起之意，即《箋》所謂『掘地』。《荀子》言『良賈不為折閔不市』。折，損也。閔，賣也。蓋『閔』與『脫』通。《箋》所謂『解閔』，正此義。然則『蜉蝣掘閔』宜從《箋》說，為始生時崛起解脫。」戴就鄭《箋》分析申解，謂「閔」讀為「脫」，其說近是，而有未盡。胡承珙《毛詩後箋》：「『解閔』猶言『解蛻』。《說文》：『蛻，它蟬所解皮也。』《廣雅·釋詁》：『蛻，解也。』《山海經·中山經》：『峽山多空奪。』《注》云：『空奪，即蛇皮脫也。』然則《傳》云『容閔』，疑作『空閔』。『閔』亦讀『脫』。掘空、閔脫，以聲為訓。」胡說頗有依據。攷郝懿行《山海經箋疏》：「『空奪』本作『空蛻』，『蛻』或為『奪』」云云。案：《書·呂刑》篇：「奪攘矯虔。」《說文》「攴」部：「敓，彊取也。」《周書》曰：「敓攘矯虔。」是古「奪」與「敓」通。「敓」與「閔」同從兌得聲，假「閔」為「敓」，與假「敓」為「蛻」正同。郝以空即《玉篇》、《廣韻》蟬脫蛇皮之蛇。竊謂當與《說文》所云頭空、履空、頷空、脛空諸空字同訓，即後來所謂空殼。王筠《說文釋例》：「蜉蝣初生荒地中，不害稼，形如蠶，黃如金，肥如凝脂。當是時，吾鄉謂之荒蟲。子已滿腹，乃出地而生角翅，即蜉蝣矣。」據王「凝脂」之說，可以證「麻衣如雪」之有所指，且與《箋》「始生時」之義可互參。以蛻喻衣服，以解喻變易，尤足發明鄭《箋》。不差勝於以容為形容、閔為悅懌哉！

鄂不韡韡解

《小雅》：「鄂不韡韡。」毛《傳》：「鄂，猶鄂鄂然華外發也。韡韡，光明

也。」《傳》但分釋「鄂」與「韡韡」,而於「不」字無說,殆以「不」為語助,無煩申解歟?鄭《箋》:「承華者曰鄂。『不』,當作『柎』。柎,鄂足也。鄂足得華之光明則韡韡然盛。」據鄭《箋》,則鄂為華萼,不又為柎,「鄂不」連文見義。楊慎《丹鉛總錄》引「華不注」、「餘不豀」證「鄂不」之「不」音讀正與「彼」同。陳啟源《毛詩稽古編》:「程瑤田:『不字義說皆本之以申鄭義。』」竊謂「不」誠有「柎」音,而就鄭《箋》而論,亦未見為確得經旨。《傳》「鄂鄂然華外發」,則鄂為華外發之形。所謂「韡韡」者,自是形容華色之光明,顯然在人指目間。鄂足隱於華下,安所見其「韡韡然盛」?自為斡旋,終覺迂迴難通。孔《疏》引王肅云:「『不韡韡』,言韡韡也。以興兄弟能內睦外禦,則彊盛而有光耀,若常棣之華髮也。」《左氏》僖二十四年傳引《詩》「鄂不韡韡」,杜預《注》:「鄂鄂然,華外發。『不韡韡』,言韡韡。以喻兄弟和睦,則彊盛而有光輝韡韡然。」王、杜兩說相近,均以「韡韡」釋「不韡韡」。案:《車攻》篇:「徒御不驚,大庖不盈。」毛《傳》:「不驚,驚也。不盈,盈也。」是《傳》每以經文「不」字為語詞。則云「不韡韡」,言「韡韡」,揆之《傳》例亦合。然則此之「鄂不韡韡」,猶《檜風·萇楚》篇云「夭之沃沃」,句法正同。《說文》「華」部:「《詩》曰:『萼不韡韡。』」蓋三家詩或作「萼」。案:「萼」與「鄂」皆從咢得聲。段玉裁《注》謂「皆取咢布之意」。咢布言作華之狀,韡韡言華時之色。「鄂不韡韡」承「常棣之華」句,即詠常棣之華。據《召南》「何彼襛矣,唐棣之華」,皆直美其華之形色,罕有以鄂足言者。此又證諸本經而灼然者也。是依毛讀不如字,於文義較明順,且說《詩》宗毛,固鄭氏家法也,奚必破「不」為「柎」哉?

「外御其務」《釋文》「務如字」說

《小雅》:「外御其務。」《箋》:「御,禁。務,侮也。兄弟雖內鬩而外禦侮也。」是《箋》以「侮」釋「務」。《釋文》:「『務』,如字。《爾雅》云:『侮也。』讀者又音侮。此從《左傳》及《外傳》之文。」此經毛無傳,《釋文》所云,當是毛詩家相傳讀法。據引《爾雅》、《內外傳》,則務、侮之箋所本。《毛詩稽古編》:「據陸語,則『務』不必改字,亦不必改音。」亦以詩明作「務」,引詩者或作「侮」,釋詩者遂改為「侮」音。《茶香室經說》:「《周語》、《左傳》並引作『外禦其侮』。《內外傳》引經,每有異文。《易》:『嘉會足以合禮。』襄九年《傳》作『嘉德』。《書》:『明庶以功。』僖二十七年《傳》作『明試』,

豈可以《傳》之『德』若『試』字改《易》之『會』字、《書》之『庶』字？」
釋《詩》當就本經下說，諸引《詩》者容或斷章取義，未可執為定論。《經說》
以《釋文》讀「務，如字」，與《易》「故能成天下之務」同，虞《注》：「務，
事也。」據《正義》，「御」本當作「禦」。《思齊》：「以御于家邦。」《箋》：「御，
治也。」「外御其務」者，外治其事也。〔註4〕案：《淮南·脩務訓》：「名可務
立。」《注》：「務，事也。」《呂覽·音律》篇：「以多為務。」《義賞》篇：「一
時之務。」《注》咸云：「務猶事。」是「務」、「事」本為通訓。《邶風》：「亦
以御冬。」《傳》：「御，禦也。」可證「御」、「禦」亦通訓。《崧高》：「王命傅
御。」《傳》：「御，治事之官也。」尤可證御有治事義。然則「外御其務」，猶
昭十二年《傳》所謂「共御王事」，句法與《外傳》「朝攷其職，晝講其庶政，
夕序其業，夜庀其家事」一例。彼以朝夕言，此則以內外言也。陳奐《傳疏》：
「《詩》作『務』，《內外傳》引皆作『侮』。『侮』為本字，『務』為假借字。」
陳據《內外傳》，謂《詩》借「務」為「侮」。蒙合《內外傳》參觀，當是《內
外傳》借「侮」為「務」。案：《周語》引《詩》，釋之曰：「若是則閱乃內侮，
而雖閱不敗親。」言內以對外，閱以對禦，明以所謂侮者統承閱牆、外禦立文。
閱義固與侮近，而外事之有待於治者亦不定為侮，《詩》故言「務」，為渾舉之
詞。《傳》特以閱而假侮為文，即《左傳》引「外禦其侮」，繼之曰「兄弟雖有
小忿，不廢懿親」。「小忿」，猶云瑣事。以王怒鄭而興師，故言忿。又假侮申

〔註4〕《茶香室經說》卷三《毛詩中》「外御其務」條：
　　《常棣》篇：「兄弟閱于牆，外御其務。」《箋》云：「御，禁。務，侮也。兄
　　弟雖內閱而外禦侮也。」《釋文》：「務，如字。《爾雅》云：『侮也。』讀者又
　　音侮。此從《左傳》及《外傳》之文。」愚按：《國語·周語》、僖二十四年《左
　　傳》並引作『外禦其侮』，於是《爾雅·釋言》遂有「侮，務也」之訓。而鄭
　　《箋》從之，幾不知毛詩之本作「務」矣。夫《內外傳》引經，每有異文。《周
　　易·文言傳》：「嘉會足以合禮」，襄九年《傳》作「嘉德作以合禮」。《尚書·
　　益稷》篇：「明庶以功」，僖二十七年《左傳》作「明試以功」。豈可以《左傳》
　　之「德」字改《周易》之「會」字，以《左傳》之「試」字改《尚書》之「庶」
　　字乎？」《釋文》既云「務，如字」，則毛詩舊說未必訓「侮」，仍當以「務」
　　之本義釋之。《周易·繫辭傳》：「唯幾也，故能成天下之務。」《集解》引虞《注》
　　曰：「務，事也。『御』當作『禦』。」《正義》曰：「定本經『御』作『禦』。」
　　是《正義》本作「外御其務」，今作「御」者，以定本改《正義》本也。「御」
　　者，治也。《思齊》篇：「以御于家邦。」《箋》：「御，治也。」然則「外御其
　　務」者，外治其事也。言雖內閱而有外事至，則仍共治之也。毛義或當如此。
　　《左傳》晚出，引經不盡可信。《爾雅》亦後人所附益，毛公六國時人，其說
　　此詩，未必用《內外傳》說也。

小忿之不足校，是《內外傳》義主於諫忿兵，因有取於借「侮」為「務」。《詩》則義主於詠兄弟之共事於外，泛言「務」以見無所不該。言「侮」則義有專屬，言「務」則侮其一端。《內外傳》雖作「侮」，何必據以改讀《詩》「務」字之音哉？

君曰卜爾解

《小雅·天保》篇：「君曰卜爾。」毛《傳》：「卜，予也。」《楚茨》：「卜爾百福。」鄭《箋》：「卜，予也。」毛、鄭蓋本《爾雅·釋詁》文。《爾雅》郭璞《注》：「賚、畀、卜，皆賜與也。」與，猶予也，因通其名耳。然「卜」訓「賜與」，於經無徵。而《禮記·檀弓》篇：「卜人師扶右。」鄭《注》：「當為僕聲之誤。」是知「僕」、「卜」聲同，古多通假。如《說文》「土」部：「墣，塊也。從土業聲。圤或從卜」；「木」部：「樸，木素也。從木卜聲」；「朴，木皮也。從木卜聲。」而樸質字多借用朴。《荀子·性惡》篇：「生而離其朴。」注云：「朴，質。」《後漢書·仲長統傳》：「文朴遞行。」注亦云：「朴，質也。」《老子》：「敦兮其若樸。」《釋文》云：「樸本作朴。」均為「卜」、「僕」通用之證。僕為古人自謙之詞，然則卜亦予我之予也。以釋「卜爾」，於義似不可通。案：《大田》：「秉畀炎火。」《注》：「卜，報也。」韓時去古未遠，以「報」訓「卜」，必係古先經師舊誼。是則《楚茨》「卜爾百福」，猶之報以介福；《楚茨》之「報以介福，萬壽攸乍」，猶之君曰卜爾萬壽無疆也。以經證經，義校明瞭。《白虎通·蓍龜篇》：「卜，赴也。」《小爾雅》：「赴，疾也。」《禮記·少儀》、《襄服小記》，《注》並云：「報讀為赴疾之赴。」「卜」既訓「赴」，亦得訓「報」，以音韻論之，「卜」與「報」雙聲，因聲見義，釋經通例。鄭《箋》以「君曰卜爾」為尸嘏主人傳神辭詩，蓋言先王先公鑒其吉鐲之誠，故言報爾以萬壽無疆也。嚴氏《詩緝》「君曰卜爾」，引朱氏曰：「卜，猶期也。」於「卜爾」，引錢氏曰：「卜，前知也。」望文生義。不若以「卜」為「予」，尚根據《爾雅》之文矣。

眾維魚矣解

《小雅·無羊篇》「眾維魚矣」，《集傳》曰：「謂人也不如魚之多。夢人乃是魚則為豐年。」此說甚為費解。人如魚，特人滿耳，於年何與？且人乃是魚一語，猶《左氏傳》劉子言「微禹，吾其魚乎」云爾。當為洪水之祥，似與豐

年之兆大相徑庭。《傳》云：「陰陽和則魚眾多矣。」《箋》云：「魚者，庶人之
所以養也。」今人眾相與捕魚，則是歲熟供養之祥也。案：《傳》云「魚眾多」，
以「眾多」屬「維魚」。《箋》以「眾」為「人」，與《傳》相矛盾。捕魚之說
尤迂。《疏》謂「由魚多，故捕魚者眾」。解人共捕魚之意。其意在彊通毛、鄭
兩家之說，於經誼終隔一層。或云：《魚麗》詩美萬物盛多，獨以魚為言，茲
故以多魚為豐年之夢。附會其說者，引《漢書》「蕭望之奏言：故御史屬徐宮
家在東萊，言往年加海租魚不出，長老皆言武帝時縣官嘗自漁，海魚不出，後
復予民，魚乃出。謂陰陽相感，物類相應，萬事盡然」，據以印證。其意在申
明《傳》誼，究屬牽彊。竊謂「眾」乃「螽」字之省。《說文》作「䘆」，與「螽」
同。《左氏》、《穀梁》、《春秋經》所書「螽」《公羊傳》均作「蝗」。螽實蝗類。
凡池湖陂澤中，魚嘯子，皆近岸旁淺水處。若遇旱水，不能復其故處，土為風
日所燥，魚子蠕蠕而出，即變為蝗蟲以害苗。自大河以北，土人皆知之。今螽
不為蝗，故以為豐年之兆。蓋古時文每從省，如「芄蘭之支」當為「枝」而作
「支」、「瑟彼玉瓚」當為「璱」而作「瑟」之類，不可枚舉。以經證經，則「眾」
為「螽」之省，似可無疑。且「旐維旟矣」，「旐」與「旟」相為類而小異耳。
一則人少，一則人多，故占為「室家溱溱」，誼順詞顯。若云眾人化而為魚，
則太怪甚矣。雖云夢境迷離，無有定象，然如此顛倒之夢，何必占卜？縱曲為
之解，終不若旐旟之占，人人皆可領會。《春秋經‧桓公五年》：「秋，螽。」
劉歆以為貪虐取民則螽。螽，介蟲之孽也。與魚同。占見《漢書‧五行志》。
是蟲與魚同休咎，與旐旟之相類一例。以眾為蟲，則事經目驗，誼並貫通。且
證之《公羊》、《漢書》、《說文》，悉皆符合，可以息眾說之紛紜矣。

　　　以「眾」為「螽」，本盧氏召弓《鍾山札記》。原文語焉不詳，
　故作此篇申之。自記。

三事大夫解

　　《小雅》：「三事大夫，莫肯夙夜。」《箋》但以「三公」為言，似「三事
大夫」專指三公。王肅以三事為三公，大夫為其屬。《正義》具辨其非，然尚
有未盡。案：《十月之交》篇「擇三有事」，《傳》：「『擇三有事』，有司，國之
三卿。」《常武》篇：「三事就緒。」《傳》：「為之立三有事之臣。」是以三卿
釋三事，《傳》有明文。於侯國為三卿，在王朝即三公，是《箋》「三公」之訓
實本毛《傳》。肅亦知毛釋三事者一再見，鄭說宗毛，無可發難，姑就「大夫」

望文生訓，以為三公之屬官。據上「正大夫離居」，《箋》釋以「長官之大夫」。六卿之長可曰正大夫，則三公之尊何不可稱為三事大夫？案：《十月之交》以下四篇，《小序》咸謂「刺幽王」，《箋》：「當為刺厲王。作詁訓傳時，移其篇第，因改之耳。」明謂毛《傳》改此四篇，屬諸幽王時。然就經「莫肯夙夜」之文，所指「三事大夫」之三公於幽王世，尤有明證。《節南山》為刺幽王詩，則曰「尹氏大師」，又曰「不自為政矣」。《十月之交》篇之詠皇父卿士也，一則曰「作都于向」，再則曰「不憖遺一老，俾守我王」。位三事而不事事，詩人詳哉言之。然則鄭《箋》以「三事大夫」四字連文，斥當日之三公，正得《傳》義。如別出大夫為三公下所屬各官，當時大夫之可攷者，略見《十月之交》篇中。「家伯維宰」，《周官注》先鄭謂為宰夫。以及為膳夫者仲允，為內史者棸子，趣馬則蹶，師氏則楀，在大夫之列，莫非此輩。《潛夫論‧本證篇》所云「皇父蹶楀棸而致災異」者，權寵相連，朋黨於朝，方且與煽處之豔妻表裏相應，一朝一夕，罔非播弄威福之頃，與「莫肯夙夜」之義相反。且詩人慨歎周宗之滅，正以群小朝夕在王左右所致，斷無有轉以「莫肯夙夜」相責者。然則分「三事大夫」為二，揆諸經文、毛《傳》，均不可通。且以「三事大夫」為三公，固漢時說經家所通行。《後漢‧章帝紀》以趙憙為太傅，牟融為太尉，竝錄尚書事。詔：「『三事大夫，莫肯夙夜』，《小雅》之所傷也。」特引此詩，以規勉為三公者，正可與鄭《箋》參觀。其為古義相傳無疑。近之釋「三事大夫」者為在內臣僚之總稱，與「邦君諸侯」為有職事而在外者相對，猶是仍王肅之說而小變之，要不若釋為「三公」者之於經義無閡也。

角弓解

《小雅》：「騂騂角弓。」毛《傳》：「騂騂，調利也。」《魯頌》：「角弓其觩。」毛《傳》：「觩，弛貌。」「調利」言善用角弓，「弛貌」言形容角弓，而於弓之所以名角獨無文。孔《疏》：「《冬官‧弓人》：『以六材為弓。』謂幹、角、筋、膠、絲、漆也。又曰：『角之中恒當弓之隈。』杜子春云：『隈，謂弓之淵。角之中央與淵相當。』如彼文，弓有用角之處，不得即名角弓。此言角弓，蓋別有角弓，如今北狄所用者。於古亦應有之，但《弓人》所不載耳。」孔蓋以《弓人》備載弓長之度及夾臾等名，而未詳角弓。《爾雅‧釋器》歷言有緣、無緣、以金、以蜃、以玉之別，而角弓不與。至弓雖取材於角，要其定制，不當以之名弓。北狄誠有角弓，以為即詩人所詠，又未見其必然。《毛詩

紬義》：「《弓人》六材：幹為弓表，角為弓裏，皆弓之體；筋、膠、絲，所以成弓之用。幹有柘、檍、桑、橘、木瓜、荆竹，無一定之名。餘五材之中，用角為多。故名角弓。《說文》：『弲，角弓也。洛陽名弩曰弲。』此自弩之別名，訓以角弓，亦謂用角多耳。」又云：「觲角，觲獸也，狀似豕，角善為弓，出胡休多國。此乃真北狄之角弓，而不可以釋《詩》。」以孔《疏》為非。然李之據以為說者，正孔《疏》之所疑。且《弓人》明言角與幹權，則一弓之中，幹與角正等。況《繫辭》言「剡木為弧」，似未可遺幹而專以角為稱。《詩毛鄭異同辨》：「角弓蓋對木弓言之。《說文》：『弧，木弓也。』《考工記》：『夫角之本蹙於腦而休於氣，是故柔，柔故欲其勢也。』又云：『往體多，來體寡，謂之夾臾之屬。往體寡，來體多，謂之王弓之屬。』《注》：『王弓合九而成規，弧弓亦然。』據此，則弓之勢在角矣。角之性自曲戾，其曲以為弓勢，故綏檠不善。及其放弦，則勢欲往而反。醫書所謂『角弓反張』也。驗今弓亦然。今世以竹為弓者，雖不檠，亦放弦不反，為其無角勢也。《詩》言角弓，所以別於木弓。」案：諸家之說角弓者，大都以六材之角當角弓之角，要無解於角為作弓所必取之材。案：《說文》：「角觲，獸。角善為弓。」則角弓之角，似當以角觲之角為名。角觲之角為弓，而稱角弓，與兕牛之角為觵而即稱兕觵當同。《後漢書·鮮卑傳》：「禽獸異於中國者，有角。」端牛以角為弓，俗謂之角端弓，是本以獸名弓。全舉之曰角端弓，省其文則曰角弓。猶羔羊裘之言羔裘，狐白裘之言狐裘，同以獸名上一字以為別，正是詩人通例。《太平寰宇記》引《鄴中記》：「石虎女騎，皆手持雌黃，宛轉角弓。」是當時通習，角弓又不獨北狄有之矣。以角觲之難得，而得其角以為弓，因即其本名以名弓，無非示別於常弓耳。彼泥於六材之角者，雖繁稱博引，終無解於弓之名角已。

尹吉解

《小雅》：「彼君子女，謂之尹吉。」《傳》：「尹，正也。」《箋》：「吉讀為姞。尹氏、姞氏，周室昏姻之舊姓也。人見都人之家女，咸謂之尹氏、姞氏之女，言有禮法。」案：《傳》「尹，正」本雅訓，而《箋》顧易之者，據《疏》言「『謂之』者，是指成事而謂之」，則《傳》義似本未安。然《箋》以為「尹氏、姞氏」，不特有改字之嫌。攷《都人士》次《菀柳》後，《采綠》前，可知為幽王時詩。《節南山》亦作於幽王時，言「尹氏太師」；《十月之交》篇言「蹶惟趣馬」。據「韓姞」《傳》：「姞，蹶父姓」，《毛詩稽古編》亦謂：「據二詩，

二氏正當盛時，其女子之都雅嫻麗，豈必不如曩昔，而顧云不見哉？」是《箋》亦未可從。案：解經固當因文以求義，尤在參見上下文而會其通，準諸經典恆例，庶不同望文生訓。《〈都人士〉序》：「傷今不復見古人。」故《箋》以舊姓立文。案：《論語‧述而》篇「謂之吳」，《孟子》、《左氏》文十七年傳「謂之八元」，「謂之八愷」，「謂之之下」，皆實有所指。孔《疏》「指成事而謂之」，於《序》思古之義尤合，斷非正直而嘉善之謂尹吉，必確有所稱，為當世所習知，特經「尹吉」連文，何所見而分為二姓？又何所見而吉當為姞？案：《崧高》、《烝民》、《韓奕》、《江漢》四《序》俱云：「尹吉甫美宣王也。」是宣王時有尹吉甫。此時謂之「尹吉」，殆即謂斯。彼言「尹吉甫」而此言「尹吉」者，《儀禮‧士冠禮》篇「伯某甫」，《注》：「甫是丈夫之美稱，孔子為尼甫。」案：《禮記‧中庸》篇：「仲尼曰：『仲尼祖述堯舜』」，亦不連「甫」字為稱，與尹吉甫但稱尹吉正同，不獨省字以就韻也。《六月》篇：「文武吉甫，萬邦為憲。」則與所謂「萬民所望」者近。是宣、幽時代相接，流風餘韻，婦稚尚復傳播。「謂之」二字，承「彼君子女」句，明託諸「君子女」之辭。上言「充耳琇實」，《傳》：「琇，美石也。」蓋指都人士有服此者。彼君子女見之，遂謂之尹吉耳。《衛風》：「充耳琇瑩。」《傳》：「琇瑩，美石也。天子玉瑱，諸侯用石。」彼言衛武公入為天子卿士之服。攷尹吉甫嘗帥師伐玁狁，與申伯、仲山甫歌誦往還，固亦有位有祿者，與衛武同服，固宜。《周禮》：小都卿之埰地，大都公之埰地，及王子弟所食邑外，諸矦入為天子大夫，亦食邑於都，謂之卿士。陳奐釋都人士為「王朝大夫與古明王共有長民之責者」，以《疏》目為庶人為誤。據此，則見「充耳琇實」之都人士，以習聞之尹吉甫當之，未可云儗不與倫也。大都說《詩》者咸以「謂之尹吉」為指「君子女」，遂不得不解為「尹氏、姞氏」，不如以謂之為君子女，「謂之」於經文尤貫。況所稱尹吉固明見本經哉！

　　曲園先生云：「說尹吉亦可通，但謂是女子謂之，恐未然。」

卷四終

青學齋集卷五

新陽汪之昌

其會如林解

《詩》：「其會如林。」《說文》「仝」部，「牆」下引《詩》：「其牆如林。」據叔重《自敘》，其稱《詩毛氏》，似所見《毛詩》作「其牆」。然如「水」部「羕」下引《詩》「江之羕矣」，明是《韓詩》，而不繫以韓，與諸稱《毛詩》一例，則此作「其牆」，安知非亦出三家？案：毛《傳》：「『如林』，言其眾多。」是專釋經之「如林」。毛《傳》簡質，凡文有通訓及義已見前者，往往不為詁訓。本篇下章「會朝清明」，《傳》：「會，甲也。」明以「會朝」之「會」與凡言「會」者異義，似例「其會」之「會」。如當為「牆」，斷無不為詁訓之理。鄭《箋》：「殷盛合其兵眾。」攷《爾雅·釋詁》：「會，合也。」是《箋》以「合」釋「會」，以「盛」釋「如林」，可證鄭所箋之毛《傳》正作「會」。且晚出《書傳》，《尚書》家定為王肅依託。《武成》篇「受率其旅若林，會於牧野」，顯然勦襲詩詞，割「如林」坿「殷商之旅」句，則為「受率其旅若林」。其云「會於牧野」，即用《詩》之「其會」聯屬「矢于牧野」為句，而略為竄改。肅之說《詩》，每託毛義以難鄭。如毛於「其會」有異解，無論肅大可據以相難，其作《武成》，亦必不云「會於牧野」矣。竊謂此經「殷商之旅」，猶《左傳》所引《泰誓》「紂有億兆夷人」，泛言其眾也。「其會如林」，則言殷會合其眾以抗禦，即《史記·周紀》「紂亦發兵七十萬人距武王也」。「矢于牧野」，則言殷眾會合一處，序次井然。《〈周官·林衡〉注》：「竹木生平地曰林。」木之種類蕃衍而難悉數，其生平地，尤為顯而易見。所謂「如林」，與《齊風》之「如雲」、「如雨」、「如水」，無非見其眾多且盛，同為形容莫罄之詞。是毛、鄭之說，依經作解，何必執三家之異文以相淆哉？

亦不隕厥問解

　　《大雅》:「亦不隕厥問。」毛《傳》:「隕,隊也。」鄭《箋》:「小聘曰問。」又云:「亦不廢其聘問鄰國之禮。」《傳》但訓「隕」為「隊」,《箋》以「問」為「聘問」。後人以「聘問」不當言「隕,隊」,遂疑《傳》、《箋》異義。據《孟子·盡心》篇引此詩,趙岐注「亦不隕厥問」:「隕,失也,言文王不殄絕畎夷之慍怒,亦不隕失文王之善聲聞也。」以問為令聞,於「隕,隊」義亦順,較《箋》以「聘問」釋「問」為長,似可用以述毛。案:聞與問,一從耳,一從口,截然不同。惟《禮記·檀弓》「問喪於夫子乎」,《釋文》「問」本作「聞」。然在他經容或通用。《詩經》若《文王》篇「令聞不已」,《卷阿》篇「令聞令望」,《毛詩》均作「聞」。若《文王》篇之「宜昭義問」,《泮水》篇之「淑問如皋陶」,與此經之「亦不隕厥問」,均作「問」,未有訓為「聞」者。且毛《傳》雖簡質,於文之異常訓者輒為之傳,以示別。若《麟之定》「定,題也」,《瞻彼淇奧》「奧,隈也」,俾讀者知此文之不同常訓。如「不隕厥問」之「問」當訓「令聞」,不應毛不為傳。且「義問」、「淑問」均無傳,說亦無異讀。「厥問」,毛亦無傳,安見當讀為「令聞」之「聞」?如云《箋》以「問」為「聘問」,於「隕,隊」之說不順,則有不必然者。《傳》釋「隕」為「隊」,《左氏》僖二十八年傳、成十二年傳俱云「俾隊其師」,「隊其師」與「隕厥問」詞意相近。師可云隊,問又奚不可云隕者?亦一旁證。《說文》:「隕,從高下也。《易》曰:『有隕自天。』」案:《春秋》:「星隕如雨。」《穀梁傳》:「著於下,不見於上謂之隕。」是隕為自上施下之詞。《孟子》言「文王事昆夷,為以大事小」。此詩下文「昆夷駾矣」,正詠文王待昆夷事。文王為當時牧伯,於昆夷有華裔之別,往來聘問,與孟子「以大事小」之訓亦合。經「亦不隕厥問」,「亦」者,承「不殄厥慍」言。世之有國者,往往小有違言,連兵不解,所謂世讎者。《箋》:「故不絕去其恚惡惡人之心,亦不廢其聘問鄰國之禮。」「厥慍」謂慍昆夷,「厥問」自必謂問昆夷。如以問為文王之善聲聞,則問就文王言,與上句慍就昆夷言者,不特於對舉之文不合,於「亦」字之理不貫。是《箋》釋「問」為「聘問」,於《傳》「隕,隊」之訓本不相妨,奚必援他說以難鄭哉?

授几有緝御解

　　《行葦》之詩:「授几有緝御。」《傳》、《箋》異義。《傳》:「『緝御』,跛踖

之容也。」《箋》云：「緝，猶續也。御，侍也。兄弟之老者，既為設重席授幾，又有相續代而侍者，謂惇史也。」竊以「肆筵設席」二句緊承「或肆之筵」二語。毛意以授幾之人必致敬，故以「緝御」為「蹴踖之容」，蓋謂重席者就賓位言之，授幾則就主位言之，分別釐然。鄭以二語皆為老者設，則與上二語不相貫，且以「緝御」為惇史相續而侍，殊為紆曲。考《周官·司几筵》：「王位設左右玉几，昨席亦如之。」鄭司農《注》：「昨席，於主階設席，王所坐也。」司農意以「昨席，左彤几」為諸矦之禮，則知天子昨席亦當設左右玉几。則此「授幾」為授玉几。君在，蹴踖為敬，《傳》故以「蹴踖」釋「緝御」。汪氏《異義》曰：「案：《說文》：『緝，續也。御，使馬也。從彳從卸。』徐氏鍇曰：『卸，解車馬也。彳，行也。或行或卸，皆御者之職也。會意。』《傳》蓋以緝者狀人之斂飭，御者狀人之趨承，故以為蹴踖之容也。」陳氏《毛詩傳疏》：「緝讀為戢。戢，聚也。御，進也。聚足而進曰緝御。《曲禮》：『堂上接武。』《注》：『武，跡也。跡相接，謂每移足，半躡之中，人之跡尺二寸。』《玉藻》：『君與尸行接武。』《注》：『尊者尚徐蹈半跡。』『緝御』猶『接武』。緝、接疊韻，御、武疊韻。」竊以汪氏解「緝御」，雖本《說文》，然「斂飭」主靜，「趨承」主動，似不得並言。陳氏以「接武」解「緝御」，專指足容，尤為一偏，殆泥於蹴踖從足成文歟？案：《論語》：「蹴踖如也。」馬融《注》謂「恭敬貌」。《孟子》：「曾西蹵然曰。」趙岐《注》：「蹵然，猶蹴踖也。」「緝御」為「蹴踖」者，「緝」與「輯」、「戢」皆通。《文選·褚淵碑》：「衣冠未緝。」《注》：「緝與輯同。」《公劉》：「思輯用光。」《孟子》作「戢」。《書》：「輯五瑞。」《詩》：「戢其左翼。」《注》皆訓「斂」。則「緝」亦可訓「斂」。「御」與「圉」通。《召旻》〔註1〕篇：「我居圉則荒。」《韓詩外傳》「圉」作「御」。《爾雅·釋言》：「圉，禁也。」是「緝御」為斂飭拘謹之意，當時容有此疊字形容之語，故《傳》以為「蹴踖之容」。至後漢時，已失其故訓矣。

告之詁言解

《大雅·抑》之篇：「告之詁言。」今本作「告之話言」。《經典釋文》：「話，戶快反。《說文》作『詁』，云：『故言也。』」似陸氏所見《說文》「言」部「詁」下必引《詩》「告之詁言」，而唐時《詩》已作「告之話言」，《說文》作「告之詁言」顯然。今《說文》：「詁，訓故言也。《詩》曰詁訓。」小徐本作「《詩》詁訓」。安見為《抑》之篇文？陸說進於無稽。《說文》「譜」下：「《傳》曰：

〔註1〕「旻」，底本原為小字「廟諱」。

『告之謂言。』」臧玉林、段懋堂以為即「詁」下所引《詩》，曰「告之詁言」，後人所竄易。陳恭甫謂《說文》「諎」下引「告之謂言」，不偁《詩》而偁《傳》，明非引《詩》，疑引《春秋》文六年傳「著之話言」，誤涉下文「告之訓典」；或引文十八年「不知話言」誤涉下文「告之則頑」；遂與詩詞相亂，傳寫者又脫「春秋」二字。其引《詩》「告之詁言」，自在「詁」下，當據《釋文》定之。阮文達《詩經校勘記》引段懋堂云：「《釋文》『告之話言』下『話言，古之善言』，當作『詁話，古之善言也』。」前「慎爾出話」，《傳》：「話，善言也。」此云「詁話，古之善言也」。一篇之內，依字分訓而相蒙如此。竊謂經文為「詁」為「話」，決之毛《傳》、許書而可定。毛，西漢經師，據依作傳，必周秦間古義，且傳文簡質，一篇中文字屢見，義具於前者，後不重申。叔重亦自言宗毛。案：本篇「慎爾出話」，《傳》：「話，善言也。」「告之詁言」，《傳》：「詁言，古之善言也。」使本不作「詁言」，何以「出話」之「話」但云「善言」，「話言」又何以云「古之善言」。不特「古之」二字為贅文，亦於《傳》例不符。《說文》：「詁，訓故言也。從言古聲。」《一切經音義》二十二引作「詁，訓古言也」。《後漢書·桓譚傳》「皆詁訓大義」，《鄭興傳》「使撰條例章句訓詁」，李賢《注》引竝同。是唐時《說文》本作「古」，許以「古言」釋「詁訓」，正與《傳》以「古之善言」釋「詁言」同。《傳》文「古」字正釋經文「詁」字，可見經文作「詁」，不作「話」。陸氏所據《說文》「話」下必有「告之詁言」句，尤無疑者。或以今《說文》「詁」下《詩》曰詁訓」，是《烝民》篇之「古訓是式」。以《釋文》為誤引，不復知《詩》之本作「告之詁言」矣。

詩韓城考

《詩》：「溥彼韓城。」《毛傳》：「韓侯之先祖，武王之子也。」於韓城所在無文。《鄭箋》：「即晉大夫韓氏邑。」據《傳》，則韓為《內、外傳》應韓之韓〔註2〕。韋昭《國語注》：「宣王命韓侯為侯伯，其後為晉所滅，以為邑，以賜桓叔之子萬。」《箋》：「韓氏食邑正謂此。」杜預《左傳注》：「韓國在河東郡界。」《漢書·地理志》：「韓武子食於韓原。」《續漢·郡國志》：「河東郡河北縣有韓城。」諸書於晉韓邑考實頗詳。而《詩》一則曰「燕師所完」，再則

〔註2〕《左傳·僖公二十四年》：「邢、晉、應、韓，武之穆也。」
《國語》卷第十六《鄭語》：「公曰：『若周衰，諸姬其孰興？』對曰：『臣聞之，武實昭文之功，文之祚盡，武其嗣乎！武王之子，應、韓不在，其在晉乎！距險而鄰於小，若加之以德，可以大啟。』」

曰「奄受北國」，《釋文》：王肅、孫毓以燕為北燕國。《漢志・廣陽國》：「薊，故燕國，召公所封。」《方輿紀要・北直順天府》：「府治東有薊城，古燕都。」則燕與北國本同壤，而晉之韓邑去燕不止二千里。則完韓城而役燕師，錫韓侯而受北國，於事不無可疑。

考《潛夫論・志氏姓篇》：「昔周宣王時有韓侯，其國近燕，故《詩》云：『普彼韓城，燕師所完』。」顧亭林謂〔註3〕「漢時去古未遠，王符之說當有傳授」。似古有兩韓國。考《〈水經・聖水〉注》：「聖水又東南徑韓城東。」引《詩》

〔註3〕（清）顧炎武《日知錄》卷三《韓城》：

《水經注》：「聖水徑方城縣故城北，又東南徑韓城東。《詩》：『溥彼韓城，燕師所完。王錫韓侯，其追其貊，奄受北國。』王肅曰：『今汲郡方城縣有韓侯城，世謂寒號。』」非也。〔原注：《魏書・地形志》：「范陽郡方城縣有韓侯城。」〕按：《史記・燕世家》：「易水東分為梁門」，今順天府固安縣有方城村，即漢之方城縣也。《水經注》亦云：「濕水徑良鄉縣之北界，歷梁山南，高梁水出焉」，是所謂「奕奕梁山」者矣。舊說以韓國在同州韓城縣。曹氏曰：「武王子初封於韓，其時召襄公封於北燕，實為司空，王命以燕眾城之。」竊疑同州去燕二千餘里，即令召公為司空，掌邦土，量地遠近，興事任力，亦當發民於近甸而已，豈有役二千里外之人而為築城者哉！召伯營申，亦曰「因是謝人」；齊桓城邢，不過宋、曹二國；而《召誥》「庶殷攻位」，蔡氏以為此遷洛之民，無役紂都之理。此皆經中明證。〔原注：《大全》載諸子之言，亦以此為不可曉。〕況「其追其貊」乃東北之夷，而蹶父之「靡國不到」，亦似謂韓土在北陸之遠也。又考王符《潛夫論》曰：「昔周宣王時，有韓侯，其國近燕。故《詩》云：『普彼韓城，燕師所完。』其後韓西亦姓韓，為衛滿所伐，遷居海中。」漢時去古未遠，當有傳授，今以《水經注》為定。

按：毛《傳》梁山、韓城皆不言其地，鄭氏《箋》乃云：「梁山，今左馮翊夏陽西北。韓，姬姓之國也，後為晉所滅，故大夫韓氏以為邑名焉。」〔原注：《左傳》富辰言：「邢、晉、應、韓，武之穆也。」◎《竹書紀年》：「平王十四年，晉人滅韓。」按：《左傳》僖公十五年，「晉侯及秦伯戰於韓」。上言涉河，下言及韓，又曰「寇深矣」，是韓在河東，亦非今之韓城也。故杜氏解但云「韓，晉地」。◎文公十年，晉人伐秦，取少梁，始得今韓城之地。益明「戰於韓」非此也。〕至「溥彼韓城，燕師所完」，則鄭已自知其說之不通，故訓「燕」為安，而曰「大矣，彼韓國之城。乃古平安時眾民之所築完」。惟王肅以梁山為汲郡方城縣之山，而以燕為燕國。〔原注：孫毓亦云。〕今於梁山則用鄭說，於燕則用王說，二者不可兼通，而又巧立召公為司空之說，可謂甚難而實非矣。又「其追其貊」，鄭以《經》、《傳》說貊多是東夷，故《職方》掌四夷九貉，〔原注：即「貊」字。〕鄭志答趙商云：「九貉即九夷也。」又《秋官》「貉隸」注云：「征東北夷所獲。」而漢時所謂滅貊者，皆在東北。〔原注：《史記・貨殖傳》：「燕東綰穢貊、朝鮮、真番之利。」◎《漢書・武帝紀》，《注》：「服虔曰：穢貊在辰韓之北，高句麗沃沮之南，東窮於大海。」〕因於箋末添二語云：「其後追也貊也，為獫狁所逼，稍稍東遷。」此又可見康成之不自安而遷就其說也。

「溥彼韓城」云：「鄭玄曰：『周封韓侯居韓城，為突伯言為獫夷所逼，稍稍東遷。』王肅曰：『今涿郡方城縣有韓侯城，世謂之寒號城』，非也。」據酈引鄭說，雖不以韓為兩國，而云東遷，則受封時一韓城，東遷後自別有一韓城。王肅所云涿郡方城縣之韓侯城，案《日知錄》，今順天府固安縣有方城村，即漢之方城縣，可正為其國近燕之證。

江慎修《詩經補義》引《括地志》「同州韓城縣南十八里為古韓國」。然《詩》言韓城「燕師所完」，奄受追貊北國，韓當不在關中。並引《潛夫論》、《水經注》，謂方城今為順天府固安縣，與《詩》「奄受北國」相符。方城亦有梁山。《水經注》：「鮑邱水過潞縣西，高梁水注之，水東徑梁山南。」潞縣今遙州，其西有梁山，正當固安縣東北。然則韓始封在同州韓城，至宣王時徙封於燕之方城歟？江說不獨引申鄭、王舊義，其謂「方城亦有梁山」，則《詩》言梁山，特就韓國之山為發端，不必如陳奐《傳疏》以禹治梁山，況宣王之命諸侯矣。且詩家引召伯營謝、仲山甫城齊以證燕師之完韓城，抑知鄭封咸林，至武公而遷溱洧；楚封丹陽，迨武王而又遷郢；是西周時，侯國率不常厥居，例之韓侯避患東遷正同。然則韓非有兩國也，以徙封而遂有兩韓城耳，不亦班班可考哉！

克昌厥後不避文王諱說

《周頌》：「克昌厥後。」昌為文王名。孔《疏》：「此祭文王，則於禮當諱。而經云者，詩書不諱，故無嫌。《烝民》云『四方爰發』，亦此類。」謂不避文王諱者在此。案：《左氏》桓六年傳：「周人以諱事神。」是諱法為周所特創，斷無敬事其神而不避其名之理。蒙謂《雝》為祭文王詩，於經本無明文。經「既右烈考」，《傳》：「烈考，武王。」「亦右文母」，《傳》：「文母，大姒。」曾未涉及文王。即《小序》，但云「雝，禘大祖也。」亦未見大祖必屬文王。惟鄭《箋》云：「大祖謂文王。」然則以《雝》為祭文王詩，自是鄭君一家言。案：《禮記・王制》：「天子七廟，三昭三穆，與大祖之廟而七。」鄭《注》：「此周制。七者，大祖及文王、武王之祧與親廟四。大祖，后稷。大祖之廟，百世不遷。非若親廟，隨世遞更。」據禮經，則周之所謂大祖，當以之稱后稷，而非所以稱文王。《漢書・劉向傳》：「武王、周公繼政，朝臣和於內，萬國驩於外，故盡得其歡心，以事其先祖。」即引《雝》詩首四句。《韋玄〔註4〕成傳》：「唯

〔註4〕「玄」，底本作「元」。下同。

聖人為能饗帝，孝子為能饗親，立廟京師之居，躬親承事，四海之內，各以其職事來助祭。」亦引詩「有來雝雝」。劉、韋雖皆《魯詩》家，要本西漢經師所傳古義，以《雝》為武王之詩。明言「事其先祖」，則非祭文王顯然。玄成又謂「禮：王者受命，諸侯始封之君，皆為大祖。周之所以七廟者，以后稷始封，文王、武王受命」云云，蓋謂始封若受命君皆得稱大祖，非謂既以始封君為大祖，復以受命君為大祖，並時同號也。其既舉后稷而兼及文、武，特以由受命君廟不在迭毀之列耳。據此，則《〈雝〉序》之「大祖」，《禮注》以為「后稷」者，義正合。《通典》：「《韓詩內傳》：『禘取毀廟之主，皆升合食於太廟。』」如繫《雝》篇之《傳》，即謂頌作於成王、周公之時，文、武皆為親廟，其下並無昭穆，安所用毀廟合食之禘？是韓決不以《序》之「禘大祖」為祭文王，當亦以《序》之「大祖」為后稷。經之「皇考」，即謂后稷。《祭法》：「五廟皆曰考，始祖即曰祖考。」然則后稷稱皇考，於禮亦宜。《群經平議》：「『宣哲維人，文武維后』兩句相對，篇義猶《假樂》篇之『宜民宜人』，蓋皆指臣而言。」尤合禘祭兼享功臣之義。則「克昌厥後」云云，禘后稷而言。后稷神靈，祖前孫名，於文王之諱奚有？又安所謂避與不避者？然則「克昌厥後」本非祭文王之詩，何疑於文王之諱哉？

實始翦商解

《魯頌·閟宮》：「實始翦商。」毛《傳》：「翦，齊也。」鄭《箋》：「翦，斷也。太王自豳徙居岐陽，四方咸歸往之，於時而有王跡，故云是始斷商。」孔《疏》：「翦齊釋言文齊，即斬斷之義」云云，以《傳》、《箋》為同意。案：《周禮》「翦氏」，鄭《注》：「翦，斷滅之言也。」即引《詩》「實始翦商」為證。似鄭直以「翦商」為滅商。據《說文》「戈」部：「戩，滅也。從戈晉聲。《詩》曰：『實始戩商。』」「戩」訓為「滅」，與鄭義不殊。攷太王甫遭獯鬻之難，自豳遷岐。《緜》詩詠其立室家，《天作》詠其荒高山，兢兢乎自保之不暇，於時商王為小乙、武乙，去武丁中興之世未遠，揆之事勢，太王安得有翦商之志？竊謂毛以「翦」為「齊」，《說文「刀」部：「剪，齊斷也」；「羽」部：「翦，羽生也。」蓋謂羽初生，如前之齊。「前」，即古「翦」字。是「齊」為「翦」本訓。《傳》雖未申明齊商之義，據《小宛》「人之齊聖」，《傳》：「齊，正」，是「齊」亦訓「正」。然則齊商猶云正商。實始正商者，太王自岐陽立國，外捍戎狄，內弼商室。《詩》言正商，猶《小雅·六月》言「以匡王國」，《論語》

孔子言「管仲一匡天下」，「匡」亦訓「正」也。《漢書》韋孟諷諫詩「總齊群邦，以翼大商」，正可引以證毛《傳》之所謂齊商。《爾雅》，「翦」與「勞來彊事」同訓「勤」。近郝氏懿行《義疏》：「翦者，猶言前也，進也。」前、進皆有勤意。段氏玉裁云：「翦之言盡也，謂盡力之勤也。」《呂氏春秋‧不廣》篇：「勤天子之難。」是勤以盡力王室言。自不窋竄於戎翟之間，去中朝絕遠。公劉館豳，仍逼邊陲。太王邑岐山之下，與京毫差近，無事修貢，奉有事，勤官守。攷《竹書紀年》，河亶甲五年，彭伯、韋伯伐班方；祖乙元年，命彭伯、韋伯明酬其伐班方之勤；武乙三年，命周公、亶父賜以岐邑。太王必先有勤勞王室之舉，故得承錫命之榮寵。言太王始翦商，當以此下云「至于文武，纘太王之緒」。攷文王三分天下有其二，尚合六州之眾，以奉勤於商，武王未觀兵以前，亦恪盡服事之誠。以經證經，則翦商當謂勤商，而毛《傳》齊正之訓，於勤義亦近。如以翦為斷為滅，揆諸詁訓事勢，均不合矣。

球共解

《商頌》：「受小球大球」、「受小共大共。」《傳》：「球，玉」，「共，法。」《箋》以「尺二寸圭」釋小球，「長三尺」者釋大球，蓋泥《傳》「球，玉」之詁，以球為圭，遂解「共」為「執」，恐均未得《傳》意。《傳》言「球，玉」，殆以經所云「小球」、「大球」無非玉者。「球」當即《書‧顧命》篇之「天球」。球為測天之器，故亦繫以天。《傳》舉其質，故云「玉」。「共」即《書序》「九共」之「共」。據馬融、王肅注，竝皆訓法。《大傳》引《逸書》「予辨下土」，可見為論列九州之法。地生物，以主共給，故「共，法」之訓當就地言為宜。「受小球大球」下繼以「敷政優優」，具見順時布政。「受小共大共」下繼以「敷奏其勇」，又見審形勢以用兵，故所向有功。案：《書》：「天球河圖在東序。」《文選‧典引〉注》：「《尚書》曰：『顓頊河圖洛書在東序。』」段玉裁以李善於《典引》錄蔡邕注，所引當是《今文尚書》。古文「天球」，今文作「顓頊」者，或顓頊所用之天球，即以顓頊稱，猶顓頊曆法，曆家或徑名以顓頊也。《隋書‧天文志》引劉智云：「顓頊造渾儀。」《晉書‧天文志》：「蔡邕蓋天說：圓者為璣，其徑八尺，以美玉為之。」是古測天之器用玉而名球，則顓頊時已然。備言「小球大球」，無非見所受者多，斯測驗無差耳。「受共」章雖次「受球」章後，然之兩章同承「上帝命式於九圍」言之。《傳》：「九圍，九州也。」《周官》：「大司徒掌建邦之土地之圖，周知九州之地域廣輪之數。」益大地險要所

在，非圓無以攬其全而制其勝。江聲《尚書集注》引《書》古文訓曰：「伏生稱九共，以諸侯來朝，各述其土地所生美惡、人民好惡。」與《大司徒》所謂「土地之圖」互相表裏。《楚辭·懷沙》：「前圖未改。」王逸《注》：「圖，法也。」是「圖」、「法」義本得通。《傳》以「法」釋「共」，是小共大共為小法大法，猶之云小圖大圖也。圖不一圖，故言「小共大共」，以渾括之。先言「受球」，見湯之欽若天象。次言「受共」，見湯之精求地記。立義之分別以斯。《易·革》卦《彖》詞曰「湯武革命」，《象》詞則曰「君子以治曆明時」。《商書·明居》篇序：「咎單作明居。」馬融《注》：「咎單，湯司空也。明居，明居人之法也。」湯之兢兢於天文地文，旁稽《易》、《書》兩經，具有明據。然則毛《傳》雖簡，言「球，玉」以玉表其質，言「共，法」以法括厥地，何難參攷以得其義哉！

詩序書序孰為可信說

《詩》、《書》有序，各坿本經。《經典釋文》沈重云：「案：鄭《詩譜》意，《大序》是子夏作，《小序》是子夏、毛公合作。卜商意有不盡，毛更足成之。《大序》謂全經之序，《小序》即各篇之序也。」《書疏》言百篇之序，馬、鄭、王肅之徒皆以為孔子作。是漢時《詩》、《書》兩家經師所習之經有序甚明。後枚賾上孔安國書傳百篇序，外有安國序一篇，世亦謂之大序，反以百篇之序為小序。朱子謂安國序不類西漢人文字，於是因疑百篇之序。且因《詩小序》或與經文不合《大序》篇末，是以《關雎》以下，語不相承，意實難曉。以《書序》之不可者，並《詩序》亦不可信。不知《書大序》誠不可信，其《小序》則確有可信也；《書》之大小序不皆可信，而《詩》之大小序則無不可信也。《文選·四子講德論》：「《傳》曰：『詩人言之不足，故嗟歎之。嗟歎之不足，故詠歌之。詠歌之不厭，不知手之舞之，足之蹈之也。』」李善《注》：「《樂緯動聲儀》亦有此文。」《古微書》引《詩緯含神霧》曰：「治世之音溫以裕，其政平。亂世之音怨以怒，其政乖。」《說郛》引《含神霧》曰：「上以風化下，下以風刺上，主文而譎諫，言之者無罪，聞之者足以戒。」並為《大序》文。近金鶚、李富孫攷漢昭、宣之世，緯候已見稱引。觀此，則《詩大序》當在其前，固非若《書大序》晚出之比。鄭《箋》謂「毛公引序，分置篇端」，是又毛公作《傳》時備有《小序》之明據。《孔子世家》：「孔子序書，上紀唐虞之際，下至秦繆。」史遷明言「孔子序書」。案：百篇之序，《史記》所不錄。雖

有二十九篇，要可證遷實見其文。《春秋繁露》云：「《詩》、《書》序其志。」此猶《詩序》、《書序》著於西漢之初。即謂漢儒所見，已經秦火，容出後來補輯。然《小雅‧北山》詩《序》：「役使不均，己勞於從事而不得養其父母焉。」《孟子‧萬章》即以之釋「普天之下」。詩詞《〈書‧湯征〉序》：「葛伯不祀，湯始征之。」《孟子‧滕文公》亦引之。孟子尤長於《詩》、《書》，於《序》屢經稱說，亦可知其遠有自來而信而有徵矣。鄭《箋》：「子夏序《詩》，篇義合編。」據《漢書‧藝文志》：「《毛詩》二十九卷，《毛詩故訓傳》三十卷。」古經傳別行二十九傳、《詩》之本文三十卷者，殆依經立傳，增《小序》為一卷也。鄭所謂「合編」，或以《序》依次自為一卷言之。攷《釋文》《汨作》等篇，其文皆亡，而序與百篇之序同編，故存。吾謂《詩序》亦然。故《南陔》六詩亡，而其序不與俱亡。《書疏》：「作序者不敢廁於正經，故謙而聚於下。」吾謂《詩序》本或與同。觀《易》之六十四卦有《序卦傳》以匯其終，《逸周書》七十一篇而《周書序》殿其末，此又可見古經無不有序，而序亦自有定例，足為《詩》與《書》本當有序之借證。故曰《詩》之大小序無不可信，《書》則百篇之序確可信，百篇序外本無所謂大序也。《詩序》也，《書序》也，敦當信，敦不當信，不待辨而顯然已。

毛詩陸疏證

方秉蕳兮。　蕳即蘭香草也。《春秋傳》曰：「刈蘭而卒。」《楚辭》曰：「紉秋蘭。」子曰：《正義》作「孔子曰」。「蘭當為王者香草。」皆是也。其莖葉似藥草。澤蘭但廣而長節，節中赤，高四五尺。漢諸池苑及許昌宮中皆種之，可著粉中，故天子賜諸侯菡蘭。《詩疏》無此上八字。藏衣著書中，闢白魚也。

毛《傳》：「蕳，蘭也。」《漢書‧地理法》引《詩》云：「方秉菅兮。」顏師古《注》云：「菅，蘭也。」《廣雅》：「蕳，蘭也」《一切經音義》引《聲類》云：「薽，蘭也。」又引《說文》云：「薽，香草也。出吳林山。」今《說文》本無「香」字。《山海經‧中山經》：「吳林山，其中多薽草。」郭璞《注》：「薽亦菅字。」「薽」、「蕳」字同，「菅」其假借也。《太平御覽》引《韓詩傳》云：「三月桃花水下之時，士與女方秉蘭兮。」《〈後漢書〉注》引薛君《韓詩章句》云：「鄭國之俗，三月上巳，之溱洧兩水之上，招魂續魄，秉蘭草祓除不詳。」《韓詩》直以「乘蕳」為「秉蘭」。《春秋》宣公三年《左氏傳》：「鄭穆公刈蘭而卒。」《楚辭‧離騷經》：「紉秋蘭以為佩。」《注》：「紉，索也。蘭，香草也。」

《琴操》:「夫子曰:『夫蘭為王者之香,今與眾草為伍。』」《儀禮·既夕禮》:「記實綏澤。」《注》:「澤,澤蘭,取其香。」《荀子·正論》篇:「睪而食。」《注》:「睪蓋香艸。或曰當為澤,澤蘭也。」《木草》:「澤蘭生汝南大澤旁。」雷敦《炮炙論》以蘭為大澤蘭,以澤蘭為小澤蘭。元許謙《詩集傳名物鈔》云:「《本草》澤蘭及蘭草注云:澤蘭生水澤中及下濕地,苗高二三尺,莖幹方,青紫色,作四棱,葉生相對如薄荷,微香。葉尖有毛,不光潤。花帶紫白色,萼亦紫。蘭草大抵相類。葉光潤尖長,有歧花,紅白色而香,生水旁。又曰:澤蘭方莖,蘭圓莖。」近陳啟源《毛詩稽古編》:「蘭草與浮蘭同類而小別,俱生水旁。紫莖素枝,赤節綠葉。其莖圓,節長,葉無芒者為蘭草。莖微方,節短,葉有芒者為澤蘭。」《西都賦》「集乎豫章之宮,臨乎昆明之池」,下云「蘭薄發色」。《東京賦》「濯龍芳林,九穀八溪」,下云「秋蘭被涯」。《魯靈光殿賦》:「蘭芝阿那於東西。」何平叔《景福殿》,《注》〔註5〕:「《洛陽宮殿簿》曰:『許昌宮景福殿七間。』」《幽明錄》:「庿中道,夾樹蘭香。齋者煮以沐浴,然後祭,所謂蘭湯是也。」又可為閨房香澤。《神女賦》:「沐蘭澤。」《注》:「以蘭浸油澤以塗頭。」又主調飲食。《王度記》:「天子以鬯,諸侯以薰,大夫以蘭,士以蕭,庶人以艾。」《漢官典職》:「尚書郎懷香握蘭。」《晏子》:「今大蘭湛之苦酒,君子不近,庶人不佩。」《〈離騷〉注》:「古者男女皆佩容臭。臭者,物也。」又曰:「佩帨薇蘭。」則蘭芷之類,古人皆以為佩。《本草》云:「蘭草主殺蟲毒。」漢藏書處名蘭臺。桓譚《新論》:「《連山》藏於蘭臺。」《易林》:「典冊法書,藏在蘭臺。」《晉中經簿》:「盛書函中,四角皆有香囊。」《本草綱目》:「蠹魚,名為白魚,生久藏衣帛及書紙中,形稍似魚,白其色也。」

采采芣苢。　一名馬舄,一名車前,一名當道。喜在牛跡中生,故曰車前、當道也。今藥中車前了是也。幽州人謂之牛舌草。可鬻作茹,或作「鬻」,誤。大滑。其子治婦人難產。

毛《傳》:「芣苢,馬舄。馬舄,車前也。」《爾雅·釋草》同。郭《注》:「今車前草,大葉,長穗,好生道邊。江東呼為蛤蟆衣。」《說文》:「芣苢,一名馬舄。其實如李,令人宜子。《周書》所說。」段《注》引黃公紹《韻會》載《說文》,「李」作「麥」。《〈文選·辨命論〉注》引《韓詩章句》:「芣苢,澤瀉也。」其《序》云:「《芣苢》,傷夫有惡疾也。」然澤瀉是藩瀉,非馬舄。《〈詩〉釋文》引《韓詩》云:「直曰車前,瞿曰芣苢。瞿謂生於兩旁。」《名

醫別錄》：「一名勝舃。」《莊子‧至樂》篇：「鼃蠙之衣，生於陵屯則為陵舃。」
司馬彪《注》云：「生於陵屯，化作車前，改名陵舃。」「陵」與「勝」古聲相
近，故勝舃一名陵舃。「勝」、「袱」皆以夬為聲。勝之為陵，猶袱之為陵也。
高誘注《淮南‧時則訓》：「袱，讀南陽人言山陵同。」《廣雅》：「當道，馬舃
也。」《廣韻》：「芣苢好生道間，故曰當道。」《本草》云：「生真定平澤邱陵
阪道中。」又：「車前子味甘寒，無毒，養肺，強陰益精。」《神仙服食經》：
「車前實雷之精也。八月採地衣。地衣者，車前實也。」《別錄》云：「一名牛
遺。」「遺」與「舌」一聲之轉。蘇頌《圖經》：「春初生苗葉，布地如匙面，
累年者長及尺餘，抽莖作長穗，如鼠尾。花甚細，青色微赤。結實如葶藶，赤
黑色。今驗有二種。大葉者，俗名馬耳。小葉者，名驢耳。」《圖經》所說葉
長尺餘，似是馬耳。今藥所收，乃是驢耳。野人亦煮啖之。《唐書‧地理志》：
「盛山郡貢芣苢實。」《本草》云：「令人有子。」毛《傳》云：「宜懷任。」
「任」，古「妊」字。《序》謂「婦人樂有子」，與《疏》誼正互相備。或以芣
苢為木名，前人駁難已詳，不復及也。

　　言采其蝱。　蝱，今藥草貝母也。其葉如栝樓而細小，其子在根下，如芋
子，正白。四方連類相著，有分解也。

　　毛《傳》：「蝱，貝母也。」「采其蝱」者，將以療疾。《爾雅》：「茵，貝母。」
郭《注》：「根如小貝，員而白華，葉似韭。」《說文》：「茵，貝母也。」徐鍇
《繫傳》：「《〈淮南‧氾論〉注》引《詩》作『言采共茵』。『茵』，正字。『蝱』，
假借字。『艸』部：『茵，武庚切。』『虫』部：『蝱，武庚切。』蓋以同音假借
也。」亦通作「𧒂」。《管子‧地員》篇：「其山之旁，有彼黃𧒂。」《廣雅》：
「貝父，藥實也。」貝父，即貝母。古人語倒，變母呼父。猶甘草謂之大苦也。
《急就》篇：「穎東貝母姜狼牙。」《爾雅》：「果臝之實，栝樓。」《注》：「今
齊人呼為天瓜。」《本草》：「栝樓葉如瓜葉形，兩兩相值蔓延，青黑色。」《說
文》：「芋，大葉實根，駭人，故謂之芋也。」《御覽》引《廣志》，凡十四芋，
有雞子芋、百果芋，畝收百斛。又有百子芋。《風土記》：「博士芋蔓生，根如
雞鴨卵。」《本草》：「貝母味辛，一名空草，一名藥實，一名苦花，一若苦菜，
一名茵草，一名勤母。」陶云：「形似聚貝子，故名貝母。」《唐本》注云：「此
草葉似大蒜。」《圖經》云：「根有瓣，子黃白色，二月生苗，莖細青色，葉亦
青，似蕎麥。葉隨苗出，七月開花，碧綠色，形如鼓子花。」此有數種。今近
道出者，正與陸《疏》相類。

中谷有蓷。　蓷似萑，方莖，白華，華生節間。舊說及魏博士濟陰周元明皆云菴䕡是也。《韓詩》及《三蒼》說悉云：「蓷，益母也。故曾子見益母感恩。」《詩》、《爾雅》，《疏》作「而感」。《證類本草》作「感恩」。案：《本草》云：「茺蔚，一名益母。」故劉歆云「蓷臭穢」，即茺蔚也。

毛《傳》：「蓷，鵻也。」《爾雅·釋草》：「萑，蓷。」郭《注》：「今茺蔚也。葉似荏，方莖白華，華生節間。」又名益母。《說文》：「蓷，隹也。《詩》：『中谷有蓷。』」《文選·子虛賦》：「菴䕡軒于。」《注》引張揖曰：「菴䕡，蒿也。子可醫疾。」《本草綱目》：「菴䕡生川谷道旁，葉似菊，高五尺，結實如艾。」又：「骨碎補，一名菴䕡。」濟陰人周元明為魏博士官，以蓷即菴䕡。與舊說同。漢常山太守韓嬰通《詩》學，名《韓詩》。江式曰：「秦李斯破大篆為小篆，造《倉頡》九章。趙高造《爰歷》六章，胡母造《博學》七章。後人分五十五章，為三卷。上卷至漢哀帝中，揚子雲作《訓纂》；中卷和帝中，賈魴接記，滂喜為下卷，稱《三蒼》。」曾子以孝行稱，見益母感恩。蓋古有是語。若《宋書·文九王傳》所云「曾子孝其親而沉於水」，又云「曾子不逆薪而爨」之類。案：《漢書》、《淮南子》、《鹽鐵論》、《說苑》、《論衡》有「里名勝母，曾子不入」語。名勝母者，過不入；名益母者，宜感恩。世以《本草》為神農作，《爾雅》、《釋文》引之云：「一名大札，一名益明，一名貞蔚。」劉歆，漢宗室向之子。蓋蓷為茺蔚之合聲，茺蔚又臭穢之轉聲，益母氣惡近臭，故稱臭穢。曹植《籍田說》云：「藜蓬臭蔚，棄之乎遠疆。」「臭蔚」，猶「臭穢」。古音「蔚」如「鬱」。《廣雅·釋器》：「鬱，臭也。」故茺蔚一名鬱臭。《本草拾遺》云：「茺蔚，田野間人呼為鬱臭。」《本草》陶《注》：「此草莖方，葉三歧，高四五尺，亦有紅華者。子細長，三楞。」

集于苞杞。　杞，其樹如樗，一名苦杞，一名地骨。春生，作羹茹微苦。其莖似莓子。秋熟，正赤。莖葉及子，服之輕身益氣。

毛《傳》：「杞，枸檵也。」《爾雅·釋木》文同。《注》：「今枸杞也。」《說文》：「杞，枸杞也。檵，枸杞也。」《困學紀聞》：「《詩》有三杞。『無折我樹杞』，柳屬。『南山有杞』、『在彼杞棘』，梓杞〔註6〕。『集于苞杞』、『言采其杞』、『隰有杞桋』，枸杞。」《禮記·表記》：「豐水有芑。」《注》：「枸杞也。」「杞」與「芑」通。《春秋》昭二年《左氏傳》：「我有圃生之杞乎？」杜《注》：「世所謂枸杞。」《易·姤》：「九五：以杞包瓜。」馬融注：「杞，大木。」虞、鄭

〔註6〕按：（宋）嚴粲《詩緝》卷十七《四牡》亦有此說，「梓杞」作「山木」。

竝云:「杞柳,檽木名。」《莊子‧道遙遊》篇:「吾有大樹,人謂之樗。」沈
括約:「陝西枸杞最大,高丈餘,可作柱。」《廣雅》:「地筋,枸杞。」又云:
「狗乳,苦杞。地筋以根得名,狗乳以子得名。」《廣韻》:「苟杞,春名天精
子,夏名苟杞葉,秋名邵老枝,冬名地骨根。」《本草》:「枸杞,一名杞根,
一名地骨,一名枸忌。」陶《注》:「其葉可作羹,味小苦。」諺云:「去家千
里,勿食蘿摩。」《枸杞圖經》云:「今處處有之,春生苗。葉如石榴葉而軟薄,
堪食,俗呼為甜菜。其莖幹高三五尺,作叢。六月七月生小紅紫花,隨便結紅
實,形微長,如棗核。」《爾雅》:「菕,山莓。」《注》:「今之木莓。」《玉篇》:
「莓實似桑椹。」《山經‧南山》:「虖勺之山,其下多荊杞。」《注》:「杞,苟
杞。子赤。」《孝經援神契》:「鉅勝延年。」宋均注:「世以鉅勝為枸杞子。」
《本草綱目》:「枸杞,道書言千載枸杞,其狀如犬,故得枸名。久服堅筋骨,
輕身不老。」

　　言采其蕢。　蕢,今澤蕮也,其葉如車前草大,其味亦相似,徐州、廣陵
人食之。

　　毛《傳》:「蕢,水舄也。」《說文》:「蕢,水舄也。《詩》曰:『言采其
蕢。』」《爾雅》:「蕢,牛脣。」郭《注》引毛《傳》,謂「如續斷,寸寸有
節,拔之可復」。「蕭舄」,郭《注》:「今澤瀉。」郭以水舄、澤舄為二,以
蕢如續斷,不謂澤蕮也。車前草即芣苢,亦名牛舌。《神農本草》:「澤蕮,
一名水舄。」《圖經》云:「春生苗,多在淺水中,葉似牛舌,草獨莖而長。
《爾雅》謂之蕭。」是澤蕮與續斷異狀矣。孔《疏》並引毛《傳》、陸《說》,
不為置辯,蓋以《傳》釋蕢不云牛脣而云水舄,水舄或即《爾雅》之蕮也。
《說文》:「蕢,水舄。」許從毛也。是則蕢也,蕭也,蕮也,水舄也,澤舄
也,一草具此數名也。劉向《九歎》:「筐澤蕮。」王逸《注》:「澤瀉,惡艸。」
引《本草》「澤蕮葉狹長,叢生淺水中,多食病人眼。徐州、廣陵,今江南
地,均澤國也。」

　　蔦與女蘿。　蔦,一名寄生,葉似當盧,子如覆盆子,赤黑甜美。女蘿,
今兔絲,蔓連草上生,黃赤如金。今合藥。菟絲子是也,非松蘿。松蘿自蔓松
上,生枝正青,與菟絲殊異。

　　毛《傳》:「蔦,寄生也。女蘿,菟絲,松蘿也。」《爾雅》:「寓木,宛
童。」郭《注》:「寄生樹,一名蔦。」《說文》:「蔦,寄生也。」引《詩》
「蔦與女蘿」。枴蔦,或從木,或謂寄生草間從艸,寄生樹上者從木。漢《費

鳳別碑》:「栦與女蘿。」則「蔦」、「栦」字通。《廣雅》:「宛童、寄生，栦也。」《中山經》:「龍山上多寓木。」郭云:「寄生也，一名宛童。」《易林·旅之乾》:「寄生無根。」《後漢書注》:「百草至寒皆凋落，惟寄生獨榮。」《本草》:「桑寄生，一名寓木，一名宛童，一名蔦。」陶《注》云:「葉圓青赤，厚澤，易折，旁自生枝節。冬夏生，四月花白，五月實赤，大如小豆。」《唐本》云:「子黃，大如小棗子，惟虢州者子汁甚黏。核大似小豆。葉無陰陽，如細柳葉而厚軟。」《周禮·巾車》注:「錫馬面當盧，刻金為之，所謂鏤錫也。」《爾雅》:「茥，蒛盆。」《注》:「覆葐也。實似莓而小，亦可食。」《廣雅》:「缺盆，陸英，莓也。」《爾雅》:「唐蒙，女蘿。女蘿，菟絲。」《注》:「別四名。」《詩》云:「爰采唐矣。」《本草》:「菟絲，一名菟蘆，一名菟縷，一名唐蒙，一名王女。」而木部別自有松蘿。《楚辭》:「帶女蘿。」王逸《注》云:「女蘿，菟絲也。無根，緣物而生。」陸德明《經典釋文》亦云:「在草曰女蘿，在木曰松蘿。」《釋名》云:「在草曰菟絲，在木曰松蘿。」《名醫別錄》云:「松蘿生熊耳山川谷松樹上，菟絲生朝鮮川澤田野，蔓延草木之上，色黃而細者為赤網，色淺而大為菟藟。」陶《注》云:「松蘿多生雜樹上，而以松上者為真。菟絲浮生藍紵麻蒿上。」《抱朴子·對俗篇》:「伐木而寄生枯，芟草而菟絲萎。」　　繼玉謹案:是書未成。近儒如惠棟《周易述》、段玉裁《儀禮漢讀考》皆未成。惠書有江、李兩家補。段書則自識云:「後之人當有能踵為之者。」先生蓋猶是意也。

《詩疑》書後

　　嘗讀東坡《荀卿論》，以李斯佐秦焚書坑儒，其師荀卿啟之。竊疑措詞過當。今親王柏所作《詩疑》，益信蘇子之論為不可易。柏為朱子再傳門人。朱氏說《詩》，以漢經師相傳之《序》逞其一家之言，毅然掇去。即傳記所載用以享鬼神、接賓客者，亦指為淫奔之詩。平日教門弟子，與門弟子遞相傳授，總之不離乎是習。聞師說，遂肆臆見，謂某篇宜去，某句宜刪。若不知《詩》起於何時，定自何人者。且朱氏不信者，《序》耳。柏所疑者，經也。信如柏言，則是聖人所雅言者不可道也，聖人所傳述者未盡善也，是奪聖人之刪訂之權也，是駕聖人之識見而上也，亦妄矣哉！夫柏所藉口淫奔之詩耳，抑思此數十篇《詩序》固或指為傷閔亂之作？去《序》者倡於前，疑《詩》者踵而起矣。吁！柏亦幸當宋世。設所遇有若秦政，不又將為聖經之厄哉？

吳刻《韓詩外傳》跋

　　《漢書·藝文志》,《詩》分齊、魯、韓、毛四家。《韓詩》自經二十八卷外,有《韓故》、《韓說內外傳》之別,間有一二散見於他書之稱引,惟《外傳》迄今存。後人以《外傳》雖稱述經文,多涉春秋雜說,或引《詩》以證事,或引事以明《詩》,何嘗專門解經,故以《外傳》名。然而謂《韓氏外傳》不專說《詩》可,謂《韓氏外傳》本非說《詩》則不可。古書稱傳者,莫非解經之書。吾觀經師家法,或循章句而下注,或徵實事以敷陳,體制容有不同,而所以推闡經義則無不同。即《春秋》公、穀、左氏三家,公、穀皆依經文下說,左氏則臚列事蹟,學《春秋》者咸推奉為大宗。然公、穀、左氏猶各自名家。吾觀毛公《詩傳》,於經文分別詁訓,而《靜女》篇「貽我彤管」《傳》「古者后夫人有女史彤管之法」,及《巷伯》篇「成是南箕」《傳》「昔者顏叔子獨處於室」云云,徵據古事,立文正與《韓詩外傳》相近,未可謂《韓氏外傳》無當於說《詩》矣。攷《漢志》,《韓詩外傳》六卷。今本十卷。此本採輯各書所引《外傳》而不見於十卷中者,又有若干條,為《補逸》一卷,較《漢志》箸錄卷數幾倍之,出於後人之離析無疑。《史記·儒林傳》:「韓生推《詩》之意而為《內外傳》數萬言,其語頗與齊、魯殊,然其歸一也。」史公以《內外傳》並舉,同一推《詩》意而作,且謂與齊、魯兩家語雖異而歸則一,是《外傳》之旁徵博引,莫非發明《詩》義之精微。韓氏說《詩》諸書,存者誠止此十卷,而韓氏家法正可求之此十卷已。

卷五終

青學齋集卷六

新陽汪之昌

三夫人及公之妻服攷

《周官・內司服》：「辨內外命婦之服。」《注》：「內命婦之服，鞠衣，九嬪也；展衣，世婦也；緣衣，女御也。外命婦者，其夫孤也，則服鞠衣；其夫卿大夫也，則服展衣；其夫士也，則服緣衣。」「三夫人及公之妻其闕狄乎？」《注》：「孤之妻當九嬪，同服鞠衣；卿大夫之妻當世婦，同服展衣；士之妻當女御，同服緣衣。」辨別甚詳，而「三夫人及公之妻」謂所服「其闕狄」，賈《疏》總云：「乎以疑之。」是鄭君於三夫人及公之妻服似有無從考其實者。案：內司服掌王后之六服：褘衣、揄狄、闕狄、鞠衣、展衣、緣衣、素沙。則闕狄於六服次三。或謂《禮記・玉藻》篇「王后褘衣，夫人揄狄」，又云「君命屈狄，再命褘衣，一命襢衣，士褖衣」，《注》：「『褘』當為『鞠』字之誤」，「襢」與「展」、「褖」與「緣」皆通用字，與內司服所掌六服名第均符。《注》以夫人為三夫人，亦矣伯之夫人。言矣伯之夫人，則公之妻宜從同。是三夫人及公之妻其服揄狄，《玉藻》有明文，何以《〈內司服〉注》又謂服闕狄，捨禮經所記載而更別以擬議之詞，禮家將何所適從？不知此正鄭君說經之慎。《〈玉藻〉注》以記有夫人揄狄之文，故以三夫人釋之，云亦矣伯之夫人固未嘗及公之妻。攷《昏義》篇「古者后立六宮，三夫人，九嬪，二十七世婦，八十一御妻。天子立六官，三公，九卿，二十七大夫，八十一元士」，就數與敘差之，聽內治之三夫人與聽外治之三公正相當。而《周官・內宰》「以陰禮教九嬪，以婦職之灋教九御。大祭祀，正后之服位而詔其禮樂之義。贊九嬪之禮事」；《追師》「掌王后之首服，為九嬪及外內命婦之首服」；即《內司服》「凡祭祀

-89-

賓客，共后之衣服及九嬪、世婦」，皆不言三夫人。《周語》：「內官不過九御。」《魯語》曰：「人監九御。」韋《注》並云：「九御，九嬪。」所述當是周制。亦但云九嬪，而無三夫人，與《周官》合。周官三百六十，獨不見太師、太傅、太保三公職名。《正義序》以《顧命》太保領冢宰，畢公領司馬，毛公領司空，證三公為兼職。攷《文王世子》篇「設四輔及三公，不必備，唯其人」，尤可見三公本不常置，為兼職。安知不仍本職之服不常置，則不定有其服，則從夫之爵、之公、之妻可知。然則內司服所辨內命婦，惟三夫人不見於《周官》；外命婦，惟公之妻異。孤以下諸命婦，其服確有可稽。賈《疏》從下向上差之，三夫人當服闕狄，三公夫人亦當闕狄。若三夫人從上向下差之，則當揄狄，三公夫人不得過闕狄。《射人》「三公執璧」，與子男執璧同。《玉藻》：「君命屈狄。」據子男夫人，則三公之妻當闕狄，三夫人其服不定，三公夫人又無正文。《疏》以鄭君所疑在此，並知鄭君並三夫人及公之妻而疑之，特就《昏義》所序三夫人與公之妻差次適符，故連類及之。而服闕狄者，子男夫人、公之妻自與同，則三夫人亦與之同。據《喪大記》「夫人屈狄」，世婦禮衣以相差以證三夫人闕狄，則與同等之。公之妻諒亦不復懸殊。「其闕狄乎」云云。蓋姑備一說，爰就《禮經》考之。

共設匡甕解

《周禮·肆師》：「共設匡甕之禮。」鄭《注》：「《公食大夫禮》曰：『若不親食，使大夫以侑幣致之。豆實實於甕，簋實實於筐。』『匡』，其『筐』之誤與？」阮氏《周禮校勘記》云：「毛本二『筐』字俱誤作『筐』。」竊謂上「筐」字據《儀禮》經文改之為「筐」字是也。下「筐」字，毛本不誤，不當並改作「筐」。案：許氏《說文》「筐」隸「竹」部，從竹匡聲；「匡」隸「匚」部，從匚聲。劃分二字。非若「筐」為「匡」之或，體異義通。段氏玉裁《周禮漢讀攷》據阮氏所校勘本，謂「匡，飯器，筥也。匡器似竹匧。簋，黍稷方器也。以黍稷實於飯器，猶為相近。筐則《禹貢》『以盛元纁，織文織貝』、《周書》『以實元黃』者，故鄭君辨正之」。案：《小雅·鹿鳴》篇「承筐是將」，毛《傳》：「筐，筥屬，所以行幣帛也。」是則舉筐正所以該筐。《儀禮·士虞禮》「實於筐」，鄭《注》：「《司巫》引作『實於筐』。」是鄭於「筐」、「筐」二字容相通叚，豈於此而謂之誤文？攷《儀禮》、《禮記》「筐筐」之「筐」多作「筐」，而《周禮·太宰》「匪頒之式」、《虞人》「以待國之匪頒」、《攷工記》「且其匪

色」均作「匪」，與「匪甕」之「匪」同。鄭君恐讀者謂三禮當歸一律，誤認「匪甕」之「匪」與「匪頒」、「匪色」之「匪」溷淆，故云「『匪』，其『筐』之誤」。此鄭君苦心為分明也。否則鄭君凡遇經文譌字，注既指某當為某，下文即用所更易之字，此鄭定例。如果「筐」係「筐」譌，何以又云「匪以致饗」耶？舊禮圖，筐以竹為之，有蓋，長三尺，廣一尺，深六尺，足高三寸，甕高一尺，受三斗，口徑六寸五分，腹徑九寸五分，底徑六寸五分，腹下漸殺六寸。筐以盛幣帛，即《禹貢》、《周書》可證。甕以盛醯醢，見本經醯人、醢人職。筐亦盛食品。《易》「承筐無實」，《詩》「傾筐塈之」，《儀禮》「簋實實於筐」皆是。《公食禮》先言侑幣，故後但舉盛食品之甕筐。《肆師》之「共設甕筐」並言者，言筐則酬幣亦具於中，段氏所云筐甕槀梏之詞者得之。明乎此，則謂鄭君欲破筐從筐，必不然矣。

獻尊犧尊解

《周禮》：「其朝踐用兩獻尊。」《注》：「鄭司農云：『獻讀為犧。犧尊飾以翡翠，象尊以象鳳皇。』或曰：以象骨飾尊。」然則獻尊即犧尊之異名，本自先鄭。先鄭當東漢初，必守西漢經師舊義。《鄭志》：「張逸問曰：『前問曰犧讀如沙，沙，鳳皇也，不解鳳皇何以為沙？』答曰：『刻畫鳳皇之象於尊，其形娑娑。然或有作獻字者，齊人之聲誤耳。』」是尊之名犧，以刻畫鳳皇之故，因聲誤而為獻。說本明瞭。王肅以為犧、象二尊全刻牛象之形，背鑿為尊。未免望文生義。《南史·劉杳傳》：「杳謂古者尊彝皆刻木為鳥獸，鑿頂及背以出內酒。魏時，魯郡中得齊大夫子尾送女器，犧尊作犧牛。晉永嘉中，賊曹嶷於青州發齊景公冢，得二尊，形亦為牛象。二處皆古之遺器。」竊謂杳殆亦因王肅而坿會。近段懋堂謂「杳說尤不可信。即真地中出此器，又何以知必為經典之犧尊」，足破王肅以來之積謬。《魯頌》：「犧尊將將。」毛《傳》：「犧尊有沙飾也。」「沙飾」之訓，不特與鄭「其形娑娑然」合，並可證「獻」讀如「犧」，「犧」讀如「沙」。《說文》：「獻，從犬鬳聲」；「鬳，從鬲虍聲。」在古音魚模部。犧聲、沙聲，古音同在第十七部。段懋堂謂魚模部與歌戈部，漢通用，最近。攷《尚書·大誥》「民獻有十夫」，歐陽、夏侯兩家作「民儀」，王莽《大誥》亦作「民儀」。《儀禮·大射儀》：「兩壺獻酒。」《注》：「獻讀為沙。」《禮記·郊特牲》：「汁獻涗於酒醆。」《注》：「獻當讀為莎。」此可證「獻」、「犧」之通轉。《說文》「牛」部「犧」字注「賈侍中說此非古字」。是古犧尊、犧牲

字皆作羲。《魯頌》「騂犧」，毛《傳》：「犧，純也。」《曲禮》「天子以犧牛」，鄭《注》：「犧，純毛也。」「牧人共其犧牲」，鄭《注》：「犧牲，毛羽完具也。」是犧本義不定訓牛尊。以犧名，或亦取其刻畫之毛羽完全歟？然則於形之具而名為犧，於義所在而讀為沙，於聲之轉而或為獻。獻尊、犧尊，一而已矣。

棧車役車為一為二攷

《巾車》：「士乘棧車，庶人乘役車。」為服車五乘之二。服書，服事者之車。則服事而乘棧車者士，服事而乘役車者庶人也。乘者異其人，而即異其車。《注》：「棧車，不革鞔而漆之。役車，方箱可載任器以共役。」略述棧車、役車之別。是《注》以棧車、役車為二車專名。賈《疏》引《冬官》「棧車欲弇，恐有折壞」，是「不革鞔」謂庶人以力役為事，故名車為役車。此役車亦名棧車，以其同無革鞔故，是以《何草不黃》詩云「有棧之車，行彼周道」，《注》：「棧車，役車是也。」據《疏》，則棧車特役車之異名，初非有二。所引《詩》注乃毛《傳》。毛公去古未遠，其說當信而可徵。《釋名·釋車》：「役車，給役之車也。棧車，棧靖也，麻靖物之車也。皆庶人所乘也。」雖分釋棧車、役車，而云「皆庶人所乘」，是合之為一。不知《釋名》所云正與賈《疏》同為誤會毛《傳》而未達詩旨也。攷《詩疏》引《周官經注》，謂「彼自有棧車，何知此非彼者？以彼棧車，士之所乘以服事，非此軍旅徒役所當有，以此知非《巾車》之棧車也。若然，《傳》云棧車役車，則與彼庶人役車同。又知非彼役車者，以役車庶人之所乘，但庶人賤，以供役為名耳」。孔《疏》於毛《傳》之棧車役車異於《巾車》之棧車役車分析纂詳。吾謂毛《傳》役車，猶之云給役之車，本非若《巾車》所稱庶人乘車之專名。攷《小雅》「檀車幝幝」，《傳》：「檀車，役車。」據《大雅》「檀車煌煌」，檀車自是兵車。《傳》釋以役車，亦謂役兵所乘，與以役車訓棧車有可互相證者。且「有棧之車」與「有芃者狐」為對文。毛《傳》：「芃，小獸貌。」則為形況之詞。孔《疏》謂「有棧，是車狀，非士所乘之棧車」，當得經旨。《說文》：「棧，尤高也。」「有棧」，殆形容車高。「棧」作「棧」者，與「維石巖巖」之「巖」、《釋文》本或作「嚴」正同。攷《輿人》「棧車欲弇」，《注》：「士乘棧車。」則棧車顯為車之定名。賈《疏》以《注》言「漆之」，謂即殷傳之飾車。然《輿人》職棧車、飾車並言，當有徵別。據《說文》：「棧，棚也。一曰竹木之車曰棧。」士所乘車，大都編竹木為車，有似於棚，因以為名。《鹽鐵論·散不足》篇：「古者椎車無柔，棧

輿無植。」陳奐《毛傳疏》：「無植，謂無輻。」此棧車之制可稽者。賈《疏》：「《冬官》：『乘車、田車橫，廣前後短；大車、柏車、羊車皆方箱。』故知庶人役車亦方箱。」案：《唐風》「役車其休」，《箋》：「庶人乘役車。」蓋庶人所乘止此力役之車。據《〈卿師〉注》「輦人輓行，所以載任器」，與此注「可載任器」之文互參，然則棧車也，役車也，固各自為車，二而非一以矣。強合為一，《巾車》所列服車五乘，不幾虛其一哉？

綱惡馬解

《周禮·馬質》：「綱惡馬。」《注》：「鄭司農云：『綱讀為以亢其讎之亢。《書》：亦或為亢。亢，御也，禁也。禁去惡馬，不畜也。』玄〔註1〕謂綱以麋索維綱習狎〔註2〕之。」似先鄭易「綱」為「亢」，後鄭讀「綱」如字。賈《疏》申后鄭之義，謂「馬質所掌，皆買之無種」，以「禁去」之說為非。案：兩鄭音讀不同，殆各據所見本之經文。《經典釋文》：「亢，苦浪反。又音剛。剛、亢同音。」注云：「書亦或為亢。古或借亢為綱乎？」《漢書·陳勝項籍傳·贊》：「不亢於九國之師。」《注》：「亢，讀與抗同。」《攷工記》：「梓人故抗而射女。」《注》：「抗，舉也，張也。」《廣雅·釋詁一》：「抗，張也。」而《白虎通·三綱六紀論》：「綱者，張也。」是「亢」與「綱」義亦可通。經言皆有賈之馬凡三：「一戎馬，二田馬，三駑馬。」別言「惡馬」，明不與三者之列。《校人》「辨六馬之屬」，儲閒廄以待用者，亦各有定數。「禁去不畜」釋惡馬之所以必綱。馬者，國之大用，故政官即以司馬名。餘若校人以下，趣馬、牧師、廋人、圉師及巫馬等，咸以牧馬為職，所以為孳息阜育計，罔非儲以待用。此云惡馬，非必不堪驅駕，當即《左氏》僖十五年傳曰「及懼而變，將與人易。亂氣狡憤，陰血周作，張脈僨興，外彊中乾，進退不可，周旋不能」，是有賴於先事之狎習者。《說文》「絲」部：「繮，維綱，中繩也」；「綱，維紘繩也。」《梓人》：「上綱與下綱。」《注》：「綱，連侯繩也。」《儀禮·鄉射禮》：「下綱不及地武。」《注》：「綱，持舌繩也。」是「綱」以「繩」為本義。《注》謂「麋索維綱狎習之，以制其奔軼」，正訓經之「綱」字。蓋先鄭釋所以綱之故，後鄭釋所為綱之用也。《禮記·學記》「始駕馬者反之」，《〈夏小正·攻駒〉傳》：「教之服車，數舍之也。」《〈頒馬〉傳》：「將閒諸則，或取惡駒納之則法也。」本經《廋

〔註1〕「玄」，底本作「元」。
〔註2〕「習狎」，《周禮·夏官·馬質》鄭玄《注》作「狎習」。

人》亦云：「教駣攻駒，是狃習常馬之法。」《易·大畜》：「良馬逐，日閑輿衛。」「閑」即閑習之謂。則良馬有俟閑習，況明知為惡馬乎！《漢書·武紀》：「元封五年，詔夫泛駕之馬亦在御之而已。」師古《注》：「在人所以制御之先。」鄭「御也，禁也」之說，與漢武「亦在御之」一語合。「禁去不畜」，謂不與常馬同畜，亦以未經狃習耳。然則兩鄭之說互相表裏，烏得強為分別哉？

衡軛說

《小爾雅·廣器》篇：「衡，扼也。」《莊子·馬蹄》篇：「加之以衡扼。」「扼」即「軛」字。《攷工記》：「小車衡長六尺六寸，大車鬲長六尺，無所謂軛者。」後人遂云：「自其橫言之謂之衡，自其扼制牛馬言之謂之軛。」似衡、軛一物而兩名。夫古時車制不可考。近戴氏震、阮氏元、程氏瑤田、鄭氏珍所說車制，要亦互有異同。竊以為憑意虛造，不如就字義說之，或有當於製器命名之所取乎？

案：《說文》「衡」本義「牛觸，橫大木其角」。通用為「橫」。亦兼訓「平」。「軛，轅前也。」隸省作「軛」。其義截然不同。橫言乎橫，當取其橫輈下，故即名之以橫。軛言乎扼，殆取其扼牛馬之領，故即名之以軛。其施異，宜其用各別。皇侃《論語疏》：「古作牛車二轅，不異即時車，但轅頭安枙與今異。即時枙用曲木，駕於牛脰，仍縛枙兩頭箸兩轅。古時則先取一橫木，縛箸兩轅頭，又別取曲木為枙，縛箸橫木以駕牛脰。即時一馬牽車，猶如此也。」皇《疏》之「枙」即「軛」。據所說，軛別為衡鬲下曲木。《急就篇》既言「軶衡」，又言「軛縛」，其為二物甚明。軛之形式，經典罕言，惟《儀禮·既夕》篇「楔貌如軛上兩末。」楔乃未含飯置尸口中者，為半規形，末向上。據此，可知軛亦半規形，與楔特小大之別。〔註3〕兩末向下，以便扼牛馬之領耳。攷《說文》：

〔註3〕 按：自「皇侃《論語疏》」至此，乃襲自阮元《考工記車制圖解下·軛解第三》（《揅經室集》一集卷七，中華書局1993年版，第158頁）曰：
皇侃《疏》曰：「古作牛車二轅，不異即時車，但轅頭安枙與今異也。即時車枙用曲木，駕於牛脰，仍縛枙兩頭箸兩轅。古時則先取一橫木，縛箸兩轅頭，又別取曲木為枙，縛箸橫木以駕牛脰也。即時一馬牽車，猶如此也。」據皇氏說，則枙別為衡鬲下曲木甚明，至梁時此制尚存，故得以目驗而知。由此說驗之諸書，無不合者。《急就篇》既言「軶衡」，又言「軛縛」。《莊子·馬蹄》篇曰：「加之以衡、扼。」衡、軛為二物甚明。《儀禮·既夕》曰：「楔貌如軛上兩末。」楔乃未含飯置尸口中者，為半規形，末向上。據此，可知軛曲半規，特末向下耳。

「鞪，衡三束也。」徐鍇曰：「乘車曲轅木為衡，別鑽孔縛之。《說文》又云：
『䩮，大車縛軛靼。靼，柔革也。』《釋名》：『䩮，懸也。』所以懸縛軛也。」
徐氏此說，必依古制，故能言之確鑿。大約轅端與橫木之中俱鑿有圓孔，相對
別取。所謂軏者，直貫而縛之，是為一束。橫木下左右縛軛，是為「衡三束」。
可見《說文》之「鞪」統指衡之束轅束軛而言。衡、軛互相為用。所駕之馬若
牛，即有轉折，無傷轅端，車亦不致左右搖，《輈人》所謂「和則安」者以此。
鄭康成謂「衡在兩軛之間」，又可見若者為軛，分居兩方；若者為橫，宜居軛
間。位置各有一定不易之處，特相去無幾，釋車制者遂混而一之哉！

山以章水以龍解

《攷工記》：「畫繢之事，山以章，水以龍。」鄭《注》：「章，讀為獐。獐，
山物也。在衣。齊人謂麕為獐。龍，水物，在衣。」後之說《攷工記》者，僉
以鄭讀為非。趙氏溥曰：「鄭攷改『章』作『獐』，是山中物，對下『水以龍』，
此未是。蓋章是山之草木。星辰，天之章。草木，地之章。畫山雖有形，須畫
出草木之文而成章。王氏解引《爾雅‧釋山》曰：『上正，章』，謂畫山雖畫其
章，亦必畫其上正之形，謂畫一坐山，上頭尖要正。」秦氏蕙田謂趙說無據。
王氏雖引《爾雅》郭《注》「山上平，畫山為平」，於義終未安。經文之「章」，
即上文「赤白謂之章」。蓋山多石者，其色近赤，或以畫山之色言。方氏觀承
謂「赤白為章」，雖似有據。然以此為畫山之色，恐無此形象。據諸說，是「章」
斷不可為「獐」。然就《注》文紬釋，似經文本作「山以獐」，鄭《注》當云「獐，
讀為章」。蓋以為經傳罕見「獐」字，故舉「讀為章」以曉人。段氏玉裁有《某
讀為某互易說》，歷舉《周禮》諸注互易之文，謂先用注說考正文，嗣又用已
改之正文改注。如改「鉏」為「萜」，則《注》「鉏讀為萜」不可通，又妄改「萜
讀為鉏」。竊謂此《注》「章讀為獐」亦其一。就木篇各注證之，凡注云「齊人」，
若「齊人有名疾為戚者」、「齊人之言終古猶言常也」、「齊人謂柯為椑」，皆正
文有「戚」字、「終古」字、「椑」字，故注云云。此《注》「齊人謂麕為獐」，
必正文作「獐」，《注》以「齊人謂麕為獐」釋之。賈《疏》：「馬氏認為獐山獸。」
是馬本作「獐」，尤顯然者。「麕」亦作「麕」。陸璣《詩疏》：「青州人謂麕為
麇。」其字從君，異於同群，可知畫山以之，猶龍為鱗蟲之長，畫水者以之也。
趙氏溥曰：「龍，水中神物。畫水不畫龍，則無以見變化之神。」秦氏蕙田謂
「『水以龍』者，《左傳》：『龍，水物也，不能離水而立。』」故畫龍者兼畫水，

猶後世畫龍者必以云耳。趙氏謂畫水必以龍，誤矣。夫未聞畫水而必以龍者，且於此文之義亦無當」。秦氏引傳立說，較為有據。然《左傳》云「蟲莫知於龍」，龍實為鱗蟲冠，「以龍」殆兼此義。《群經平議》引「『上公用龍』《注》：『鄭司農曰：龍當為尨，此之龍亦當為尨。』然本經若『龍勒』、『駹車』車之類，龍、尨互易，鄭君隨文分別。此注不破『龍』為『尨』必《周禮》家先師無其說也」。《平議》謂記言有土有天有水皆作畫之法與虞化十二章無涉。一空附會拘牽之積謬，最得經旨。記文明云「畫繢之事」，凡畫繢者，皆是必以十二章為說。則諸言服章但有山、龍、獐也、水也，均可疑矣。「獐」，《說文》作「麠」，麋屬。本經《司裘》及《儀禮‧鄉射記》均有「麋候」之文。獐之宜於畫者，即此其一。獐為山物，畫山者以之；龍為水物，畫水者以之。義本瞭然矣。必因上文山以圓為山之形，遂以山以章，章亦為山之形；水以龍，龍當為尨言水之色，曲為遷就哉！

答林碩十論七難述

賈公彥序《周禮廢興》曰：「林孝存以為武帝知《周官》末世瀆亂不驗之書，故作十論七難以排棄之。唯有鄭玄〔註4〕徧覽群經，知《周禮》者乃周公致太平之跡，故能答林碩之論難。」案：《後漢書‧鄭君傳》敘鄭君箸述，有《答臨孝存周禮難》。《〈孝經序〉注》，《正義》稱「鄭有《答臨孝存難禮》一書」。是確有成書之據。伏滔《青楚人物論》：「後漢時，鄭康成、周孟至、劉祖榮、臨孝存」云云，所舉諸人皆是稱字，孝存殆即碩之字。《孔融傳》：「為北海相，郡人甄子然、臨孝存知名，早卒，融命配食縣社。」字作「臨」，而賈作「林」者。攷《春秋左氏》定八年傳有「林楚」，《公羊傳》作「臨南」，是古時「林」姓容有作「臨」之證。十論七難，其文今已散佚。即鄭諸所答，僅見引《詩》、《禮》、《周禮》諸《疏》中。《詩‧棫樸》，《疏》：「臨碩並引《詩》三處『六師』之文以難。」《周禮》鄭釋之云：「春秋之兵雖累萬之眾皆稱師。《詩》之『六師』，謂六軍之師。」《〈閟宮〉疏》：「答臨碩云：『《魯頌》公徒言三萬，是三軍之大數。』」《〈禮記‧王制‧目錄〉疏》：「鄭答臨碩云：『孟子當赧王之際，《王制》之作，復在其後。』」又：「鄭答臨碩云：『王畿方千里者，凡九百萬夫之地，三分去一，定受田者三百萬夫。出都家之田，以其餘地之稅祿無田者，下士食九人，中士食十八人，上士三十六人，大夫七十二人，中大

〔註4〕「玄」，小字注「謹避」。

夫百四十四人，卿二百八十八人。」《〈周禮・司馬・序官〉疏》：「鄭答林碩為二乃之大數者，以實言之也。」又：「鄭答林碩云：『軍者，兵之大名。軍禮重言軍為其大悉，故春秋之兵雖有累萬之眾皆稱師。《詩》云六師，即六軍也。』」孔、賈所引，皆鄭答之詞。惟《〈周禮・女巫〉疏》引碩難鄭答，首尾洵為備具，殆七難之一。是唐時其書尚存，諸儒皆得見之。據《〈女巫〉疏》所引，以例其餘《棫樸》、《閟宮》、《序官》諸《疏》云云，當是碩難周禮軍制，詳略雖有不同，要為所難之一事無疑。《〈王制〉疏》引鄭答詞，殆碩據《王制》田祿之文難《周禮》者。就此諸條而論，為災禮，為軍禮，為田祿，罔非國之大事。而鄭君之答，率皆引經據典，所謂「使《周禮》義得條通」者以此。十論則並無片言留傳，而鄭君答詞正可即答難之文想像之。近人輯《鄭志》，並及答難。無論范書以《答周禮難》自為一書，《鄭志》則鄭答諸弟子所問。觀孔融以碩配社，似年輩不定在鄭後，且鄭於《三禮》尤精，豈有其師專家之學，弟子從而論難？漢人最重師法，不應有此。竊謂書以答名，猶之《左氏膏肓》曰箴，《公羊墨守》曰發，《穀梁廢疾》曰釋，不必拘弟子問而師答之常也。

《周官》賈疏中附禮器圖說

賈公彥撰《周官疏》，其詳《舊唐書》本傳。《新》、《舊》兩志並箸錄，同稱五十卷。今本四十二卷，雖有八卷之不符，而首尾完具，說者謂後來所併，初非原書之有缺也。然賈氏所撰之《疏》雖無缺，《疏》中所附之圓已不存。攷《史記・儒林傳・敘》「禮家徐生善為頌解」者，謂「頌」古「容」字。「善為容」，即《漢書・何武傳》「槃辟雅拜」之謂。吾謂容儀固習禮者所必講究，屬末節，何與傳經善為頌者，殆謂善於形容品物。蓋禮所紀載，吉、凶、冠、昏最其凡。庶司百職分其任，大而宮室溝塗之制，微而飲食衣服之宜，綜諸禮器，有非口講所能盡，而尤賴於指畫者。戴震《考工記圖・自敘》：「辨方之文，圖與傳注相表裏者也。自小學道湮，好古者靡所依據。凡六經中制度禮儀，繆之傳注，既多違誤，而為圖者自成詘屈，異其本經。古制所以荒謬不聞也。」然則精於禮學如賈氏，既作《周官疏》以申經師之注，有不圖禮器以曉讀經之人乎？或謂《〈小師〉疏》之「簫」，《〈笙師〉疏》之「竽」若「篗」，各引禮圖。凡有俟於圖之禮器，前人已有成說，奚煩別為之圖？況志經籍、讀賈《疏》者，從未嘗一及所附之圖，則謂《疏》中附有禮器圖，不幾毫無證佐歟？案：「髹氏為鍾」，《注》：「凡言間者，亦為從篆以介之。」《疏》云：「即所圖者是

也。」《注》又云:「鼓外二,鉦外一。」《疏》云:「據上所圖,鼓外有銑間。」曰「即所圖」,曰「據上所圖」,明明確有所指。即鍾以相例,諸禮器有圖可知。而「匠人為溝洫,九夫為井」,《疏》此國略舉一成於一角以三隅反之一同可見矣據此,井、溝、洫、澮亦繪有圖,又不獨禮器矣。且《〈儀禮·燕禮〉注》「取象觚者東面」,《疏》:「以膳篚南有臣之篚,不得北面取,又不得南面背君取,從西階來,不得篚東西面取,以是知『取象觚者東面』也。」此必燕時主賓之位、陳設之物詳著圖中,故知不得北面、南面、西面而必東面取之。《〈大射儀〉注》「上射轉居左,便其反位也。上射少北,乃東面」,《疏》云:「知不少南者,以其次在楅東南。北面揖時,已在西面。故知『上射少北,乃東面』,得東當次也。」此亦案圖所繪,故於面位言之歷歷。而「知不得少南」,其蹤跡隨處可見。就《儀禮疏》參觀,益可證《周官疏》中之附圖禮器有必然者。然則五十卷之為四十二卷,所併省者,安知非即所附之禮器圖哉? 玉繼謹案:聶崇義《三禮圖目錄》云:「玉人職說諸琮形狀,皆著於經,唯不言琮有好,故賈《疏》特圖大琮。」亦一切證。

周禮未必皆周公之制論

　　《周禮》一書,當漢武世,獻自河間獻王,在諸經中最為晚出。賈公彥敘《周禮廢興》:「劉歆末年,乃知其周公致大平之跡,跡具在斯。」又云:「林孝存以為武帝知《周官》末世瀆亂不驗之書,故作十論七難以排棄之。」何休亦以為「六國陰謀之書」。夫曰「末世瀆亂」,曰「六國陰謀」,適與所謂周公之制者相反,則書中六官之制決非定自周公矣。案:《春秋》文十七年《左氏傳》:「昔我先君周公制周禮。」左氏躬親受業於孔門,「周公制周禮」一語無論是否出於季孫行父,以子孫而述先君制作,當無謬誤。即謂出自左氏,殆亦有傳授而來。則周公嘗制周禮,確有明徵。蒙謂周公固嘗制周禮,而今之所謂《周禮》,雖未敢臆斷為必非周公之制,亦未可信為皆周公之制者。宋儒謂建都之制不與《召誥》、《洛誥》合,封國之制不與《武城》、《孟子》合,設官之制不與《周官》之制合,九畿之制不與《禹貢》合,其說近似,而尚有未盡。案:《經典敘錄》:「或曰:河間獻王時,有李氏上《周官》五篇,失《事官》一篇,乃購千金不得,取《攷工記》補之。」是《攷工記》本不在《周禮》中,為後人補入。即謂《周禮》誠出周公,而《事官》之制已佚,不可知。《攷工記》一篇,非周公之舊甚明。實則五官諸篇,其制原不盡出自周公。《夏官·

職方氏》職文全錄《逸周書・職方解》。據《逸周書序》，《職方解》作自穆王時。穆王遠在周公後，而其文竝見《周禮》，斯亦可證其非周公所制矣。推之《大戴記・朝事》篇，分見《秋官・典瑞》、《大行人》、《小行人》、《司儀》四職；《禮記・燕義》篇，亦見《夏宮・諸子》職文；當同一例。或謂漢代經師尤推二鄭，先後為《周禮》作訓釋，似以為周公之書。案：先鄭之說簡略，姑勿深攷。後鄭「荆州其浸潁湛」《注》：「潁出陽城，宜屬豫州，在此非也」；「豫州其浸波溠」，《注》：「《春秋傳》曰：『楚子除道梁溠，營軍臨隨。』則溠宜屬荆州，在此非也。」明言經文之非，烏有周公之書而可以為非者？《《詩・生民〉疏》引《鄭志》云：「不信亦非，悉信亦非。」就鄭君之意度之，大都《周禮》所述，上自周初，而周事之可攷者，春秋後差為可據。東遷以前三百餘年間，官制之或沿或革，政典之當損當益，必有因時制宜，以求盡善。其始去成、康未遠，不過因其舊章，量為變通，而世已異周公之世，人亦不皆周公其人，容或以後世之制竄入之。其後去之愈遠，時移勢變，不可行者滋多。然則謂《周禮》皆非周公之制，固未敢以為必；然謂《周禮》皆周公之制，亦未敢以為盡然也。

禮不參說

《士昏禮》：「主人不降送。」《注》：「禮不參。」《疏》：「禮，賓主宜各一人。今婦既送、主人不送者，以其禮不參也。」據「賓主各一」之《疏》，以「婦送、主人不送」證「禮不參」，則「參」似即「三」之通用。「不參」專就行禮之人言。案：《曲禮》：「離坐離立，毋往參焉。」《注》以「兩」釋「離」，則「參」自訓「三」，《疏》蓋本此立說。胡培翬氏《儀禮正義》：「主人不降送，父無送女之禮。《注》云『禮不參』者，據凡行禮者言。此壻迎女而女從之，是壻、女二人為禮，主人不送為不參。」〔註5〕仍主賈《疏》而小變其詞。以「主人不降送」為「父無送女禮」，則經所云「送」指女言。案：《大傳》：「名者，人治之大者也。」故《禮經》尤認正名為第一義。即此經「親迎」節「壻至女家親迎」，故名壻以賓，名女父以主人，為對賓之稱，名女以對父為文，稱婦以對壻為文，秩然不淆。經於「不降」仍稱「主人不送」者，就賓言，而非就女言，初不以不送女見不參也。《荀子・成相》篇：「參伍明謹施賞刑。」

〔註5〕按：（元）敖繼公《儀禮集說》卷二《士昏禮第二》：「云『禮不參』者，據凡行禮者言也。此婿迎女而女從之，是婿、女二人為禮矣，故主人不參之。」

《注》：「參伍，猶錯雜也。」錯雜，謂無倫次。蓋行禮各有其當然後先之序、繁略之宜，行禮者以意增損，即無解於錯雜。案：《昏禮》：「成於親迎。」沈氏彤《儀禮小疏》：「此時女立房中，南面俟壻。壻當楣，北面奠雁拜。所謂『執摯以相見』也。」主人西面於阼階上，女房外南面而賓，北面奠雁。是許之「執摯以相見」矣。許之執摯相見，若父母親授之，故曰壻親受之於父母。然則『親迎』一節在女父至於授女，於禮已訖。觀《注》言「賓升奠雁拜，主人不答」，明主為授女，可證當奠雁已不答拜，於時親近者甫成親迎禮，主人初無事參與其間，儼有限斷。如親迎者降出之時，為主人者仍相降送，則與其諸賓主往還，奚別是親迎之後復參雜以賓主常禮矣。鄭氏珍《儀禮私箋》以經言「『降出，婦從降自西階』，見男率女從之義，非必同時降階。奠雁後，女出母左，受父之戒。及西階上，受母之戒，至降階則下〔註6〕。《記》云『庶母及門內施鞶』，《列女‧孟姬傳》『姑姊妹戒之門內』，皆不容壻在其間。故壻降徑出廟門，亦「禮不參」也。其釋「禮不參」，就當時所行禮節證之。雖不止「主人不降送」一事，要非謂行禮之人為參與否也。

執玉者則唯舒解

《士相見禮》：「執玉者則唯舒，武舉前曳踵。」《注》：「唯舒者，重玉器尤懼也。武，跡也。舉前曳踵，備躓跲也。」是鄭君讀「唯舒」絕句明甚。賈《疏》云：「『唯舒者，重玉器尤慎也』者」，引《玉藻》、《曲禮》經文云云，以申鄭意，似無異讀。宋陸佃曰：「容彌蹙同，唯武則舒。」則以「執玉者則唯舒武」為句。敖繼公於《注》「唯舒」者改作「唯舒武」者。阮氏元《校勘記》既以敖本為不足憑，而引《玉藻》「君與尸行接武」、「大夫繼武」、「士中武」，皆以武字為句。然語各有當，恐有未可以一律論者。案：經言「執幣者」、「執玉者」，明為對舉之文。「執幣」言不趨以「容彌蹙」者，見以不趨為重，進而「執玉」，言「唯舒」以「武舉前曳踵」，就足容申「唯舒」之義。「唯舒」承「彌蹙」為文。《易‧繫辭》「彌綸」，劉瓛注：「彌，廣也。」惟經傳通訓為「獨」。「彌蹙」、「唯舒」正相呼應。「蹙」，訓蹙迫，義正相反。《爾雅‧釋言》：「緩，舒也。」《說文》「予」部：「舒，伸也。一曰舒緩也。」則「舒」有緩義。《玉藻》：「君子之容舒遲。」重言為「舒遲」，單言為「舒」。《攷工記‧弓人》「斲目必荼」，《注》：「鄭司農云：『荼讀為舒。』」「寬緩以荼」，《注》：「荼，

〔註6〕「下」，底本無，據鄭珍《儀禮私箋》補。

古交舒。假借字。」鄭司長云「荼讀為舒」，是「舒」亦何嘗不可為句絕？《玉藻》：「諸侯荼，前詘後直。」《注》：「荼讀為舒遲之舒。」此亦「荼」字句。「前詘後直」申明「荼」義，與此云「唯舒」，申以「武舉前曳踵」正同一例。《論語・鄉黨》：「足蹜蹜如有循。」與此云「武舉前曳踵」亦同。盧召弓以上節《疏》云「下文『舒武舉前曳踵』云云，似賈亦讀「舒武」連文。案：《疏》意以「舒」訓「徐」，欲證徐赴之說。即引此經，但引一「舒」字不成文，容或連「武舉前曳踵」為句。且古人引經，有不盡依讀法者。《論語・雍也》篇「必也聖乎！堯、舜其猶病諸乎！」「聖乎」上屬「必也」為句，而《白虎通・聖人》篇引以「聖乎堯、舜，其猶病諸」為句，殆以「必也」字本語助，不須連引。僅云「聖乎」，於義不甚明瞭，遂以「聖乎」連「堯、舜」為文。公彥此《疏》，既去「則唯」二字，勢不得不以「舒」連下文為句，正未可遽斷其「舒武」連讀也。即就賈《疏》論之，「不赴」為「不為疾赴」。「不為疾赴」正解經文之「舒」。疾與徐相對，徐與舒聲義俱近。不疾赴而徐趨，所謂舒也。「武舉前曳踵」正是徐趨之狀。蓋執玉時，未嘗不趨，而其跡促狹，故前若舉而後若曳也。如以「舒」下屬「武」，足跡既既舒，則行步開闊，無所謂曳踵之狀。揆之上下文義，不適相刺謬哉？

相者二人解

《鄉飲酒禮》：「工四人，二瑟，瑟先。相者二人皆左何瑟。」《注》：「相，扶工也。眾賓之少者為之。每工一人。《鄉射禮》曰『弟子相工如初入，天子相工使視瞭』者，凡工、瞽、矇也，故有扶之者。」《疏》：「此經『工四人』，二人瑟，相二人，則工二人歌，雖不言相，亦二人可知。」《疏》申明鄭《注》，然讀「相者二人」四字句。反覆經文，案諸《注》義，恐有未然。經言「工四人」，統數所用樂工，繼以先入之「二瑟」，次「相者」，次「樂正升」，次「工入」，乃云「相者東面坐，授瑟，乃降」，敘入降之次，而工與相之數瞭如。相者言授瑟，即前「何瑟」之二人無疑。以此二人分相二瑟，則歌者之相始終不見於經。《注》所云「每工一人」，於此經似不相應。《周禮・眡瞭》：「凡樂事相瞽。」《序官》：「瞽矇共三百人。」《眡瞭》之數同，可見每瞽有相。《左氏》襄十五年傳：「師慧過宋朝，將私焉。其相曰：『朝也。』」是樂工平時舉動，相必與俱，斷無行禮時，轉不須相之理。經言相者，當謂四工人之相，即鄭《注》引經見為相之人不盡同，而工必有相則無不同。其言「每工一人」，正以經但

言相者而未詳其數，故特言「每工」以見之。是鄭當讀「相者」二字略逗，「二人」屬下，「皆左何瑟」為句。揆諸《鄉射》篇「相者皆左何瑟」，《燕禮》篇「小臣左何瑟」，《大射》篇「相者皆左何瑟」，句法正同。彼經言「相」者，或小臣見何瑟者之人；此言「二人」，見何瑟者之數，蒙上「相」者立文。此二人為相，樂工四人中之二人，以左何瑟者有二人，故言「皆」，且言「二人」，見相者不止二人，而左何瑟者止此二人。上言「二瑟」，此言「二人皆左何瑟」，文亦相應。《鄉射》之「相者皆左何瑟」，《燕禮》之「小臣左何瑟」，《大射》之「相者皆左何瑟」，雖或言皆與否，要未嘗斷「皆左何瑟」、「左何瑟」自為一句，則此亦不當截「皆左何瑟」為句，以「二人」上屬諸「相者」，「相者」遂若專謂二瑟之相矣。《注》：「相瑟者為之持瑟，其相歌者徒相」，明以經所謂相者統相瑟者、相歌者言，故分別其有持瑟徒相之不同，初不謂此之相者專指左何瑟之二人顯然。蓋經詳「二人」之「皆左何瑟」，而先敘「相者」於其上，猶之敘二瑟先入，先言「工四人」以為之綱。此就經文敘次而可互證者。賈《疏》：「歌者之相不言可知」，殆以經止言「相者二人」也，未達乎鄭《注》者，抑亦誤分夫經讀已。

笠竹篦蓋解

《既夕禮》：「燕器杖笠翣。」《注》：「笠，竹篦蓋也。」《疏》：「『笠，竹篦蓋也』者，篦竹之青皮，以竹青皮為之。」錢大昕以篦不見《說文》，《五經》文字亦不收，是唐以前無此字。「篦」當為「筠」之誤。蓋據鄭君釋《尚書》「筍席」：「析竹青皮也」，引《禮記》「竹箭之有筍」。「筍」、「筠」古通。筠本訓竹青皮，似合賈《疏》之文。王引之謂「筠」與「篦」字不相似，無緣「筠」誤為「篦」。然王謂「篦」為「莩」之誤，「莩」之為「泮」，因與笠竹等相涉而誤。案：《爾雅·釋艸》：「華，荂也。荂，榮也。」《說文》「荂」為「華」之或體，與「竹青皮」之說了不相涉。洪頤煊謂《說文》：「箷，析竹箈也。箈，竹膚也。」《爾雅》：「菭，委葉。」《釋文》本作「茶」。此「箷」字或作「菭」，因而誤為「篦」，形聲皆相近。然字書、韻書皆無「菭」字。謂「箷」或作「菭」，殊無所據。案：錢氏以「篦」當為從竹從均之「筠」，洪氏又以為當從竹從涂，均不從誇。王氏以為從竹從誇之「莩」，而《〈爾雅·釋艸〉注》「莩」音敷，《經典釋文》音俘，音又與從誇諸字不近。竊以「竹篦蓋」之「篦」或本作「挎」。本經《鄉飲酒禮》：「相者二人，皆左何瑟，後首，挎越，內弦。」《易·繫辭》

「刳木為舟」，《經典釋文》作「挎木」。是「挎」、「刳」古本通。《內則》云：「刲之刳之。」刳謂空其中。《說文》：「刳，判也。」「竹挎蓋」者，蓋由竹挎而成，故即以為名。殆漢時常語。猶《周禮注》云「斗檢封」也。《急就篇》：「竹器簁笠簞籅篗。」是笠為竹器。《說文》：「笠，簦無柄也」；「簦，笠蓋也。」《周髀算經》：「天象蓋笠。」笠蓋一物，單稱或笠或蓋，亦得兼稱為笠蓋。《詩·都人士》：「臺笠緇撮。」《箋》：「都人之士以臺皮為笠。」《國語·齊語》：「首戴茅蒲。」《注》：「茅蒲，簦笠也。」臺為夫須，與茅蒲皆草類，則笠又有以草為之者。而此經所稱燕器之笠則用竹，《疏》不云箬竹青皮而云「箬竹之青皮」，似以「箬」貫下「竹之青皮」四字，當是「挎竹之青皮」。繼云「以竹青皮為之」，言「以」言「為」，正解「挎」字。是賈公彥所見本本為「挎」字顯然。《釋文》無音者，《鄉飲》篇居《既夕》前，殆以「挎」字已見，不煩重出歟？

《少牢》篇今文錫為緆緆音羊說

《〈少牢篇〉注》：「今文『錫』為『緆』。」「緆」從系旁，易與《燕禮》「冪用綌若錫」《注》「今文『錫』為『緆』」、《大射儀》「冪用錫若絺」《注》「今文『錫』或作『緆』」，同是古文「錫」字，今文每作「緆」。《說文》：「緆，細布也。」《大射儀》注亦云：「錫，細布也。」蓋「緆」本字，「錫」假借字。雖有從系從金之異，而其從易則同。《經典釋文》於「綃衣」下出「為緆」二字，注：「音羊。從系從易。」盧文弨《儀禮音義攷證》：「注本有『今文錫為錫』，《注疏》本無『錫為緆』三字，《釋文》遂無所坿麗。」阮元《校勘記》：「《釋文》有『為緆』二字，云：『音羊。』案：『緆』字不當從易，疑陸誤。」竊以「緆」字之不當從易，從易之字無羊音。陸氏為隋唐間經儒，斷無不知之理。然漢時碑刻，「易」、「昜」往往不甚分別。《漢隸字原》、《韓勑造孔廟禮器碑》及碑陰「陽」字率從易成「陽」，《靈臺碑》《趙君羊竇道碑》「昜」字又或作「易」。與「易」字相近，既可施之石刻，安知不即據以寫經？《春秋》文十一年《左氏傳》：「至於錫穴。」《釋文》：「錫穴，音羊。或作『鍚』，星止反。」《校勘記》：「案：《漢書·地理志》，錫縣屬漢中郡。應劭曰：『音陽。』師古曰：『即《春秋》所謂錫穴。』」而《後漢書·郡國志》又云：「沔陽有鐵，安陽有錫。春秋時曰錫穴。」並引《釋文》。劉昭《郡國志補注》引傳文，亦作「錫穴」。哀十二年《傳》：「彌作、頃邱、玉暢、嵒、戈、錫。」《釋文》：

「錫音羊，一音星曆反。」《廣雅》：「赤銅謂之錫。」王念孫《疏證》：「各本作鍚。」可見經傳於作「鍚」之字容或作「錫」。即如《釋文》，於本經《燕禮》篇「出若錫」，注：「音悉歷反。劉音余章反」；「為鍚」，注：「悉歷反。又余章反。」悉歷為「錫」音，余章為「鍚」音。當是劉昌宗作音之本字從昜，而陸所見本則從易，故音悉歷。大都當時所行《儀禮》本作「鍚」、作「錫」並行，各就所見本作音，故有星歷、余章兩音之不同。《少牢》一篇專音羊，殆是陸所見本字亦從昜歟？以其從昜，故云音羊。雖有《燕禮》、《大射儀》之注，明知為「鍚」之非，未敢徑改為「錫」，特出音羊之注，俾讀者知「鍚」之非「錫」。說經主詳慎，猶有漢經師之家法在也。為此說以備治經者之酌焉。

卷六終

青學齋集卷七

新陽汪之昌

《曲禮》曰解

　　《小戴記》四十九篇，以《曲禮》冠首名篇，蓋取諸篇首「《曲禮》曰」。《經典釋文》：「『《曲禮》』者，是《儀禮》之舊名，委曲說禮之事。」《正義》：「既云『《曲禮》曰』，是引《儀禮》正經。若引『《春秋》曰』、『《詩》曰』之類。」又謂「『毋不敬』三句若《冠禮》戒辭云『壽考惟祺，介爾景福』之等。今不見者，或在三千散亡之中」。分疏甚明，與陸說正合。案：《禮器》篇：「故經禮三百，曲禮三千。」《注》：「『經禮』，謂周禮也。『曲』，猶事也。事禮，謂今禮也。禮篇多亡，本數未聞，其中事儀三千。」賈公彥《儀禮疏》謂「《儀禮》，亦名《曲禮》」，引《禮器》文為證。是陸氏不獨本鄭君立說，亦據依經文。而《〈曲禮上第一〉疏》：「總而言之」，則《周禮》亦有曲名，引《藝文志》至「周曲為之防，事為之制，故曰經禮三百，威儀三千」。是二禮互而相通，皆有曲稱。無論顯與鄭異，其說亦前後互歧。且班《志》敘《儀禮》，即以《禮記》坿入《周禮》，則別敘「互而相通」之說恐未的。《晉書》荀崧上疏，亦以《儀禮》為《曲禮》。晉與漢近接，以《曲禮》目《儀禮》，必當時通稱。即《正義》「《儀禮》之別亦七處而有五名」，止引《孝經說》、《禮器》、《中庸》、《春秋說》、《禮說》、《藝文志》上皆云「三百」，故斷為《周禮》；皆承以「三千」，故斷為《儀禮》。亦可見唐以前初無異詞。此之「《曲禮》曰」，非古禮文而何？《奔喪第三十四》，《釋文》：「鄭云：『奔喪者，居於他邦，聞喪奔歸之禮，實《曲禮》之正篇也。』」《投壺第四十》，《釋文》：「鄭云：『投壺者，主人與客燕飲，講論才藝之禮也。《別錄》屬吉禮，亦實《曲禮》之正篇也。」據此，

《曲禮》篇第，鄭似具見全書。就所云《曲禮》正篇，合之《正義》所引《鄭目錄》「名曰曲禮者，以其篇記五禮之事。祭祀之說，吉禮也；喪荒去國之說，凶禮也；致貢朝會之說，賓禮也；兵車旌鴻之說，軍禮也；事長敬老、執贄納女之說，嘉禮也。此於《別錄》屬制度」，鄭雖撮括此《曲禮》篇大要，而古所謂《曲禮》者，正以委曲得名矣。《漢書·王式傳》：「式曰：『聞之於師，客歌《驪駒》，主人，歌客毋歸。』」又：「江翁曰：『經何以言之？』式曰：『在《曲禮注》。』」服虔以《驪駒》為逸《詩》篇名，見《大戴禮》。客欲去歌之，是古《曲禮》在西漢自有專經，當時人習知之。參之服虔《注》，則古《曲禮》散存《二戴記》中。《列女傳·鄒孟女》篇引：「將上堂，聲必揚。將入戶，視必下。」是《曲禮》周世已有之，且為婦稚所習誦，為古禮文無疑。引古書而即以名篇，猶《緇衣》本《鄭風》篇名，第三十三篇說《緇衣》發端，即以《緇衣》名篇。然則《正義》引「《春秋》曰」、「《詩》曰」，以況此之「《曲禮》曰」，其義自確。如謂《曲禮》不過三千小節目之謂，竝非禮名，亦非書名，開卷三字已說不明矣。

七十曰艾說

《禮記·曲禮》：「五十曰艾。」《注》：「艾，老也。」《釋文》：「艾，謂蒼艾色也。」蓋謂年至五十，色有似於蒼艾，猶之《說文》以「老人面凍黎若垢」解「苟」字。是所謂「艾」者，不過以「蒼艾色」形容其老，亦以年五十而有是色耳。孔《疏》：「熊氏云：『案：《中侯運衡》云：年耆既艾。注云：七十曰艾。言七十者，以時。堯年七十，故次七十言之。又，《中侯準讖哲》云：仲父年艾，誰將逮政？注云：七十曰艾者，云誰將逮政？是告老致政。致政當七十之時，故以七十曰艾。』」《疏》引熊說，蓋以彼注明言「七十曰艾」，與《曲禮》不同。所謂「五十曰艾」者，別無左證。或謂《鹽鐵論·未通》篇「五十已上曰艾老」，又曰「五十已上，血脈溢剛曰艾壯」。五十已上，謂不止五十，故艾而兼稱以老。《王制》、《內則》均言「五十始衰」，已踰五十，而血脈猶復溢剛，故艾而兼謂之壯。可見以艾為五十，漢時當為通訓。案：《爾雅·釋詁》：「艾，長也。」《方言》六：「艾，長老也。東齊魯衛之間，凡尊老或謂之艾。」然則艾之取義，止此長老之謂。鄭《注》以「老」釋「艾」，當亦以斯。《周語》：「耆艾修之。」《荀子》：「耆艾而信，可以為師。」而《孟子》：「乃屬其耆老，而告之。」或言「耆艾」，或言「耆老」，可知「艾」與「老」文異義通。《記》

言「七十曰老」，證以「艾，老」之訓，則曰艾與曰老本無甚殊別。攷《說文》「老」部「七十曰老。從人毛匕。言鬚髮變白也」，是「老」以「鬚髮變白」會意。「艾」之訓「蒼艾色」，《疏》：「年至五十，氣力已衰，鬢蒼白色如艾。」竊謂五十得以艾名，蓋自其鬚髮初變言。至七十仍以艾名，殆自其鬚髮盡變言。猶之《公羊》宣十二年傳「使帥一二耋老而綏焉」，《解詁》：「六十稱耋。」《〈秦風·車鄰〉傳》：「八十曰耋。」《疏》引《左傳》服虔《注》：「七十曰耋。」據此，則六十、七十、八十，一律稱耋。《釋名》：「耋，鐵也。皮膚變黑，色如鐵也。」又云：「七十曰耄，頭髮白耄耄然也。」江聲《疏證》：「《曲禮》：『八十九十曰耄。』今云『七十曰耄』者，蓋耄者，髮白貌。人生七十，尟有不白髮者，故七十、八十、九十可通稱耄。」是凡皮膚變黑色皆可稱為耋。頭髮白者不嫌並稱「耄」，則五十、七十之以「蒼艾色」而咸稱「艾」，將毋同？《逸周書·諡法解》：「保民耆艾曰胡。」孔晁《注》：「六十曰耆，七十曰艾。」是七十為艾，晉人猶知之。然則「七十曰艾」自是古來通訓。觀於鄭《注》以「艾」釋「老」，則《曲禮》之「五十曰艾，七十曰老」殆以對文示異，固經傳常例耳。近人習聞「五十曰艾」之記文，每以「七十曰艾」為異說，盍即孔《疏》而反覆之哉？

半夏生解

《逸周書·時訓》篇：「夏至第三候，半夏生。」又云：「半夏不生，民多歷疾。」孔晁無注。《禮記·月令》篇鄭《注》：「半夏，藥草。」藥草，謂治疾之草。鄭以「藥草」釋「半夏」，與《逸周書》「民多歷疾」為「半夏不生」之應義合。《呂氏春秋·仲夏紀》：「半夏生。」高誘《注》：「半夏，藥草。」《淮南子·時則訓》：「半夏生。」高誘《注》：「半夏，藥草也。」無論高注兩書無異說，且與鄭君《禮注》同，是漢儒釋半夏有定解矣。《易緯通卦驗》：「大暑雨濕，半夏生。」《注》：「半夏，草名。」或以《通卦驗》相傳亦為鄭注，何以於「半夏」但云「草名」，不同《禮注》？案：藥不定全取夫草，而草之有裨人用者於藥較多。且就其用而言之，則目之為藥；原其質而言之，固猶是草也。《急就篇》：「半夏皂莢艾橐吾。」顏師古《注》：「半夏五月苗始生，居夏之半，故為名。一名地文，一名守田。」案：顏《注》所舉異名，「地文」無可證。其云「守田」，據《爾雅·釋草》「皇，守田。」郭《注》：「似燕麥子，如彫胡米，可食，生廢田中。一名守氣。」郝懿行《義疏》引陳藏器《本草》

「菡米可為飯，苗子似小麥而小，四月熟」，此即「皇，守田」也。是守田非即半夏。然邵晉涵《爾雅正義》謂「半夏之為守田」，與皇之為守田，容或同名異實。至云「半夏五月苗始生，居夏之半，故名」，直是望文生訓。《本草綱目・半夏》注引蘇頌曰：「在處有之，以齊州者為佳。二月生苗，一莖，莖端三葉，淺綠色，頗似竹葉，而生江南者似芍藥葉。根下相重，上大下小。皮黃肉白。五月、八月採根，以灰裹二日，湯洗暴乾。」明言「二月生苗」至五月，根已可採。焦循《禮記補疏》亦引《本草圖經》「二月生苗，五月八月採根」之說，又謂：「一云：五月採者虛小，八月採者實大。」然則生指根生。今驗半夏，苗誠生於春。仲夏生者，根也。藥亦用其根，不用其苗。案：《月令》所記草木之生落，大抵以於食用攸關。半夏以根為用，八月所採之根，實生於五月，故即根生之時以紀候而命名。以苗於二月已生，故不云始生，而但云生。朱右曾《逸周書校釋》：「半夏，治淡之藥。」所謂「厲疾」，誠不止半夏所治之淡疾，而藥草之注不尤信而有徵哉？

伐蛟取鼉登龜取黿是否記者之誤說

《禮記》出自記者各述見聞，或古先之經禮變制，或聖門之微言大義，依類比坿成書，故得列於諸經。其《月令》一篇，據鄭《目錄》，是呂不韋著《春秋十二紀》之首章，本出眾手，隨月異禮，條舉件繫，紛然就所記而論，保無後先之參錯。然授時之政居多，往往與諸經相發明，正可援諸經以辨訂其誤否。

即如「季夏，命漁師，伐蛟取鼉，登龜取黿」，鄭君《注》：「四者甲類，秋乃堅成。」蓋記言「伐」與「取」與「登」，或防其害於未然，或儲其材以備用，大則決從違之疑，細亦供羞薦之末。「伐」之，「取」之，「登」之，正《左傳》所謂「物足以講大事，材足以備器用」，烏有不俟其堅成者？此征諸物理而可知其誤也。《注》引《周禮》曰「秋獻龜魚」，又曰「凡取龜，用秋時」。一見《鱉人》職，一見《龜人》職。經證鑿然。《注》言「甲類」，猶《魯語》之言「川禽」。無論龜與黿、鼉異於凡鱗常介幾希。《說文》：「池魚滿三千六百，蛟來為之長」，則亦魚屬耳。《王制》「虞人入澤梁」在「獺祭魚」後，與《孝經援神契》所云合。《周禮》：「掌以時籔為梁。」《注》引《月令》：「季冬，命漁師為梁。」《疏》謂「即命漁師始漁之文」，竝引諸經，言取魚歲凡有五，無於夏時者。此言「伐」、「取」、「登」，顯違其候。又攷諸經典而知其誤也。《注》謂「作《月令》」者，不知《周禮》之秋獻用秋時，是夏正之秋時，以為此秋，

據周時言，周之八月當夏之六月，因書於此，推其致誤之由。案：鄭知《周禮》之秋獻秋時為夏之秋者，魚人春獻王鮪，與《月令》季春薦鮪寢廟同時。獻人之春獻既用夏時，以例，鱉人之秋獻、龜人之秋獻，時斷無別用周正之理。則伐蛟諸事，據《周禮》自當在夏正之秋，又攷諸時政而知其誤者也。或謂《呂氏春秋》「季夏之月，令漁師伐蛟取鼉，升龜取黿」，《淮南子・時則》篇「季夏之月，乃命漁人伐蛟取鼉，登龜取黿」，兩書均同《月令》，安見《月令》之為誤文者？殊不知記者依兩書以定《月令》之文，非《月令》本文同於兩書。《正義》：「此命漁師及仲夏養壯佼之等，非止一月所為，故不言是月也。」就《正義》之說推之，「命漁師及養壯佼等」，或係脫簡。有謂「養壯佼」在孟夏「舉長大」節，簡脫無所綴，坿記者依《呂覽》坿之仲夏，故上無是月之文。此「命漁師」上亦不言是月也，必記者依兩書而記諸季夏初政，又灼然可知。三禮為鄭君專門之學，如「伐蛟」一條，雖參攷而顯見為誤，特下說以示讀者，而不敢更移記文。彼更易聖經而自謂定本者，恐非說經之法矣。

醴泉膏露是一是二攷

《禮記・禮運》篇，膏露、醴泉分屬天降、地出。孔《疏》引《援神契》「德及於天，甘露降。德至深泉，醴泉湧」以釋經。王充《論衡・是應》篇獨據《爾雅》「甘露時降，萬物以嘉，謂之醴泉」，合醴泉、膏露而一之，且云：「使為地中所出之泉」。則《爾雅・釋水》篇如「檻泉正出，沃泉懸出」之類，厥名甚多，何以遺之不載，而反入之四時章乎？案：《爾雅注》所以出醴泉，蓋以醴泉出為甘雨之應，與釋景風一例，可決其二而非一矣。然注者郭璞，恐未足為確據，則且攷諸古先諸子之說。《鶡冠子・度萬》篇：「其德上及泰清，下及泰寧，中及萬靈，膏露降，白丹發，醴泉出，朱草生。」《尸子・仁意》篇：「甘雨時降，萬物以嘉，高者不少，下者不多，此之謂醴泉。」又：「舜南面而聽天下，天下太平，燭於玉燭，息於永風，食於膏火，飲於醴泉。」近汪氏繼培《尸子注》：「『膏火』當作『膏露』。《禮記・禮運》篇亦云：『天降膏露，地出醴泉。』《尸子》於當有釋詞。《爾雅》不及膏露，故《疏》引《尸子》不具，為何惜也。」此膏露、醴泉兩兩對舉，見於周秦古子者也。董仲舒《春秋繁露・王道》篇：「故天為之下甘露，醴泉出」；《五行順逆》篇：「恩及於火，則火順人而甘露降；恩及於水，則醴泉出。」揚雄《羽獵賦》：「甘露零其庭，醴泉流其唐。」李善《注》：「《禮記》：『天降膏露，地出醴泉。』《孝經援神契》：『甘露一名膏露。』」班

固《白虎通·封禪》篇:「甘露者,美露也,降則物無不盛。醴泉者,美泉也,狀若醴酒,可以養老。」主名既異,應感亦殊。仲舒為西京之通儒,雄固攷訂名家。此醴泉、甘露在充前固無異說也。攷《漢書·宣帝紀》甘露二年詔:「鳳凰、甘露降集,醴泉旁流。」《東觀漢記》:「中元元年,是時醴泉出於京師。郡國飲醴泉者,痼疾皆愈。郡國上甘露降。」既別其名,更別其地。袁宏《後漢紀》同。使果為一,詔書何以並稱,史臣又何以異辭乎?《宋書·符瑞志》:「甘露,王者德至大,和氣盛則降。柏受甘露。王者耆老見敬,則柏受甘露。竹受甘露。王者尊賢愛老,不失細微,則竹葦受甘露。醴泉,水之精也。甘美。王者修理則出。」曰降曰出,悉仍禮經。露驗諸竹柏,顯異泉流。此又征諸史而證其二而非一者也。且充於《是應》篇以甘露為醴泉,而《宣漢》篇、《恢國》篇又並舉甘露、醴泉,可見其逞快論於一時,未嘗攷實於載籍爾。

月生於西解

《禮器》:「大明生於東,月生於西。」《祭義》:「日出於東,月生於西。」鄭君均無注。經文於日或言生,或言出,於月則俱言生。鄭君「為朝夕必放於日月」《注》:「日出東方,月生西方。」據經立說,一言出,一言生。近張氏敦仁《鄭注攷異》謂「『月生西方』,當依山井鼎說改為『月出西方』」。俞氏《禮記平議》云:「日出東方,吾之所見也;月出西方,吾之所不見也。吾所不見不可沙為說」,分別出、生二字之義,當得經意。〔註1〕案:《大戴禮·誥志》篇:「月歸於東,起明於西。」曰起明,明西方為月生之方。揚子《法言》:「月未明則載魄於西,既望則終魄於東。」《大元·中》:「次六:「月闕其博,不如開於西。」〔註2〕《納甲術》云:「三月出為爽,震庚受西方。」皆以月為生於西之證。諸經傳每以出與入為對文,生則與死為對文。《尚書·堯典》「寅賓出月」與「寅餞內日」為對文。《史記·五帝紀》作「日入」。入、內古字通。《淮南子·天文訓》:「日出於暘谷」,下云「日入於虞淵之汜」。其始言出,故其終言入。《尚書·康誥》:「維三月哉生魄。」馬融《注》:「魄,胐也。謂三月日

〔註1〕俞樾《群經平議》卷二十《禮記二》(鳳凰出版社2021年版,第691~692頁):
　　大明生於東,月生於西。
　　蓋日出東方,吾之所見也;月出西方,吾之所不見也。吾所不見不可沙為說,當依經文作「生」字,斯無語病矣。……張氏敦仁作《鄭注攷異》,據山井鼎說,反欲改上注「月生西方」為「月出西方」,謬也。
〔註2〕按:《太玄·中》:「次六:月闕其摶,不如開明於西。」

始生兆朏，名魄。」亦作「霸」。《漢書‧律曆志》引《武城》篇「惟一月壬辰旁死霸，二月既死霸，惟四日既旁生霸」，又引《顧命》篇「惟四月哉生霸，月明生為生霸，明盡為死霸」。生死對文。就生霸、死霸推之，是古人於月每言生。月初生之夕，見於西方，是月之將入，非月之始出也。與日之見東方而謂之出者異，故不得因之而謂出於西方。或謂《邶風》「日居月諸，出自東方」，似月亦何嘗不可言出？不知《詩》之月承日而言，故亦云「出」。毛《傳》「日始月盛，皆出東方」，是《詩》云「出」者，就其盛時，非謂其始時。鄭《注》「月生西方」正據經義為訓。「君西酌犧象，夫人東酌罍尊」，鄭《注》：「象日出東方而西行也，月出西方而東行也。」云「月出西方」，順上「日出東方」言之，與《詩》「出自東方」同意，烏得引以證誤本之「月出西方」而改「月生」為「月出」哉？

郵表畷解

《郊特牲》篇：「饗農及郵表畷。」鄭《注》謂「郵表畷，田畯所以督約百姓於井間之處也。《詩》曰：『為下國畷郵。』」孔《疏》：「郵表畷者，是田畯於井間所舍之處。郵，若郵亭屋宇處所。表，田畔。畷者，謂井畔相連畷。於此田畔相連畷之所造此郵舍，田畔處焉。」是《注》、《疏》均以郵表畷為八蜡之一。蔡氏德晉謂「郵，始造郵舍，俾田畯居之，以督耕者。表畷，治彊理田，而植樹木以為標，列阡陌以為道者」，分「郵」、「表畷」為二。秦氏蕙田謂「畷有郵而謂之表，若無郵則何表之與有」〔註3〕。阮氏元謂「郵為井田上道里可以傳書之舍，表乃井田間分界之木，畷乃田兩陌之間道，皆古人饗祭之處也」〔註4〕。別其處為三。案：鄭《注》但云「井間之處」，未嘗分別其地。大約古時樸質，涖民者或於野田之間，就林木之蔭，取其可以憩休，即從而聽事。《詩》家言召伯聽訟，茇舍甘棠之下。聽訟、督耕正相類，亦一旁證。《注》所引《詩》，為《商頌‧長發》篇。以田畯督約下國，下國視為準則，故言「為下國畷郵」。《毛詩》作「綴旒」。案：《大戴禮‧曾子制言》篇中：「行為表綴於天下。」戴氏震曰：「綴者，懸綴於高，民所瞻望。」綴、畷文既通用，表綴義亦相近，竊以「郵表畷」者，若言街彈室矣。統舉之為「郵表畷」，省言之則或為「畷郵」，或為「表綴」，猶街彈室亦稱街彈。王應麟《漢制攷》、《金

〔註3〕《五禮通考》卷五十六《吉禮五十六‧蜡臘》。
〔註4〕《釋郵表畷》。

石錄・漢都鄉正街彈碑》，此其證據。《說文・田部》：「畷，兩百閒道也。百廣六尺。從田叕聲。」是畷本兩百閒道之通稱。以畷有郵表異於凡畷，故繫以郵表而稱「郵表畷」。以田畯於此督約耕者，而為郵表以標異。是表畷之名義本自顯然，奚必望文生義，臆斷其非一處，或分之為二，或別之為三哉？

　　所見先輩解此經之作，竊謂未盡申明鄭義。至惜陰課藝所刊一篇，全剿《挈經室集》文，鄙陋更不足論。爰為此首，未識於鄭《注》能不背否？自記。

　　宋翔鳳《管子識誤》「鄉毋長遊」條引《郊特牲》鄭《注》，云：「今《毛詩》作『綴旒』，旒通斿，亦通遊。《詩正義》：『冕之所垂及旗旗之飾皆謂之旒。』《說文》：『㫃，州里所建旗。象其柄，有三遊。雜帛，幅半異，所以趣民，故遽稱㫃㫃。』大司徒以旗致萬民，遂師亦以遂之大旗致之，則鄉遂州里其長並以旗致民。取其垂，故渭之遊。其長稱長遊，漢有游徼官，當是。以此故也。田畯亦農民之長，於井閒設旗以趣民耕耨，故云郵表畷。郵、遊字通。」宋以田畯之屬解《管子》之「長遊」，特引《說文》為證，申明鄭義，尤塙。惜當時未及見，偶閱《過庭錄》，因備錄其文如右。丁亥八月九日。　玉繩謹案：元同師《群祀禮通故》云：「表畷者，古兩陌閒之道，有樹以表識。《周語》所謂『列樹以表道』是也。郵為旁垂往來通行之總名。郵表畷者，郵之在井閒表道之處者也。詩意主於通行，曰畷郵；蜡祭主在所表之神，曰郵表畷。其所表之神，即《大司徒》所謂『樹之田主，乃社稷之所憑依』者也。《鄭》注表訓表率，故曰『督約百姓井閒』，釋畷其處，指斥祭郵之所在。」此說甚瞭。因先生欲申明鄭義，特錄之。

絞衣解

　　《玉藻》：「麛裘青犴褎，絞衣以裼之。」《注》：「絞，蒼黃之色也。孔子曰：『素衣麛裘。』」孔《疏》以《記》言「絞衣」，《注》引《論語》素衣為麛裘之裼衣，或絞或素不定。熊氏云：「臣用絞，君用素。」皇氏云：「素衣為正，記者亂言絞耳。」熊、皇兩說不同。江慎修《鄉黨圖攷》：「案：《注疏》解《聘禮》所以服皮弁服最明，既服皮弁，則必素衣麛裘矣。」〔註5〕皇說較熊為優。任大椿《弁服釋例》謂「絞衣，經不多見，記者不應亂言絞。疑絞衣或為春秋

〔註5〕 （清）江永《鄉黨圖考》卷六《衣服下・素衣麛裘考》。

時制，不能如古，故夫子仍用素衣為裼」。據此，皇說殊未可憑。案：《儀禮·聘禮》：「裼降立。」《注》：「《玉藻》曰：『麑裘青豻褎，絞衣以裼之。』」本經《檀弓》：「袪裼之可也。」《注》：「《玉藻》曰：『麑裘青豻褎，絞衣以裼之。』鹿裘亦用絞乎？」是鄭一再引《玉藻》「絞衣」以釋經，決非記者之誤。周理中謂：「據鄭《注》，何以他裘之裼皆有定而麑裘獨用素衣絞無一定耶？」不知謂麑裘裼衣或絞或素皆可，自是疏家之說，鄭《注》竝無此文。案：《詩·羔羊》孔《疏》：「鄭注《論語》云：『素衣麑裘，諸侯視朝之服，其臣則青豻褎，絞衣為裼。』」觀鄭此注，參之《聘禮注》，以釋《玉藻》絞衣，何嘗毫無分別？鄭以「蒼黃之色」釋「絞」，《弁服釋例》引《夏小正》元校傳：「元也者，黑也。校也者，若祿色然。」《儀禮經傳通解》及元校本、《永樂大典》本俱作「綠色」。然考《玉藻注》，《後漢·禰衡傳》「著岑牟單絞之服」，《注》亦以絞為蒼黃之色。《說文》：「綠，帛青黃色也。」《雜記》：「絞屬於池下。」《注》：「採青黃之間曰絞。」鄭訓絞亦為青黃色，則絞即綠。《小正傳》既云校為綠色，則校即絞。《攷工記注》：「鄭司農云：『校讀為絞而婉之絞。』」然則校、絞本通。案：《集韻》，絞衣之絞或從爻作綆。新出《玉篇》系部「綆」注：「顧野王引《夏小正》作元綆。綆者，若綠色然。」與任說正合。是絞衣之色與素衣迥別。案：鄭引「素衣麑裘」者，蓋以麑裘之稱雖一，而實則有純麑與雜以青豻褎之不同，猶之同一狐青而有純狐青與雜以豹褎之異，同一羔裘而有純羔與雜以豹褎之異。就《論語注》參觀，可知裼素衣者為麑裘之常，裼絞衣者乃麑裘青豻褎之常。故《記》言絞衣，而《注》兼及素衣；《論語》言素衣，而《注》兼及絞衣；正以互見者補經所未備。蓋單言麑裘，為純於麑，故以純乎一色之素衣錫之；兼言青豻褎，則不純乎麑，故以蒼黃色之絞衣裼之。猶是裘裼相稱之義也。烏得以絞衣罕見，疑記文而竝誣鄭《注》哉？

　　本擬以縞衣解絞衣，嗣嫌近於坿會，易去之。後閱鄒叔績《讀書偶識》、俞曲園《茶香室經說》〔註6〕，咸主縞衣說。兩君皆近時

〔註6〕俞樾《茶香室經說》卷十一《禮記三·絞衣》（鳳凰出版社2021年版，第284頁）：

《玉藻》篇：「麑裘青豻褎，絞衣以裼之。」鄭注曰：「絞，蒼黃之色也。孔子曰：素衣麑裘。」

愚按：下文「羔裘豹飾，緇衣以裼之。狐裘，黃衣以裼之。」並與《論語》同，鄭《注》皆引《論語》為證。此注亦引《論語》，而絞衣、素衣不同矣。《論語》疏曰：「《聘禮》注引《玉藻》，又引此云『皮弁時或素衣』，如鄭此言，則裼衣或絞或素不定，熊氏云：『臣用絞，君用素。』皇氏云：『素衣為正，記者亂言

經學家，所見喜與偶同，可知此事要在研求經義也。此作雖不同兩
君說，特識以自勉。己丑塞食日自記。　玉縉謹案：《聘禮》：「袍降立。」鄭
《注》：「《玉藻》曰：『裘之袍也，見美也。』又曰：『黼裘青犴褎，絞衣以裼之。』
《論語》曰：『素衣黼裘，皮弁時或素衣。』其裘同，可知也。」是鄭以黼裘袍衣
或絞或素，為《疏》說之所本。

雕篹解

《明堂位》：「薦用玉豆雕篹。」《注》：「篹，籩屬也，以竹為之，彫
刻飾其直者也。」《疏》謂「篹形似筥。鄭以與豆連文，故知為『籩屬』；以字從竹，
故『以竹為之』。篹既用竹，不可刻飾。今云『彫其直者』，刻其柄也」。據此，
則篹之形制，鄭、孔均未之識，同一約略之詞。案：「雕篹」罕見經傳。《喪大
記》篇：「食於篹者盥。」《注》：「篹，竹筥也。」即孔《疏》「形似筥」之所
本。《儀禮·士冠》篇：「爵弁、皮弁、緇布冠各一匴。」《注》：「匴，竹器名。
今之冠箱也。」古文匴為篹，是亦竹器之名。篹者，一為喪禮供食之具，固非
祭時薦物所用。至盛冠之篹，祭禮更何所用之？竊謂「玉豆雕篹」四字為一器，
猶上言「玉瓚大圭」，《注》：「瓚形如槃，容五升，以大圭為柄，是謂圭瓚」，
是玉瓚其本名瓚，柄不定用大圭，而用以灌之，玉瓚則柄以大圭，故曰玉瓚大
圭。本篇「殷玉豆」、《周官》「外宗佐王后薦玉豆」，《禮圖》言「豆制：口員，
徑尺，黑漆，飾朱。中大夫以上畫以雲氣，諸侯以象，天子以玉，皆謂飾其豆
口」，是玉豆但就其口飾為稱。《攷工記》：「旅人豆中縣」，《注》：「縣，縣繩正
豆之柄。」《疏》：「豆柄，中央把之者，長一尺，宜上下直與縣繩相應，其豆
則直。」與此《注》「飾其直者」正相應。《祭統》篇：「夫人薦豆執校，執醴
授之執鐙。」《注》：「校豆中央直者也。鐙，豆下跗也。」是豆之中央直者為
校，豆下跗曰鐙。竊謂雕篹即指校以下之彫刻。焦循《禮記補疏》引《喪大記》、
《士冠禮》之篹，謂「箱筥則無中央之直者，而置冠之器同於籩屬之篹。蓋冠

絞耳。」鄭此注引《論語》而無說，殆有所疑乎？今按：絞之為蒼黃色，鄭
不知何據，古人言色不聞稱「絞」。《夏小正》元校傳云「若綠色然」，傳本作
「若祿色然」，究未知何解，未可以《夏小正》之「校」說此經之「絞」也。
疑「絞」乃「縞」之叚字，絞衣即縞衣。《王制》云：「殷人縞衣而養老。」即
此衣也。「絞」從交聲，「縞」從高聲，兩聲相近，故得通叚。《月令》「高禖」，
《毛詩·生民》《玄鳥》傳皆作「郊禖」，即其例矣。黼裘以縞衣裼之，與《論
語》「素衣黼裘」合。

置檠上，檠上闊，中亦有柄，其狀近籩，故其名同。爵弁、皮弁各一，篹各用一冠檠舉之。篹與纂通。纂即蒩字。束茅表位曰苴。亦作蕝。束茅而立之，其狀正同籩中之直。然則篹即籩中直柄之名」[註7]。焦以篹為直柄之名，其說誠塙。屬諸籩之直柄，則猶沿《注疏》舊解。案：篹、纂通，俞氏《群經平議》解《尚書》「巽朕位」，「巽」是「纂」之假字。其《春在堂隨筆》謂薛尚功《鍾鼎款識》有宰辟夫敦三，其文竝云用饌乃祖考事，蓋假「饌」為「纂」。是從「巽」之字，古每與「纂」通假。雕篹之篹當即篇中龍簨虡之簨。《注》：「簨虡所以懸鍾磬也，橫曰簨，植曰虡。」《注》雖有橫簨植虡之別，然古時器物往往對文異而散文通。豆中央直者稱簨，或以此。彼以懸鍾磬、此以承豆器不同，而為用則同。據《考工記》，「簨」亦作「筍」，飾之以鱗屬。此之所雕，或即梓人之所飾。然則同一玉豆，此則更有雕篹，猶云同一玉瓚，而魯得用大圭為柄之玉瓚也。何必分雕篹與玉豆為二，而以不可刻飾之竹解記文之雕篹哉？

宗其繼別子之所自出者解

《大傳》：「宗其繼別子之所自出者，百世不遷者也。」《注》：「繼別子，別子之世適也。」《疏》：「以是別子適子、適孫世世繼別子，故云別子之世適。經云『別子之所自出者』，自，由也，謂別子所由出，或由此君而出，或由他國而來，後世子孫恒繼此別子，故云『繼別子之所自出』。」據《注》，但以「別子之世適」釋「繼別子」，《疏》以「出」釋「自」，以「或由此君出，或由他國來」釋「別子之所自出」。案：《郊特牲》：「大夫不敢祖諸侯。」《儀禮·喪服傳》：「諸侯之子稱公子，公子不得禰先君。公子之子稱公孫，公孫不得祖諸侯。」鄭「別子」《注》謂公子，若始來在此國者。然則別子之所自出即諸侯矣。信如孔《疏》，無論與下「公子不得宗君」之注不合，且顯與《郊特牲》、《儀禮·喪服傳》相背。後之解此經者遂疑「之所自出」四字為衍文，故鄭《注》未之及，作《疏》時方誤。毛奇齡《大小宗通釋》力辨以「之所自出」為衍文之非。然所據《左傳》「臨於周廟」，《注》：「周廟，文王廟。周公出文王，故魯立其廟。」周公為文王別子，文王為周公所自出，則魯有文王廟，正所謂「別子之所自出」。不知謂魯有文王廟乃杜氏一家之說，於經傳俱無明徵。蒙謂以

〔註7〕《禮記補疏》卷二。(《續修四庫全書》第 105 冊，上海古籍出版社 1996 年版，第 19 頁)

－115－

鄭無注而啟其疑，不如仍就鄭注而折其衷。案：《大傳》首言「王者禘其祖之所自出」，與此言「宗其繼別子之所自出」，立文正同。彼注「自，由也」。「大祭其先祖所由生」，則以「所由生」釋「之所自出」之「所自出」。記前後無異文，即「所由生」之義無異解。義見前而不再出於後，自是說經家通例。然則「繼別子下之所自出」，記前後無異者，非以記無「之所自出」之文，當以義具於「其祖之所出」之注也。《注》言「繼別子」，明以「繼別子」三字連文為義。蓋別子之後必有繼別子之人，而別子之後不皆當繼別子之稱，肇始於別子之子；而別子既為百世不遷之宗，則亦世世有繼別子之人。《注》「別子之世適」正指此。就繼者言，謂之繼別子而宗有定；就所繼之別子言，推之繼別子之所自出，而義始完。然則所云「宗其繼別子之所自出」者，明言「繼別子之所自出」原非上及別子之所自出。「繼別子之所自出」者，即指別子，正見所繼者止此別子為限，不及別子以上。亦宗此繼別者。極之百世之遠，止宗此繼別之所自出，而與別子所自出者無涉。以所繼者止此別子，故謂之為繼別子。以宗繼別子者不離乎別子所出，故言宗。必原之繼別子之所自出者，是通合繼別子以為名，見繼別之名所由起。渾舉繼別子之所自出者以立文，見所自出者自可溯，然則宗其繼別子之所自出者。記文十字，無一閒文，安得臆決為衍文哉？

卷七終

青學齋集卷八

新陽汪之昌

釋少儀穎字

《少儀》:「枕幾穎杖」,《注》:「穎,警枕也。」「刀卻刃授穎」,《注》:
「穎,鐶也。」同一「穎」字,而有「警枕」與「鐶」之異訓。孔《疏》:「穎
是穎發之義。刀之在手,謂之為穎。禾之秀穗,亦謂之為穎。枕之警動,亦
謂之穎。其事雖異,大意同。」是孔所據以作疏之本字,亦從頃從禾顯然。
岳珂《九經三傳沿革例》謂「注警枕之穎,《釋文》及建諸本作『潁』,監本
及興國本作『穎』。《釋文》以警枕之穎,其旁下從火,音京領反;以授穎之
穎,其旁下從禾者〔註1〕,役頂反」。據岳說,則字有從火從禾之別,其音義
亦絕不同。《校勘記》:「通志堂本《釋文》作『穎』,與《唐石經》合。」是
唐時《禮記》字均作「穎」,不獨孔氏所見本矣。後人謂「穎」、「潁」之當分
兩字,大都以鄭《注》「警枕」與「鐶」之分兩義。案:《經義述聞》:「《正義》
謂『經枕外別言穎』,則所見本『穎』在『枕下』可知。『枕』、『穎』相連,
故知『穎』為『枕』屬。《玉篇》、《廣韻》並曰『穎,篋也』,與鄭異義,蓋
出盧、王二家注文。《內則》:『縣衾篋枕』,是枕有篋以貯之也。『穎』與『枕』
相連,故或以為警枕,或以為枕篋耳。」〔註2〕竊謂王氏據《內則》以「枕
篋」釋「穎」,不獨可證「穎幾」誤倒之記文,並可證「穎,鐶」曲說之注文。
案:「穎」字古無釋為「鐶」者。就《玉篇》、《廣韻》「穎,篋」之訓推之,

〔註1〕「者」,岳珂《九經三傳沿革例》作「音」,與上「音京領反」句法一致。
〔註2〕弟十五《禮記中·枕幾穎杖》。

「授穎」之「穎」蓋謂刀櫝，櫝篋不同器，而其為器所以韜物則同。「穎」之本義為禾實在裹中，引申為凡囊裹之稱。《史記‧平原君傳》:「使遂蚤得處囊中，乃穎脫而出，非特末見而已。」「末見」謂見錐之末，「穎脫」謂錐脫所處之囊而出，此亦「穎」訓囊裹之旁證。然則《記》云「卻刃授穎」，自是謂斂刃於櫝以授人。《素問‧四時刺逆從論》王《注》:「卻，閉也。」閉、斂義近。此與上文「戈有刃者櫝」義正同。下云「凡有刺刃者，以授人則辟刃」，則泛指無櫝者言。亦可見有櫝之刺刃，即當以櫝授之為宜。櫝篋為用不甚異。其同得穎名，或以此。是則《少儀》兩「穎」字誠非同物，要不必以《注》分兩訓，遂疑記文之本非同字已。

祭左右軌範解

《禮記‧少儀》篇:「祭左右軌範。」鄭《注》云:「《周禮‧大馭》:『祭兩軹，祭軓，乃飲。』軌與軹於車同謂轊頭也。『軓』與『範』聲同，謂軾前也。」案:「軌」、「軹」二字，經注多互譌，說者未能是，《正義》遂糾繚難明。今依盧氏文弨所校訂本。戴氏震曰:「《大馭》:『祭兩軹，祭軓。』《注》:『故書軹為軝。』杜子春云:『軝當作軹，軹謂兩轊也。』或讀軝為簪笄之笄。」[註3]案:《少儀》之「左右軌」即《大馭》之「兩軹」，「軹」本作「軝」，譌而為「軌」。「軝」，從車幵聲，讀如笄，轂末也。「軓」，從車凡聲，讀如範，式前也。「軌」，從車九聲，古音居酉反，今音居洧反，車徹也。「軹」，從車只聲，讀如只，轊內也。軹問六尺六寸，軌八尺，軝相去丈一尺六寸，兩轊又在軝外。轂末為軝，軸末為轊。祭軓則兼輈祭左右，軝則兼軸，不可以軸木之轊為軝，名之宜辨者也。段氏玉裁曰:「《周禮》故書為『軝』，子春云:『言軝當為軹，故書為軓。』子春言軓當為軓。鄭君《周禮》作『祭軓』，從杜子春讀也。《攷工記‧輈人》:『軓前十尺而策半之。』《注》引鄭司農云:『軓謂軾前也。書或作軓。』鄭君以軓訓為法與軓訓軾前不同，此子春易軓為軓之故。」案:據段氏說，則此經《注》云「軓與範聲同，謂軾前」，是鄭君從杜子春說，讀「範」為「軓」字，與《周禮‧大馭》讀「軓」為「軓」同。攷諸車制，參以《周禮》之注，而本經「軌」、「軝」之互譌釐然矣。

〔註3〕 （清）戴震《辨詩禮注軓軌軹軝四字》。（《戴震全集》第 5 冊，清華大學出版社 1997 年版，第 2251 頁）

視離經辨志解

《學記》:「一年視離經辨志。」鄭《注》:「『離經』,斷句絕也。『辨志』,謂別其心意所趨向也。」《正義》以離經為離析經理,使章句斷絕;辨志謂辨其志意趨向,習學何經矣。宋人遂謂辨別心所趨向,如為善為惡、為君子為小人。案:《注》以「斷」釋「離」者,王逸釋《離騷經》「離,別也」,注劉向《九歎·思古》篇「心離離兮」,云「離離,剝裂貌」。「別」與「剝裂」,均於「斷」義近。《周禮·形方氏》:「無有華離之地。」《注》:「使不孤邪離絕。」是「離」亦訓「絕」。《注》以「離經」為「斷句絕」,殆以此讀。「經」自宜以「斷句絕」為第一義。《左氏》昭十六年傳《疏》譏服虔未能離經辨句,復何須注述大典?亦一旁證。故時僅一年,攷校者先視其離經,注以辨志,為別其心意所趨向,釋「辨」為「別」,《傳》、《注》通義。《疏》以「辨其心意所趨向」就「離經」者言,則誤會鄭意,後人遂至說及善惡與君子小人,殊不思經明云「一年」,時曾幾何,況所「斷句絕」容亦有所受之於此,而遽欲覘其問學,定其立品,持論則高,恐未可施諸中材以下。竊以《注》中「其」字非就「離經」者言,當仍指所離之經言。「句絕」之別,即如此讀則為一義,如彼讀又別為一義,上屬下屬,祇一二字之間,義隨之而不同,所謂心意所趨鄉者此耳。學者從事於斯,必能體會古人意旨。後賢訓詁,不致隨口諷誦。《王制》篇:「論辨然後使之。」《注》:「謂攷問得其定也。」正可與「辨志」之義相參。孔云:「習學何經」,則是攷業,而非辨志矣。

> 《史記·老子韓非傳》:「然善屬書離辭。」《正義》:「離辭,猶分析其章句也。」即《注》「斷句絕」之意。戊子十月讀《史記》得之。
> 自記。

不學博依依或為衣說

《學記》:「不學博依,不能安《詩》。」鄭《注》:「『博依』,廣譬喻也。『依』或為『衣』。」是鄭以「廣」釋「博」,以「譬喻」釋「依」,恐讀者未達「依」訓「譬喻」之義,故又引「或本為衣」證之。孔《疏》:「若欲學《詩》,先依倚廣博譬喻。」則似「依倚」一義,「譬喻」又一義,與鄭《注》不甚合,宜其無解於「依或為衣」之《注》矣。案:《說文》衣部:「衣,依也。」是「衣」、「依」聲義並同。《書·顧命》「設黼扆」,即《禮記·明堂位》之「斧依」。《漢石經》正作「黼衣」。《晉語》「僖估儓依」,《潛夫論·志氏姓》篇「依」作「衣」。

是經傳「依」、「衣」二字通用。其訓「譬喻」者，《白虎通論·衣裳》：「衣者，隱也。裳者，鄣也。所以隱形，自鄣閉也。」《廣雅·釋器》：「衣，隱也。」「衣」之訓「隱」，自是古義相傳。《說文》解「衣」字，「象覆二人之形」。「覆」與「隱」義亦相承。蓋隱與顯相反。譬喻也者，往往陳說一事，或言近而指遠，或述古以諷今，俾聞者恍然於言外。然則譬喻即不顯言之謂，於隱義本近。焦循《禮記補疏》歷引《漢書·藝文志》「《隱書》十八篇」、《韓非子》「人有設桓公隱者」、《呂覽·重言》篇「荆莊王好讔之文」，以證鄭《注》之「譬喻」。案：顏師古《藝文志注》引劉向《別錄》：「隱書者，疑其言以相問，對者以慮思之，可以無不喻。」此亦隱為譬喻之明據。而班氏以《隱書》列詩賦家，尤合《記》文「安《詩》」之訓。蓋《詩》有六義，比興居其二。詩家謂比者，以彼物比此物；興者，先言他物以引起所詠之詞。皆所謂罕譬而喻者。即如《論語》謂可與言《詩》，惟端木氏、卜氏，而一則因論貧富而悟切磋琢磨之旨，一則因論繪事而得禮後之悟，雖不盡與子家所謂隱者同，而相說以解則同。大抵古人之箸於篇章者，每有不能明言之處，故言在於此而意寓於彼。若風雨雞鳴之什，思君子之不見，而託為男女繾綣之詞；《楚茨》祭祀之歌，傷飢饉之薦臻，而不啻《豐年》黍稌之頌。何莫非隱藏其意者？故學《詩》當以善隱為入門。孔子詔弟子學《詩》也，以「多識於鳥獸草木之名」為終事。言「多識」，亦與廣博之說互明。是則依為衣，猶云依為隱，亦廣譬喻所引而申者矣。

物至知知解

《禮記·樂記》：「物至知知，然後好惡形焉。」《注》：「至，來也。知知，每物來則又有知也。言見物多則欲益眾。」似以「物至知知」四字斷句。《〈史記·樂書〉集解》：「王肅曰：『事至能以智知之，然後情之好惡見。』」肅雖讀上「知」字為智，而於下「知」字絕句，則與鄭讀同。《經義述聞》以鄭、王二說均未安。上「知」字即下文「知誘於外」之「知」，下「知」字當訓為「接」，言物至而知與之接也。《墨子·經篇》曰：「知，接也。」《莊子·庚桑》篇曰：「知者接也。」《淮南·原道》篇曰：「感而後動，性之害也。物至而神應，知之動也。知與物接，而好憎生焉。」是其明證。案：《原道訓》此一節雖本《樂記》，而微有差殊。就立文次第求之，「人生而靜」四句與《記》文相合，其「物至而神應」句與《記》「物至知知」文義均相準，其「知與物接」當即《記》所云「知誘於外」。是知雖可接，而《原道》之「接」可以釋《記》文「知誘」

之「誘」，未可以證「知知」之下「知」字。且經傳中重言，義取推其極至居多。字同而音義不同，注家必為區分。如《學記》篇「兌命曰學學半」，《注》言「學人乃益己之學半」可證。本《注》言「又有知」，則兩「知」字初無異義。謂下「知」字當訓為「接」，何異於謂上「知」字當讀為「智」歟？焦氏循《禮記補疏》：「『物至知知』二句申上『感物而為欲也』。『知知』者，人能知而又知。禽獸知聲，不能知音，一知不能又知」云云，於兩「知」字，似分淺深，與經傳諸重言例亦不符。案：諸家釋「知知」各為說，而義終未洽，實由於句讀之未明。竊謂「物至知」三字句下「知」字略逗連「然後好惡形焉」為義。《學記》篇：「學然後知不足，教然後知困。知不足然後能自反也，知困然後能自強也。」《大學》篇：「知止而後有定，定而後能靜，靜而後能安，安而後能慮，慮而後能得。」以下句承上句末字，立文一例。《記》所謂「物不離味色聲嗅」，《孟子》以口之於味、目之於色、耳之於聲、鼻之於嗅為性，即《記》「感於物而動，性之欲」之謂。欲之而物不必果至。物果至，斯之謂物至。容有遇物而茫然無所措，甚且如《列子·周穆王》篇所云「聞歌以為哭，視白以為黑，饗甘以為朽，嘗甘以為苦」者。於物至，奚以別於未至？均未可言知。惟於物之至，於味則知其為精為疏，於色則知其為妍為醜，於聲則知其為清為濁，於嗅則知其為香為腐。未至容有未知。其既至，無一不知，斯謂「物至知」。知味則必好其精而惡其疏，知色則必好其妍而惡其醜，知聲則必好其清而惡其濁；知臭則必好其香而惡其腐。《記》故言「知然後好惡形焉」者以斯。然則《樂記》之「物至知知」，聯兩「知」字為句，於義既有可疑，讀兩「知」字為兩音與釋兩「知」字為兩訓，於義究未盡安，曷若分為兩句較為明通哉！

民有孫心解

詁經當先明句法，證以字詁，然後可以闡發經恉。《禮記·緇衣》篇：「民有孫心。」鄭氏《注》：「孫，順也。」宋監本《禮記》「孫心」作「愻」。惠氏《九經古義》題之，謂「『孫心』當作『愻』」，正與《祭義》篇「見間」當為「覸」、《孟子》「正心」當為「忘」、《史記》「刺齒」當為「齧」一例。蓋以古書時有駁文，一字或離為二字也。案：《說文》心部「愻」字下云：「順也，《唐書》曰：『五品不愻。』」《今文尚書》作「訓」，讀為「馴」。「馴」之詁亦訓為「順」。薛宣《尚書》同。孔氏本作「孫」。是「孫」、「愻」音同通用之證。衛

包改作「遜」。遜，遁也，從辵。愻，順也，從心。字形文誼截然為二，不可混淆。攷《學記》篇：「不陵節而施之謂孫。」《說苑·建本》篇作「不凌節而施之謂馴」。「孫」、「馴」古字通，是「孫」本具「順」誼，不必從心始釋為順也。案愻順之愻，經典相承，俱省作「孫」字。《大雅》「孫謀」、《聘禮》「孫而說」、《論語》「孫以出之」之類，均可為左證。其作「遜」者，俗字，或係後人所妄增。然以《緇衣》篇「孫心」為一字，誤分二字，於經誼雖不致背謬，究其說亦未必至當。何以言之？此「民有孫心」與上文所云「民有格心」、「民有遯心」句法同例。若以「孫心」作「愻」，刪去「心」字，是但云「則民有愻」，豈復成句法乎？且「有」字亦為贅文矣。故曰詁經當以明句法為先。

《月令》倮蟲《大司樂》臝物《攷工記》臝者說

《禮記·月令》：「其蟲倮。」鄭《注》：「象物露見不隱藏，虎豹之屬恒淺毛。」《周禮·大司徒》：「其動物宜臝物。」鄭《注》：「臝物，虎、豹、貔、貛之屬，淺毛者也。」《攷工記》：「臝者。」《注》亦云：「臝者為虎、豹、貔、貛。」案：「倮」與「臝」字形不同。倮蟲、臝獸、臝者，經文亦不同，而鄭《注》以為虎豹之屬則無異詞。《說文》衣部「臝」注：「袒也，從衣羸聲。」「裸」下云：「臝或從果。」雖無「倮」字，考人部「但者，裼也」，似經傳諸云袒裼之袒從衣旦者，古與從人從旦之但通用。以例倮蟲之倮，亦當與臝、或體之裸同用。是倮、臝本無殊義。《尚書大傳·洪範五行傳》有「倮蟲之孽」，鄭《注》「倮」作「臝」，此尤明證。《爾雅》：「有足謂之蟲。」是蟲本統物之或行或飛、或毛或臝、或介或鱗之稱。《大司樂》：「再變而致臝物及山林之示。」虎豹之屬出於山林。《梓人》言「天下之大獸五」，臝者居其一。又云：「厚脣弇口，出目短耳，大胸燿後，大體短脰，若是者謂之臝屬。」則《注》以為虎、豹、貔、貛淺毛者之類，正本經義。後人以《大戴禮記·本命》篇「倮蟲三百六十，而聖人為之長」、《天圓》篇「惟人倮匈而後生」、《月令》倮蟲不當與臝物臝者同訓，蓋見記言「羽蟲三百六十，而鳳凰為長。毛蟲三百六十，而麒麟為長。甲蟲三百六十，而神龜為長。鱗蟲三百六十，而蛟龍為長」，長皆就同類中言。倮蟲言聖人為長，則倮蟲當屬人言。案：經典往往有上下文同字異義。若《尚書·微子》篇「用乂讎斂，召敵讎不怠」，《釋文》：「讎如字。下同。」又曰：「徐云：鄭音疇。」近俞氏謂鄭《注》上讎字與下讎字異義，上讎字謂為疇，言計讎而斂之。竊謂記文「聖人為之長」亦與上文諸「長」字異義。《國

語·周語》:「故長夷則之宮。」《注》:「長謂先用之也。」是「長」亦訓「用」。「聖人為之長」,言聖人用諸倮蟲,即服牛乘馬之義。《管子·幼官》篇:「中央以倮獸之火爨。」尹知章《注》:「倮獸謂淺毛之獸,虎豹之屬。」若以人倮匈當之,安得有獸稱?宋翔鳳據斗建謂中央上直未申之間,未申為坤,維坤為虎;申宮直參,參為白虎。故其蟲倮,鄭必以為虎豹之屬。然則嬴物也,嬴者也,固與倮蟲有異文者,無異解也,烏得遠鄭《注》而別生異說哉?

禘郊祖宗說

　　《祭法》備詳「禘郊祖宗」之名,兼述虞夏殷周之制。鄭注「禘郊祖宗」,謂「祭祀以配食也。此禘謂祭昊天於圜丘也。祭上帝於南郊曰郊。祭五帝五神於明堂曰祖宗」。祖宗通言爾。分釋四祭名義,與賈逵《魯語注》略同。蓋祀為國家大事,四祭尤祀事之大者,《祭法》故列之篇首。禘郊祖宗隨所繼而異其名,亦隨所祭而異其配。《注》謂「小德配寡,大德配眾,亦禮之殺」,當得制禮之微旨。王肅飾說難鄭,孫炎、馬昭率折之。近金榜、孫星衍、王鳴盛、金鶚諸鉅儒各據經傳,以申鄭義,無煩贅述。《注》四者同謂「祭天以配食」,而郊以祭於南郊名。《書·召誥》「用牲於郊」,此其證。祖宗為明堂之祭,即所謂五天地配以文王曰祖,五人帝配以武王曰宗。案:《堯典》:「受終於文祖,舜格於文祖。」鄭《注》:「文祖者,五府之大名。」阮氏元《宗禮餘說》:「宗之為字,乃屋下祭天帝,故從宀從示。造字之始,指事、會意已定。」引《月令》「祈年天宗」、《周書·世俘解》「憲告天宗」,此「天宗」皆為明堂,「宗」乃實字。若空訓為「尊」,則「天尊」為不辭。〔註4〕是郊也、祖也、宗也,均就所祭之地為名。圜丘之祭名以禘者,《說文》:「帝,諦也,王天下之號也」;「禘,諦祭也。從示帝聲。」是禘由帝得聲,亦同帝取義。《白虎通·號》篇:「帝者,天號。」是帝於稱號為最尊。《爾雅·釋天》云:「禘,大祭也。」解者謂以有天帝在,故繫之《釋天》篇。竊謂以禘名圜丘之祭,蓋比諸祭尤為尊且大,猶帝之號冠皇王等號之上也。就非圜丘之祭而亦名禘者證之。《祭義》

〔註4〕阮元《宗禮餘說》(鄧經元點校《揅經室續一集》卷一,中華書局1993年版,第1008頁):

　　宗之為字也,乃屋下祭天帝,故從宀從示。倉頡造字之始,指事、會意已定矣。所謂宗,尊也,特其聲義耳。……《月令》曰「祈年天宗」,《周書·世俘解》曰「憲告天宗」,此「天宗」皆為明堂,「宗」乃實字。若空訓為「尊」,則「天尊」為不辭矣。

春禘秋嘗又云：「禘有樂而嘗無樂。」雖夏殷之制有樂者必重於無樂，則同一時祭，春祭以重於三時而稱禘。宗朝之祭，五年殷祭稱禘。殷有盛義，殆視宗朝常祭為盛，故亦以禘名。一以在時祭中差重，一以在朝祭中特盛，遂與圜丘之祭名無殊。然則圜丘之祭難與郊及祖宗同。以人鬼配天神，其禮尤重且盛，可知彼持禘為祖顓頊配黃帝之說則專祀人鬼，禘在四祭中何以反列郊祖宗之上哉？

六朝人三禮之學考

　　自魏、晉尚老莊之學，蹢伏禮防，浸假而戎狄薦居，南北分裂，其所由來孰非禮教不明所致乎？然隋唐經籍之志、《經典敘錄》所載，或疏禮經大義，或作禮經音讀，姓名箸述，咸有可徵。為三禮之學者，六朝正未嘗無人。然而拾殘膡之音義，不如攷敷陳之論議也；數坿見之姓氏，不如攷經國之典章也。嘗觀六朝習行之禮，當時定禮之人大約引據三禮居多，則所學可知。《晉新禮》撰自荀顗，摯虞謂其直錄古經文，正可見其不敢妄有增損。繆襲論「天地騂犢」，依據《祭法》；〔註5〕庾冰論「元日合朔」，引天子入門不得終禮者四〔註6〕，則稱《曾子問》篇。值王肅難鄭之後，而徐邈論祫就祭，以鄭《喪服小記》之注為折衷。摯虞表論冠昏祭會，以喪服為要用，歷述鄭《注》，不同坿會。穆帝納后，王彪之引經傳以定儀式。晉人三禮之學略見一班。劉宋議禮，每由太學國子諸生參討。蘇瑋生引「歸格祖禰」之《王制》，王燮之引「贊王祼將」於《周官》，與陸澄、徐道娛、庾蔚之等往復辨難，尤有條貫。而何承天刪減八百卷之《禮論》為三百卷，更非學通三禮不能。齊王儉常鈔《禮論》條目為十三卷，故論祫與時祭之先後、圜丘南郊諸大典，卓然可觀。劉蔓、顧憲之尚非其倫。而何佟之有事於地用辰，何諲之祭有生魚，各引《少牢饋食禮》，則

〔註5〕《南齊書》卷九《禮志上》：「繆襲據《祭法》，云：天地騂犢，周家所尚。」
〔註6〕《宋書》卷十四《禮志一》：

　　昔漢建安中，將正會，而太史上言正旦當日蝕，朝士疑會不。共詣尚書令荀文若諮之。時廣平計吏劉劭在坐，曰：「梓慎、裨灶，古之良史，猶占水火，錯失天時。禮諸侯旅見天子，入門不得終禮者四，日蝕在一。然則聖人垂制，不為變異豫廢朝禮者，或災消異伏，或推術謬誤也。」文若及眾人咸喜而從之，遂朝會如舊，日亦不蝕。劭由此顯名，魏史美而書之。……至康帝建元元年，太史上元日合朔，朝士復疑應卻會與否。庾冰輔政，寫劉劭議以示八坐，於時有謂劭為不得禮意，荀文若從之，是勝人之一失。故蔡謨遂著議非之，曰（略）於是冰從眾議，遂以卻會。

又知以《士禮》上推矣。梁孔子袪續成《禮論》一百五十卷，崔靈恩撰《三禮義宗》，洵為禮家之總龜。明山賓之論祀事，雷次宗之釋禮服，即一事而亦會通全經。其時宋懷方自魏攜《儀禮禮記疏》入梁，祕惜不傳，自見禮學專家。陳祀南郊，許亨、王元規各引《周官》、《禮記》。撰有專書者，顧越《疏釋喪服》、沈不害《五禮儀》而已。元魏定都中原，頗思修明禮典。後人言元魏經學以徐遵明為大宗，周隋間以劉焯、劉炫為大宗。若李鉉、祖儁、熊安生通習三禮，咸出遵明之門。韋世康問劉炫所能，炫首舉《周禮》、《禮記》，自謂《儀禮》用功差少。劉焯則問禮於熊安生者。元端言虞夏商周禘郊祖宗見於《祭法》，封軌議明堂規模，王延業議秦公廟制，罔不貫串三禮，或復舊章於將墜，或起古時所未有。以經書進之，劉芳、李彪；以文史達之，崔光、邢巒；亦其選也。高齊時集議三恪，禮官以鄭君五代之說為可從，魏收申同牢古義，皆得禮學之通者。宇文周大象二年詔：盧景宣學通群藝，典修五禮；長孫紹遠修六樂，朝章漸備。而沈重作《周禮義》、《儀禮義》、《禮記義》，於時探索三禮，當推巨擘焉。隋氏典章，大都在《江都集禮》一書。然牛宏明堂之議，臚列禮經，旁採漢儒遺說，何妥引禮經以攷定鍾律，馬光明三禮為儒者所宗，具詳史冊。若高熲之《隋吉禮》五十四卷，辛彥之之《禮要》一部、《新禮》一部，雖不盡箋疏古制，然非諳習三禮，何敢妄有論列也？就六朝人據三禮以斷時政者，略舉其概。至疏解三禮之箸撰，名目存佚，隋唐志備之矣，故從略云。

論秦文恭《五禮通攷》各門得失

秦文恭因徐健庵尚書《讀禮通攷》惟詳喪一門，爰依《周官·大宗伯》五禮之目，撰《五禮通攷》，旁稽博採，實集自來講禮書之大成。為卷二百六十有二，分門七十有五，古今之沿革，辨訂之精審，原書具在，無俟縷述。夫以卷帙如此其浩博也，門類如此其紛錯也，搜緝既多歷年所，而襄助又不止一手也，雖非剽竊餖飣者可比，而千慮一失，在所難免。

謹案：《四庫全書提要》謂「以樂律坿於吉禮宗廟制度之後，以天文推步句股割圜立觀象授時一題統之，以古今州國都邑山川地名立體國經野一題統之，竝入嘉禮，事屬旁涉，非五禮所應該，不免有炫博之意」。失之彰彰者，固墻有明徵。即就書中各門而論，有編次未當者，有立名未洽者，有參之體例不合者，有準之《凡例》宜省者。軍禮於次第四，凡事涉行軍者咸隸焉，而軍社仍隸社稷門。且軍禮有祭所過山川一題，不列四望山川門以例軍社，殊未畫

一。祈穀門「《春秋》書魯祈穀郊」，禘祫門「魯禘祫」，大雩門「魯大雩」，四望山川門「魯望」，魯特周時一侯國，不宜別為標名。如依《春秋》例，記魯事異於列邦，則《春秋》自是魯史，所謂別內外者，於體宜然。此書以禮為綱，別繫魯稱，嫌於自為一朝。「魯祈穀郊」、「魯禘祫」何妨即入經傳祈穀郊與經傳禘祫中，「魯大雩」亦可隨事分坿常雩或因旱而雩條，魯望不必別於列國望，庶於全書立名之例相稱。體國經野門以《虞書》「肇十有二州」居首，下迄《明史・地理志》，與吉、嘉諸禮先經後史之例咸符。然水利亦度地急務，遷《史・河渠》、班《書・溝洫》，煌煌當代典章。攷封禪門，馬第伯記封禪事略，尚見徵引，況各史志，若《禮儀》、《律曆》，大都備錄全文，獨於馬、班鉅製，西京水利，轉復見遺，疏漏之失不待言，抑亦自違其體例者也。《凡例》於《讀禮通攷》惜其於吉、嘉、賓、軍四禮未就，因其體例，分輯四禮為若干門。凶禮之荒喪，專補徐所未逮，隱然以所撰與徐書相表裏。然徐於經史諸言喪葬，採集頗詳且盡，《五禮通攷》喪禮門之儀禮喪服年月衣冠已概見於徐書，似當從並省之例，略舉數端，失又如此。非敢有意求索，第就所分各門論之，亦見小疵之無傷大體也。若夫上溯《十三經》，廣徵《廿二史》，元元本本，洵為禮家正宗，以視空言議禮者，所得不已多哉？

卷八終

青學齋集卷九

新陽汪之昌

齊侯來獻戎捷解

　　《春秋》為聖人手定之經，事事徵實，解經者不明句讀，本兩事而誤合為一，說不可通，穿鑿傅會，以掩其陋。然有顯而易見者。如郭公誤合諸赤歸於曹語屬不辭本經亦無此書法一覽可知。有似是實非者。「齊侯來獻戎捷」，其句法與「齊人來歸衛俘」合，其事又與「楚人使宜申來獻捷」正同，故《三傳》無異文，一若齊侯親至魯國而行獻捷之禮者。《穀梁》以戎為菽，誼雖本於《爾雅》，尤為望文生義。案：齊魯壤地毗連，齊世強於魯，自隱至莊，齊君從未一來朝獻，況時值齊桓霸主哉！唐趙氏知《三傳》之失，祇以「侯」為「人」字之訛，是但知詞義之未允，而不知讀法之先誤。竊謂「齊侯來」句絕，「獻戎捷」自為一句。蓋齊侯適至魯，魯自獻戎捷，事本兩事，句分兩句，經誼了然。或謂齊侯誠不自獻捷來，又奚為者？案：隱元年書「祭伯來」，桓五年書「齊侯、鄭伯如紀」，桓六年書「寔來」，說者謂即如曹之州公，〔註1〕當時諸侯非朝非會，容有互相來往，或諮謀國是，或因故假道。則此之齊侯來，亦何足異？或謂春秋時，魯戰勝攻取，不一其事，未嘗一書獻捷；且是年戎魯未聞侵伐，何見為魯自獻捷？案：三代首嚴蠻夷猾夏之防，即如《魯頌》歌泳魯僖武功，泮宮獨獻淮夷俘馘，而於本經所書，若「敗邾師」、「獲莒挐」概未之及。同一克敵，誠有如傳所云蠻夷戎狄侵敗王略，伐之，則有獻捷禮文；其同異姓

〔註1〕《春秋·桓五年》：「冬，州公如曹。」《左傳》：「冬，淳于公如曹。度其國危，遂不復。」

諸邦伐之，不過告事者。〔註2〕據經傳以相證，則戎捷書獻固宜。攷莊十八年夏，「公追戎於濟西」；二十六年，「公伐戎。夏，公至自伐戎。」莊公世，戎為魯患可知。又三十年冬，「公及齊侯遇於魯濟。」《左氏傳》謂為「謀山戎」。逾年即書「獻捷」。安知非謀定而動，師出有功？不先書敗戎師者，猶追戎之役，不書戎之來伐。彼以書「追戎」者，見其有備；此以「獻戎捷」者，要其成功也。古獻捷禮不可攷。然《左氏》述晉獻捷於周，使鞏朔；鄭獻捷於晉，使子產；諸侯於天王、屬國於伯主，國君猶不自行，況在鄰邦！《三傳》所云，臆造顯然。與其以「獻捷」屬諸「齊侯」，支離以釋經，何如斷為兩事，誼自明瞭也。故曰解經當先分句讀。

　　前夜夢讀說經書，援引精博，甚慰夙心，醒後僅記「齊侯來獻戎捷」一條宜作兩句讀，力指《三傳》之誣。晴窗晝長，夢痕回憶，衍成此篇，見者得毋哂其囈語耶！乙卯閏月十日自記。　　玉縉謹案：先生說經，實事求是，具有家法，亦有不襲舊訓者。如《鬼方攷》、《達巷攷》，先生既自明之矣。此篇以「齊侯來」為一事，「獻戎捷」為一事，刳解亦塙解。而捨《三傳》以言《春秋》，漢學家所不許，遂託之於夢耳。

齊桓侵蔡論

　　齊桓霸業，莫盛於召陵之伐楚。原其進師得直達於陘者，則以先有以制蔡，審地形而出不意，於以見齊桓之老於兵謀也。自來行師敵國者，輕率進兵，不先處於不可勝之地，往往為敵所乘，欲前而敵扼其吭，欲後而敵躡其踵，進退失據，幸免於僨軍卒鮮。攷蔡國，今河南汝寧府上蔡縣西南。楚自丹陽遷郢，橫恣江漢間，逮滅申、鄧諸國，浸及南陽汝寧之地，則蔡固楚之門戶矣。就《春秋傳》所記言之，楚以蔡侯而滅息如指掌，挾蔡以臨宋而宋且為之獵於孟諸。厥後定四年召陵之役，晉合十八國之師以侵楚，卒以辭蔡侯，而於楚無毫髮損，吳得蔡而奏入郢之功。觀此，則楚之北向與諸夏抗衡，實由蔡之甘心服屬。然則欲為攘楚計，不得不先為制蔡計。蔡而翻然變計，踰江、黃而請盟，不特可恃為鄉導，即一旦行軍，資糧扉屨之取給，亦庶幾轉輸無阻。乃蔡姬未絕，而蔡人遽嫁，則藐霸主而無意上國，居心顯然。然驟欲聲罪致討，傳檄諸侯，各

〔註2〕《左傳·成公二年》：「晉侯使鞏朔獻齊捷於周。王弗見，使單襄公辭焉，曰：『蠻夷戎狄，不式王命，淫湎毀常，王命伐之，則有獻捷。王親受而勞之，所以懲不敬、勸有功也。兄弟甥舅，侵敗王略，王命伐之，告事而已，不獻其功，所以敬親暱、禁淫慝也。』」

以師會蔡地，蔡必預籌布置。或自量勢力不敵，必且乞救於楚，以樹外援。即謂楚軍未必能支諸侯之眾，然安知不乘間蹈虛，如新密之役，圍許以為救鄭地，多方旁撓，亦意中事。惟為無鍾鼓之侵，以諸國之師加區區之蔡，乘其不備，所向披靡，有不難操券者。據潰蔡之先聲，傳聞楚國，亦且震攝於當日兵威，未敢抗我顏行。楚既失蔡以為之屏蔽，蔡亦不敢為楚以為我後患，鼓行直前，陳兵於方城漢水，所謂見可而進，知難而退者，其權固操諸我，而餘裕非善用兵者不足以與於斯。吾故曰齊桓之服楚，在先侵以制蔡。

楚滅弦論

《春秋》僖五年經：「楚人滅弦。」《左傳》謂弦與江、黃、道、柏為姻，諸國方睦於齊，弦恃為援而不事楚，又不設備，而遂滅於楚。〔註3〕嗟乎！是時楚已駸駸日強，遠則抗衡中國，近則翦屠旁近諸國，所謂漢陽諸姬，楚實盡之者。彈丸如弦，斯即日事補城郭，蒐甲兵，曾何足當其一啖！觀於若鄧、若息，儼然侯爵，分地既倍於弦，國勢宜大於弦，先後見滅於楚，傳有明文。其餘若貳軫、若鄖絞，桓世以後，傳不再見，亦已消歸烏有矣。攷《水經注》：「巴水南流，注於江，謂之巴口。又東逕軑縣故城南，故弦國也。」《方輿紀要》：「軑縣城在黃州府蘄水西北四十里，故弦子國。弦城在光州西南。」《漢書·地理志》：「南郡江陵，故楚郢都。」是弦距楚咫尺間，不若黃之尚有九百里也。僖十二年《傳》：「黃人謂：自郢及我九百里。」差遠於弦，尚卒併吞。區區之弦，所謂委肉當餓虎之蹊，事勢正同。蓋周室東遷後，號令不能及遠，上無天子，下無方伯，中國諸侯不免日尋干戈，況裔夷之自相攻伐，付之不見不聞可已。吾觀春秋之世，滅國固習為常事，而滅人之國具見經或傳，獨惟楚尤多。而魯莊世，楚之橫行書於經者，曰「荊入蔡」耳，曰「荊伐鄭」耳。即敗蔡師於莘，亦止曰「以蔡侯獻舞歸」，未敢公然滅其國也。楚滅國而書於經，實自弦始。顧是時齊桓霸業正盛，貫澤之盟、陽谷之會，弦所恃之江、黃兩國咸與，聲勢之赫烜怗彼南方，楚當亦聞風不敢動。僖四年，召陵盟師，齊桓不務德而勤遠略，楚已具知，故逾年隨滅與齊睦之江、黃、道、柏之姻之弦。據赴告則書之例，則滅弦之役儼然赴告於上國，非若前此之恐為人知，猶為掩耳盜鈴地者。然則楚之滅國，於經則以弦為始。齊桓霸業之衰，即於楚之滅弦始。

〔註3〕《左傳·僖公五年》：「楚鬭穀於菟滅弦，弦子奔黃。於是江、黃、道、柏方睦於齊，皆弦姻也。弦子恃之而不事楚，又不設備，故亡。」

而齊桓之見輕於楚，則以召陵一役，集諸侯之師，以一盟畢事。彼之觀釁而動者即此，隱料其無能為，姑嘗試於所求，而此猶其漸焉。嗟乎！一匡九合之齊桓，用師進退，一或不慎，欲以服荊蠻之心，轉以速荊蠻之寇。若弦者，既當其地，適逢其會，滅之者雖為楚人，速之亡未始不由齊桓矣。齊桓於蔡邱之會，《公羊傳》謂其「震而矜之」〔註4〕，以為莫若我。夫霸圖以攘夷字小為事，今則夷未能攘者，小亦不能字。讀《春秋》至「楚人滅弦」，弦之滅不足惜，正不得不為霸主惜已！

晉重耳適諸國論

晉重耳出亡十九年，歷狄、衛、齊、曹、鄭、楚、秦八國，《左氏傳》記之綦詳。顧震滄以為藏形匿影，擇大國之足以庇護者依倚之。〔註5〕淺之乎測重耳矣！《國語》：「郭偃聞國人之誦，而曰：『公子重耳其入乎！其魄兆於民矣。』秦公子縶言：『公子重耳之仁莫不知。』」重耳之賢名播聞，雖流離在外，而晉之臣民久已屬望。晉獻公之甫卒也，秦穆公即欲納重耳主晉國，具見《外傳》及《檀弓》。重耳力辭。重耳之得有晉國，夫人知之特重耳。雅不顧乘危以速濟，其志固不止得晉國而已者。至於嬴夷吾之中傷，寺人披渭濱之役，非若異日呂郤焚宮，披先以告也，曾無毫髮傷，所謂「天之所與，誰能廢之」，不特重耳之屬黨信之，當亦晉之上下共識之。且重耳果兢兢以人謀己為防，得一害所不及之處，何不可以容身，奚取於展轉列國者為？嘗就所適諸國觀之，大抵反國後或與同盟以拒

〔註4〕僖公九年。
〔註5〕（清）顧棟高《春秋大事表》卷四《晉公子重耳適諸國論》：
《左氏》敘事，其藏針不露處，要使人統前後傳而得之。向嘗疑重耳遊歷遍天下，而其返國也卒由秦，則當其處狄十二年而行也，何不徑之秦以求入，而必過衛適齊？及其之鄭也，又何不入秦，而必迂道之楚？楚為蠻夷之國，重耳豈不知其不可倚仗？而當日之所以為此者，蓋其事勢實有所萬不得已也。夫重耳有賢名，且多得士，夷吾以弟越次而代立，其君臣之欲甘心於重耳，非一日矣。此時為重耳者，藏形匿影，側足無所，幸有齊、狄、秦、楚諸大國，其力足與晉相抗，得庇護公子。餘如鄭、衛諸小邦，則晉令朝下，而夕且縶公子而獻於晉耳。故其如齊也，時當秦歸惠公之明年，秦、晉新協和，未有釁，而齊桓方下士，故且之齊以求庇。逮桓公卒，而孝公內亂，兄弟相爭，諸侯之兵數至，不得不更適他國。其歷曹歷宋歷鄭，特為過客耳。宋方新敗，而曹與鄭皆小國，由鄭入秦，路必由周而道晉殽函之境，晉如寺人披者，以百騎邀之有餘耳。趙衰、狐偃輩慮之密矣。是時楚成方強，恢廓大度，力足以容公子，啟口即云：公子若返晉國，則何以報不穀？蓋送重耳入國之事，楚子已身任之。會子玉有言，而秦穆公來迎公子，乃送公子之秦，秦楚別有間道。

楚，或加以兵而撓楚，則此時之不憚艱險，無非以廣遊歷者規形勝也。統計在狄十二年為最久，則以狄、晉鄰近，晉獻猶在，或冀一悟召歸。逮晉獻亡，而國已有君，遂自齊而宋，而楚，而秦，何莫非當時所推重？衛與曹與鄭，雖道所偶經，鄭為霸國所必爭，曹、衛則楚方藉以圖北方，亦宜預籌取威地。攷於時齊桓霸業成就，招懷東諸侯，方略必有可觀。《傳》言「公子安之」，豈真以二十乘之馬而易四方之志哉？齊桓卒而思繼其盛者，宋襄。洎重耳適宋，而已為成公，知其無能為而適楚。當受饗而論洽兵，明知成霸之尤在制楚，而楚兵事要領，業已目睹而瞭然胸中。當日之稱雄國者，具悉大勢而儲成算。二三弱國之為樞紐者，隱然得操縱之所在。乃自楚而適近晉之秦，安坐而俟返國矣。然則城濮一戰之功，實裕諸歷適八國之時。楚成王稱重耳曰：「險阻艱難，備嘗之矣。民之情偽，盡知之矣。」蓋深識其適諸國非為幸免計，斯真知晉重耳者已。

　　　　此等文字，亦甚平近。錄以示初學，俾知論古止須從本書推求，
　　加以剪裁，自成片段，庶免空衍苛論之病。自記。

漢陽諸姬攷

　　左氏僖二十八年《傳》：「漢陽諸姬，楚實盡之。」《注》：「水北曰陽。姬姓之國在漢北者，楚盡滅之。」《注》但言「姬姓之國」，未嘗分舉國名。案：昭二十八年《傳》：「武王克商，封兄弟之國十有五人，姬姓之國四十人。」可見周初封姬姓之多。定四年《傳》：「周之子孫在漢川者」，是所封姬姓在漢旁者正復不少。僖四年《傳》：「楚國漢水以為池」，是漢為楚境。《春秋大事表》：「楚吞併諸國凡四十二，固不盡國於漢川，且不盡係姬姓。」案：《傳》言「實盡」，不過甚楚之惡。即漢陽，亦不過約指其地，故《注》以「在漢北」概之。然攷此諸姬，其滅於楚，有明載於《左氏傳》者，有《傳》無滅之明文、可決其為楚所滅者。

　　隱十一年，「鄭、息有違言」。《注》〔註6〕：「今河南汝寧府光州息縣西南七里有息城，為息國地。」《疏》：「《世本》：『息國，姬姓。』莊十四年楚滅之。」息在汝寧，雖去漢稍遠，而在漢北則無疑。

　　宣十二年，「使告唐惠侯」〔註7〕。是唐為楚屬國，定五年滅於楚。《〈史

〔註6〕杜預《注》：「息國，汝南新息縣。」
〔註7〕《左傳・宣公十二年》：「晉師右移，上軍未動。工尹齊將右拒卒以逐下軍。楚子使唐狡與蔡鳩居告唐惠侯，曰：(下略)。」

記‧楚世家〉集解》：「杜預曰：『義陽安昌縣東南上唐鄉。』」《正義》：「《括地志》：『上唐鄉，故城在隨州棗陽縣東南百五十里，古之唐國也。』《世本》云：『唐，姬姓之國。』」

桓六年《傳》：「漢東之國隨為大」。《疏》：「隨國，姬姓。哀元年《經》書隨侯。」據此，則隨、唐鄰國，爵姓並同。《爵姓存滅表》以唐為祁姓者，非。

定十四年，「楚公子結、陳公孫佗人帥師滅頓，以頓子牂歸」。案：《漢書‧地理志》汝南郡南頓，注：「故頓，子國，姬姓。」是頓亦諸姬之一矣。

莊十八年，「遷權於那處」。《彙纂》：「今在安陸府荊門州東南。」案：《春秋國都爵姓攷》補聃國於那處。宋本《釋文》「那」又作「𦕞」，乃多反，則聃當為𦕞之訛，是即僖二十四年魯衛毛𦕞之𦕞，為文之昭，姬姓顯然。

《傳》言武之穆有應。《注》：「應國在襄陽城父縣西南。」《〈後漢‧馮異傳〉注》引《注》，作「襄城城父」。昭十九年：「若大城城父。」《注》：「城父，今襄城城父縣。」則應亦為楚有。

而周公之裔有蔣，《注》：「在弋陽期思縣。」《唐書‧宰相世系表》：「周公第三子伯齡封於蔣。」案：文十年，楚有「期思公復遂」。《注》：「今弋陽期思縣。」是蔣以入於楚而名期思。

諸姬之滅雖無可攷，而先後見滅於楚則同。《史記‧陳世家》：「取胡、沈而去。」《索隱》：「《系本》云：『沈，姬姓，在汝南平輿。』」定四年以不會召陵，雖為蔡所滅，而楚靈王時申之會、平王時雞父之戰，幾於無役不與，是亦姬姓之世服於楚者。

凡此諸姬，其去漢雖有遠近，以言漢水之北則近是。然則所謂漢陽諸姬者，就《左傳》攷之，尚可見其大略已。

秦穆襲鄭論

秦穆違蹇叔之忠言，信杞子之詭計，遠襲鄭國，輕挑晉釁，卒致匹馬隻輪無還者，咎由自取，適以為率爾用兵者戒。吾謂此猶未離乎成敗論事之見。秦穆襲鄭之失計不待言，而所以啟秦之覬覦，則鄭亦不得辭其責。秦僻在西戎，自入春秋來，罕與東諸侯交涉。至城濮之戰，晉文一用之以勝楚，猶可謂藉以制彊悍之楚也。再用之以圍鄭，蕞爾鄭國亦若有藉於秦之聲威。吾知秦由是而如有輕量霸國而益啟其窺東夏之圖。即圍鄭之役，鄭用燭之武說秦穆背晉而與秦盟，一似晉不足恃而求庇於秦。秦穆聞越國鄙遠之難，遽與鄭盟，初無得鄭

之心，並使杞子、逢孫、揚孫戍之，則且謀所以保鄭，而惟恐他國之有不利於
鄭，烏有不旋踵而思襲鄭之理？乃鄭無端以北門管鑰付秦戍卒，有所為而為之
歟？抑無所為而為之歟？夫鄭與秦，非若唇齒之相依也，又非有婚姻之舊也。
前年軍於南陵，雖為晉討，非秦本謀。然既與鄭相見以干戈，則亦寇讎矣。幸
燭之武善為說辭，得釋重圍，即日盟而置戍。庸詎知非以戍守為名，隱以伺鄭
國之隙敵？所謂利則進，何盟之有？當日大滅小，彊陵弱，居心設謀，正不獨
嬴秦為然。況秦所遣戍，鄭俾之掌譏察，秦何不可資之為鄉道？有釁不可失，
正在斯時。王天之《春秋世論》：「為孟明、術、丙之謀者，遠襲以奪中國之基，
銳師以撓中國之交，甘茂、魏冉、白起之所動也。」是秦穆此舉，為秦計未可
全謂之非，且鄭亦幸而弦高使遽告耳。否則杞子、逢孫、揚孫等厲兵秣馬，束
載以俟於國之內，孟明、西乞術、白乙丙等率出秦東門、過周北門之師及超乘
之三百乘突攻於外，起蒼猝而合聲勢，恐鄭將岌乎難支。鄭即不終為秦有，鄭
要已為秦滅矣。且亦幸而孟明尚思全師而還，姑滅滑而止耳。設孟明計此行之
業已入險，斷難幸脫，異日濟河焚舟之志即用諸襲鄭之時。兵法有之：陷之死
地而後生，置之亡地而後存。既一戰而滅滑者，夫安見乘勝而不能敗鄭？破敵
旋歸，士氣自倍。晉雖禦師於殽，勝負之數未可知。所惜戍鄭者無謀，而襲鄭
者又不能軍多遺晉禽，適以貽後來口實已。雖然，襲鄭之役在秦穆無解於輕舉
妄動，而啟襲鄭之心者，誰為為之哉？

秦伯使術來聘吳子使札來聘合解

《春秋》文十二年：「秦伯使術來聘。」襄二十九年：「吳子使札來聘。」
案：《春秋經》以正名分為第一義。夷狄小國之君若臣名率從略，亦筆削之定
例。《公羊傳》所謂「秦無大夫」〔註8〕、「吳無君無大夫也」〔註9〕。秦始小
國僻遠，諸夏摒之，比於戎狄。吳受封南蠻，國勢亦正相等，無以自致於中國。
無君無夫，當以斯。曰秦伯、曰吳子、曰術、曰札，則君臣竝見於經矣。《公
羊》以書「秦伯使術」者為賢繆公之能變，書「吳子使札」者為賢季子之讓國。
案：《禮記·經解》篇：「屬辭比事，《春秋》教也。」《注》：「屬，猶合也。」
是說《春秋》者當合比其辭與事而參究予奪之所分。經書秦、吳來聘既同，於

〔註8〕《春秋·文公十二年》：「秦伯使遂來聘。」《公羊傳》：「遂者何？秦大夫也。
秦無大夫，此何以書？賢繆公也。何賢乎繆公？以為能變也。」
〔註9〕《春秋·襄公二十九年》：「吳子使札來聘。」《公羊傳》：「吳無君無大夫，此
何以有君有大夫？賢季子也。何賢乎季子？讓國也。」

秦曰「秦伯」與於吳曰「吳子」無異也，書秦伯之使為術與書吳子之使為札無異也。據《公羊》家義，是書秦伯使術為賢使術者之先君而牽連及之，書吳子使札則又以賢奉使之札。夫經之書法無異，說經者又烏從而知所賢之人有異？據《穀梁》，「秦伯使術來聘」無傳。其解「吳子使札來聘」，謂「吳稱子，善使延陵季子，故進之」。又曰：「身賢，賢也。使賢，亦賢也。延陵季子之賢，尊君也。其名，成尊於上也。」是《穀梁》以經於聘國竝書其君臣，固見奉使者之勝任，而命使者之得人，亦見所謂善則歸君也。然則「秦伯使術」雖無傳，而援「吳子使札」例之，當無異義。且《左氏》備記術再三致玉，襄仲許為君子，竝云：「國無陋矣。」與札之觀樂知人、雍容詞令者，將毋同？揆之《穀梁》「身賢」、「使賢」之義正合。《公羊》家亦知無君無大夫之國，其君與大夫得見於經為賢而進之，而於經之賢秦伯、吳子若術、札者，未知其所在。惟吳子所使之札，則習聞其讓國一事。而使術之秦伯，《秦風·權輿》敍刺其棄賢，春秋令狐之役又復喪師，即術亦未有可稱，遂以賢歸之霸西戎之繆公。何休遂以文十八年經所書之秦伯罃當此傳之繆公，謂「至此卒者，因其賢」，殆誤會十二年傳賢繆公之旨矣。案：經書來聘，為接內通例。若秦若吳，僻陋在夷，入春秋來，與諸夏相接，亦僅而獨於秉禮之魯，先後遣使，以致其慕悅之誠。如術與札，又無愧使四方而不辱君命。合而觀之，錄術與札者，見使者之賢；書秦伯使、吳子使者，見使賢者之賢。《穀梁》所云「身賢」、「使賢」，並括《公羊》、《左氏》之傳而一貫之已。

陸渾之戎解

《春秋左氏·宣三年》經：「楚子伐陸渾之戎。」《穀梁》經作「楚子伐陸渾戎」。《公羊》經作「楚子伐賁渾戎」。《音義》：「賁渾，舊音六，或音賁。」二傳作「陸渾」，是。《公羊》作「賁」，相沿已久。宋賈昌朝《群經音辨》：「賁有七音。賁，飾也，彼義切。賁，交章也，音班，即古『班』字。賁，勇也，音奔，周官有虎賁氏。賁，覆敗也，音奮，《禮》『賁軍之將』。賁，怒氣充實也，音憤，《禮》『廣賁之音』。賁，渾戎也，音陸，《春秋傳》『楚子伐賁渾之戎』。苗賁皇，晉人也，扶雲切。」案：賁從卉聲，在辰類；陸從坴聲，在幽類。音既絕遠，形又不同，萬無通用之理。賈氏殆以《公羊》作「賁渾」，《穀梁》、《左氏》作「陸渾」，準諸三家異文，大率形聲近似而通假者居多，遂臆揣「賁」有「陸」音。近錢氏大昕以「陸」作「賁」為轉寫之譌，本當

為「峹」，即古文「睦」字，從屶，屶讀為六，故「睦」亦有「陸」音。案：
《易》「莧陸」，蜀才本作「莧睦」；《漢唐扶頌》「和睦」作「和陸」；知「睦」
字可假為「陸」。錢氏之說，洵非無據。竊謂其說尚未盡致誤之由。《公羊》
「賁渾」字當為「睿」，隸省作「睿」。昭十七年「賁渾」，宋鄂州官本作「春
渾」，此即顯然明證。「春」與「賁」形近易淆。後人多見「賁」，罕見「春」，
遂徑改為「賁」耳。攷《公羊》家言，其先不箸於竹帛，每以口說相傳授，
容有通假之字。漢時去古未遠，故《公羊》雖今學，而於「睿」字則尚存古
文。當時猶有六音，與《左》、《穀》兩家之作「陸」異其字，不異其音也。
陸渾為瓜州地名，允姓之戎世居焉，故號以陸渾之戎。《左氏·僖二十二年
傳》：「秦晉遷陸渾之戎於伊川。」伊川為周畿內地，仍稱陸渾之戎者，猶姜
氏之戎亦由瓜州遷晉南鄙，仍稱姜戎也。杜元凱謂四嶽之後皆姓姜，又別為
允姓，則合陸渾戎、姜戎為一。全氏祖望以姜戎即陰戎，亦即九州之戎，惟
陸渾別是一種。錢氏大昕據戎子駒支及詹桓伯語，歷辨舊說之非，以傳證傳，
最為明確。夫不知諸戎之種類各別，臆斷而牽合之，何異「陸」、「賁」字不
可通而強指「賁」有「陸」音哉？

楚樂次第與《周頌》不合說

《左傳》：楚莊王以「耆定爾功」為《武》之卒章，以《賚》之「鋪時繹
思，我徂維求」定為《武》之三章，以《桓》之「綏萬邦，屢豐年」為《武》
之六章。〔註10〕杜預《注》：「此三、六之數，與今《詩·頌》篇次不同，蓋楚
樂歌之次第。」劉炫《規過》以其三、其六為楚子引《詩》之次第，非楚子述
《頌》之次第，孔《疏》已辨之。蓋杜以《傳》「卒章」及「其三」、「其六」
之文謂為就樂歌之次第言，《注》原不誤，但見楚子所言之次第不合於《周頌》
之次第，即臆揣為「楚樂歌之次第」，則正不然。楚莊所云「卒章」及「三」、
「六」之數，本依樂章立文。樂章次第與《詩三百篇》本自有合有不合。《儀
禮·鄉飲酒》篇：「乃合樂，《周南》：《關雎》、《葛覃》、《卷耳》，《召南》：《鵲

〔註10〕《左傳·宣公十二年》：
丙辰，楚重至於邲，遂次於衡雍。潘黨曰：「君盍築武軍，而收晉尸以為京觀？
臣聞克敵，必示子孫，以無忘武功。」楚子曰：「非爾所知也。夫文，止戈為
武。武王克商，作《頌》曰：『載戢干戈，載櫜弓矢。我求懿德，肆于時夏，
允王保之。』又作《武》，其卒章曰『耆定爾功』。其三曰：『鋪時繹思，我徂
維求定。』其六曰：『綏萬邦，屢豐年。』」

巢》、《采蘩》、《采蘋》」;《燕禮》:「遂歌鄉樂,《周南》:《關雎》、《葛覃》、《卷耳》,《召南》:《鵲巢》、《采蘩》、《采蘋》。」案:《詩·周南·關雎》、《葛覃》、《卷耳》三篇相次,《召南·鵲巢》、《采蘩》後有《草蟲》篇,次《采蘋》前。《詩譜序疏》亦云:「《儀禮》:『歌《召南》三篇。』」越《草蟲》而取《采蘋》。據《儀禮》,一言「合樂」,一言「歌鄉樂」,則所云《周南》、《召南》各篇,自是樂歌,而《草蟲》、《采蘋》次第顯然與《詩》不同。以例楚莊所引,可知其自繫樂章,《周頌》次第自繫《詩》篇原本次第,從古如是,烏得以篇次不合而遷就其詞於楚樂歌?吾觀春秋時,賦《詩》贈答,錯見於二百四十年傳文中,初不聞異國異詩,況楚即僭王號以自雄,曾未嘗改禮易樂。此之不合於《周頌》,安見為楚別有樂歌也?不然,何不自定樂章,而僅就武王之舊樂移易其次第乎?大抵春秋之世,論教之法不甚通行,時君未必人人誦詩讀書,惟樂章則當燕飲祭祀時有所聞,耳熟焉而能詳,故楚莊所引於樂而不於《詩》。《經學卮言》引《樂記》:「《武》始而北出,再成而滅商,三成而南,四成而南國是疆,五成而分,周公左,召公右,六成復綴以崇。」謂「《武》詩六終,當與舞者六節相應。《武》,始而北出。《賚》,三成而南。《桓》,其六成也。《般》曰:『陟其高山,允猶翕河。』為疆南國之事。《酌》曰:『實維爾公允師。』為美周召之治。六章今《頌》存其五。以《祭統》『舞莫重於武宿夜』,據鄭《注》『皇說當武之再成滅商』」。〔註11〕孔說引據頗確,未敢信為周樂之正次,而樂章、《詩·頌》各自有其次第,不難參觀而知。然則楚莊自謂樂章之次第耳,其與《周頌》不合奚疑焉?

防門廣里解

　　襄十八年《傳》:「齊侯禦諸平陰,塹防門,而守之廣里。」杜元凱《注》:「平陰在濟北盧縣東北,其城南有防有門,於門外作塹,橫行,廣一里。」杜誤以「塹防門而守之」為句,遂以「廣」為廣狹之廣。攷《戰國策》:「蘇代言:『齊有長城鉅防,足以為塞。』」鉅防當即齊侯所塹之防門。《傳》言「塹防門」者,與史遷《秦紀》所謂「塹河旁」句法正是一例。酈善長《水經注》引京相璠曰:「平陰,齊地,在故城西南。南有長城,東至海,西至濟。河道所由,名防門,去平陰三里,齊侯塹防門即此。」酈審於地理,必非無據。且並以「塹

〔註11〕《經學卮言》卷六。(《續修四庫全書》第 173 冊,上海古籍出版社 1996 年版,第 305〜306 頁)。

「防門」為句絕，足證杜讀之誤。司馬彪《續漢書・郡國志》曰：「濟北有光里。」由防門至光里，皆平陰城之所經繞也，故京相璠亦言防門北有光里。齊人言「廣」，音與「光」同。案：《說文》广部：「廣，從广黃聲。」黃部：「黃，從田芡聲。芡，古文光。」《白虎通》：「璜者，橫也。璜之為言光也。」昭二十一年《傳》：「禦諸橫。」《注》：「梁國睢陽縣南有橫亭。」《水經注》：「睢陽縣西南有橫城，世謂之光城。」均可為「廣」與「光」音相同之旁證。則「光里」之為「廣里」決然無疑。《傳》文言「守之廣里」者，與成二年《傳》「予之石窌」、襄二十六年《傳》「敗之圍」、昭七年《傳》「與之萊柞」、十年《傳》「與之夫于」、二十四年《傳》「與之東貲」、哀十七年《傳》「禦之笠澤」句法正同。如以「廣」為深廣，不成句法。明乎防門、廣里為地名，杜《注》之非不辨自明矣。

季蘭尸之解

《左傳》：「濟澤之阿，行潦之蘋藻，寘諸宗室，季蘭尸之，敬也。」〔註12〕杜預《注》：「言取蘋藻於阿澤之中，使服蘭之女而為之主，神猶享之，以其敬也。」《正義》：「此意取《采蘋》之詩也。獨言濟，以濟在魯國。《詩》言『季女』而此言『季蘭』，謂季女服蘭草也。」案：宣三年《傳》曰：「蘭有國香，人服媚之如是。」女之服蘭也。《群經平議》謂：「蘭雖人所服媚，然女不必皆服蘭。且服蘭之女，豈可即謂之蘭乎？」〔註13〕足訂《注疏》望文生訓之非。陸佃說《采蘋》詩，謂大夫妻祭，其蘋藻則使女之季者佩蘭主而奉之，故毛《傳》以季女為微主。然即以毛《傳》論，於時教成將嫁，因為辭廟之祭，自以將嫁女主之，且祭祀主婦設羹，正將嫁時所當習者，未有身臨祭而反使他人為主之理。〔註14〕案：《傳》文全據《采蘋》之詩為文，明非泛語。所云「季蘭」，殆即季女之名或字。且確指其地為濟澤之阿，又可知季蘭母家居近濟水之旁，是季蘭實有其人，非僅一服蘭之少女主奉祭事顯然。近李超孫《詩氏族攷》云：「何楷《詩經世本古義》序：『《采蘋》，美邑姜也。齊讀如字。有齊季女。齊，國名，太公之先所封也。太公本齊後，仍封於齊，當武王為西伯時，以女邑姜妻武王，計其時，太公年已老，則邑姜

〔註12〕襄公二十八年。
〔註13〕卷二十六《春秋左傳二》「季蘭尸之，敬也」條。（第908頁）
〔註14〕陸佃之說，姚炳《詩識名解》卷七《草部・蘋》亦引。

為季女無疑。引《左傳》濟澤以證齊地，季蘭意即邑姜之名。」似非臆測。何說雖未知所本，而讀『有齊』如字。」〔註15〕案：《玉篇》引《詩》作「有虆季女」，蓋《三家詩》。竊謂有莘氏國，《漢書‧古今人表》作「有㜪」，與「齊」作「虀」同。其說濟澤在齊地，《水經注》：「《春秋說題辭》曰：『濟，齊也』」，則濟本以齊為義，較《正義》「濟在魯國」尤為有據。《國語‧周語》：「則我皇妣太姜之姪，伯陵之後，逢公之所憑神也。」韋昭《注》：「伯陵，太姜之祖有逢伯陵也。逢公，伯陵之後，太姜之姪，殷之諸侯，封於齊地。」攷《山海經》「炎帝生器，器生伯陵」，是知伯陵姜姓，炎帝後，而太公其繼焉者。其國與周世為昏姻。太公去齊而歸周，猶伯夷讓孤竹而歸周。厥後分封齊地，蓋仍舊貫。然則以邑姜為有齊之季女，亦非無徵。《春秋傳》例，女之已嫁者，所適之國稱之，繫以母家國號。若宋子、齊姜，或以行次為別。若仲子、伯姬，其在本國，別自有名見《左傳》者。秦穆之女簡璧，晉惠之女妾至，魯黨氏女孟任，則亦名以生之次第。可證邑姜之本名季蘭，猶太任之先稱摯中也。穆叔舉此詩，見邑姜於教成薄祭猶且肅恭，以將卒以母儀天下，正與伯有廷勞之不敬相反，決其無以承守以此。彼釋以服蘭之女者，不特未達傳意，抑亦蔽詩旨矣。　　玉繩謹案：《平議》云：「蘭疑變之假字。季蘭即《詩》所謂『思變季女』。」似甚易而寔是。

且諺曰解

左氏昭三年《傳》：「則使宅人返之，且諺曰。」杜《注》、孔《疏》無文。釋《左傳》者以「則使」句記晏子反宅事，「且諺曰」以下為晏子反宅之語，即詞章家所謂夾敘夾議也。案：《經傳釋詞》：「『且』字雖云發語詞也，所引《韓

〔註15〕 李超孫《詩氏族攷》卷一《采蘋‧季女》（叢書集成初編本）：
何楷《詩經世本古義》序：「《采蘋》，美邑姜也。古者婦人將嫁，教於宗廟，教成有蘋藻之祭。武王元妃邑姜，教成能修此禮，詩人美之。『齊』讀如字。言『有齊季女』，齊，國名，太公之先所封國也。太公本齊後，仍封於齊，當武王為西伯時，以女邑姜妻武王，計其時，太公年已老，則邑姜之為季女無疑。《左傳‧襄二十八年》：『公過鄭，鄭伯有廷勞於王崖不敬。穆叔曰：敬，民之主也。而棄之，何以承守？濟澤之阿，行潦之蘋藻，實諸宗室，季蘭尸之，敬也。』所謂『季蘭』，意即邑姜之名，不可知。而其言『濟澤之阿』，則尤齊地之證據。讀齊為齋，誤矣。《二南》之詩，為太姒詠者，不一而足。太姜、太任亦再見於《大雅》。邑姜開國聖配，獨無一詩及之乎？」
按：何氏以季蘭即邑姜名，固不可臆定。至謂太公年老，邑姜為季女，齊讀如字，以濟澤之阿，證齊地，似有足據。故存其說。

子‧難二》『且嬰家貧』、《呂覽‧貴信》篇『且二君將改圖』，皆以『且』為發語詞。」然《韓子》先云「晏子再拜而辭曰」，《呂覽》先云「曹劌按劍當兩陛之間曰」，是「且」容為發語之詞，要未有以為發端之者。《〈左傳注疏〉校勘記》：「『出則使宅人返之，且謟曰。』注：『陳樹華曰：朱氏《日鈔》云：且字文義不接，或疑上有闕文。又疑曰字之誤。』」「謟曰」以下皆晏子使宅人返故室詞，是「且」字自是誤文。而《古書疑義舉例》「敘論並行」條：「『則使宅人返之』，《左氏》記事之詞。『且謟曰』以下，晏子之語。中間無『曰』字。猶僖三十三年《傳》『不替孟明下』。《經義述聞》謂脫一『曰』字。案：自《唐石經》以來，各本皆無『曰』字，未可以意增加。蓋古人自有敘論竝行之例。前後皆穆公語，中間著此『不替孟明』四字，並未間以他人之言，『孤違蹇叔』與『孤之罪也』語出一口，讀之自明，原不必加『曰』字。與此《傳》『且謟曰』上無『曰』字同例。」〔註16〕俞氏就行文而論，所舉《史記‧屈原傳》、《趙》、《魏世家》諸篇，皆於敘事中入議論。古人之文無定法，則此《傳》作「且」字原無不可。而以古書言，《經義述聞》：「『且謟曰』本作『曰謟曰』。晏子既使宅人返其故室矣，因謂宅人曰：謟曰云云。上『曰』字仍是記事之詞，自『謟曰』以下方是晏子之語。《初學記》『居處』部、《御覽》『州郡』部三引此，均作『曰謟曰』。且以今本《晏子春秋‧晏子使晉》篇，文與《左傳》同，

〔註16〕俞樾《古書疑義舉例》卷三《三十八 敘論並行例》：
僖三十三年《左傳》：「秦伯素服郊次，鄉師而哭曰：『孤違蹇叔，以辱二三子，孤之罪也。』不替孟明，『孤之過也，大夫何罪？且吾不以一眚掩大德。』」王氏念孫曰：「『不替孟明』下有『曰』字，而今本脫之。『不替孟明』及『曰』字，皆左氏記事之詞。自『孤之過也』下，方是穆公語。上文穆公鄉師而哭，既罪己而不罪人矣，於是不廢孟明而復用之，且謂之曰：『孤之過也，大夫何罪？』若如今本，穆公既以不替孟明為己過，則孟明不可用矣，何以言『大夫何罪』，又言『不以一眚掩大德』乎？」今按：王氏解「不替」句是也，謂今本脫「曰」字非也。自唐《石經》以來，各本皆無「曰」字，未可以意增加。蓋古人自有敘論並行之例。前後皆穆公語，中間著此「不替孟明」四字，並未間以他人之言，「孤違蹇叔」與「孤之罪也」語出一口，讀之自明，原不必加「曰」字也。如昭三年《傳》：「則使宅人反之，且謟曰：『非宅是卜，唯鄰是卜。』二三子先卜鄰矣。」按：「則使宅人反之」，左氏記事之辭；「且謟曰」以下，晏子之語，中間無「曰」字，即其例矣。
《史記‧屈原傳》，敘事中間以議論，論者以為變體。愚按：《趙世家》云：「以至父子俱死，為天下笑，豈不悲乎？」《魏世家》云：「惠王之所以身不死國不分者，二家謀不和也。若從一家之謀，魏必分矣。故曰：『君終無適子，其國可破也。』」皆於敘事中議論，古人之文無定法也。

『且諺曰』三字亦同。此後人取誤本《左傳》竄入者。」〔註17〕據元刻本及沈
啟南本作「晏子對曰：先人有言曰：『毋卜其居而卜其鄰舍』」。彼之「毋卜其
居而卜其鄰舍」，即此之「非宅是卜，唯鄰是卜」。彼之「先人有言曰」即此之
「諺曰」。彼之「晏子對曰」，於此當為「曰」字。據此，不獨《初學記》及《御
覽》作「曰諺曰」有明文，即《晏子春秋》亦可旁證傳文之為「曰」而非「且」
矣。且《唐石經》雖作「且」，而陸氏作《釋文》所據之本自是「曰」字。《釋
文》於昭三年《傳》出「諺曰音彥」，與昭十九年、定十四年《傳》出「諺曰
音彥」同。隱十一年《傳》出「周諺」，《禮記·大學》篇出「故諺」，以例此
《傳》，如為「且諺曰」，當依「周諺」、「故諺」出「且諺」字。昭十九年、定
十四年《傳》本是「諺曰」句，故《釋文》亦出「諺曰」。此傳「諺曰」上是
「曰」字，自為一句，別無「且」字，故亦如昭十九年、定十四年《傳》出「諺
曰」，此又參觀而可見者。抑亦唐初《左傳》尚無作「且諺」之本哉？

小別大別攷

　　《左傳》：「乃濟漢而陳，自小別至於大別。」杜《注》：「《禹貢》：漢水至
大別南入江。」然則此二別在江夏界。孔《疏》據《書傳》，謂「大別在江北，
小別當在大別之東。『子常從小別與吳戰，退而至大別，明其自東而漸西。』土
地名小別、大別，皆闕，不知所在。或曰大別在安禮縣西南。《傳》先言『夾漢』，
後云『濟反而陳』，然則二別近漢之名，無緣在安禮也」。是《注》與《疏》於
二別均未徵實。《疏》雖不信大別在安禮之說，亦未能確定所在。《元和郡縣志》：
「魯山，一名大別山，在沔州漢陽縣東北一百步。小別山在漢川縣東南五十里。」
《漢陽府志》：「小別山，一名甑山，在漢川縣東南十里。」攷《水經注》言「江
水東逕魯山南，《地說》所謂『漢與江合於衡北翼，際山旁者』」，亦不言是大別。

〔註17〕王引之《經義述聞》弟十九《春秋左傳下·且諺曰》（上海古籍出版社 2018 年
　　版，第 1095～1096 頁）：
　　　「則使宅人反之，且諺曰：非宅是卜，唯鄰是卜。二三子先卜鄰矣，違卜不
　　　祥。」家大人曰：「『且諺曰』本作『曰諺曰』。晏子既使宅人返其故室矣，因
　　　謂宅人曰：『諺曰：非宅是卜，唯鄰是卜』云云。上『曰』字仍是記事之詞，
　　　自『諺曰』以下方是晏子之語。若作『且諺曰』，則與上文不相承矣。自《唐
　　　石經》上『曰』字誤作『且』，而各本皆從之。《初學記·居處部》、《太平御覽·
　　　州郡部三》引此並作『曰諺曰』。」今本《晏子春秋·雜篇》有晏子使晉一篇，文與《左
　　　傳》同，「且諺曰」三字亦同。此後人取誤本《左傳》竄入者，非《晏子》原文。其原文見元刻本
　　　及明沈啟南本，與《左傳》事同而文異。《左傳》之諺曰「非宅是卜，唯鄰是卜」，彼文作「先人
　　　有言曰：毋卜其居而卜其鄰舍」。餘見《群書拾補》。

據《元和志》所云「前枕蜀江，北帶漢水」，則今魯山實在漢岸之西，與《傳》「濟漢而陳，自小別至於大別」之說不合。蓋楚濟漢東，則大別當在漢之東岸。與其以後人臆說釋古地，不如上據經文，參諸本傳紀事之文為可信也。

《禹貢》：「導嶓冢至於荆山內，方至於大別。」是大別明見《禹貢》，為禹時導漢所經。漢水自潛江縣以下始分二道入江，則大別自當在潛江以上，當漢水之東北。《地說》云：「漢水東行，觸大別之陂，南回入江。」可見漢水在大別之西，大別在漢水之東。蓋山勢至此而盡，漢水至此而分，又距內方山不遠。今天門縣城東南有大別山，土名大月山，其西有二小山，小別當在其中。若漢陽之翼際山在漢西，則東行之漢水何由觸陂南回？且子常之師自郢西來，已濟東岸，與大別山隔水，安得反依西岸之山？況吳師捨舟淮汭，自豫章與楚夾漢，是吳師不由江而由淮，自息縣登岸，逾義陽三關，義陽三關，即《傳》之大隧、直轅、冥阨，在信陽州之南應山之北。自淮至漢，行山谷中二百餘里，必次第歷三關，方出城口。至安陸漢水東岸，而楚師自郢東出禦之，則當先在荊門州地，與吳師夾漢，故司馬戌欲子常阻水勿戰，而自悉方城外兵，往焚其淮上之舟，並塞三關諸險，斷其歸路，而後夾攻以敗之。魏源《書古微》謂「若如今之大別南瀕大江，揆之《禹貢》『南入東匯』之文不可通」。吾謂就柏舉之戰論之，吳師已距淮千里，安用焚舟塞隧之迂圖？然則小別在大別之西，大別在漢水之東，參觀《傳》所敘戰事戰地，不具有可攷哉？

棠邑攷

春秋時列國地之名棠者：隱五年《經》：「公矢魚於棠」，此棠自為魯地；襄二十五年《傳》：「齊棠公」，《注》：「齊棠邑大夫」，是齊有棠邑，據六年《傳》「棠人」，《注》：「棠，萊邑」，蓋齊滅萊而有之，則齊亦有棠邑；十四年《傳》：「楚子囊師於棠，以伐吳」，《地理攷實》引《匯纂》「棠，楚地」，《寰宇記》「六合，古棠邑，晉立棠邑郡」，是楚之棠邑，至晉猶本以名郡，較魯、齊之棠為尤著。

吾謂非晉沿用楚邑以名郡，乃楚棠邑所在，晉以前固無異名也。就《寰宇記》攷之，揚州六合縣本楚棠邑，春秋時伍尚為棠邑大夫，即此地。秦滅楚，以棠邑為縣，漢不改，封陳嬰為棠邑侯，即此。《輿地紀勝·真州·六合縣》〔註18〕：「漢封陳嬰為棠邑侯，《西漢·志》臨淮郡有棠邑，《東漢·志》廣陵郡有棠邑，

〔註18〕見王象之《輿地紀勝》卷三十八《真州·六合縣》。

春秋時曰堂」，可見自秦及漢，棠邑無改楚舊。案《廣韻・十一唐・堂》：「《風俗通》：『楚邑大夫五尚為之。』」五尚即伍尚，又即棠君尚。據《風俗通》，則楚棠邑亦作堂邑，與《續漢・志》「春秋時曰堂」之文正合。說者謂《詩・秦風》「有紀有堂」，《白帖》五引作「有杞有棠」，足證古棠、堂字可通用。「棠邑」之作「堂邑」，當與同例。

　　案：《史記・刺客列傳》：「專諸者，吳堂邑人也。」《索隱》：「《地理志》：臨淮有堂邑縣。」而《吳泰伯世家》，《索隱》：「專諸，棠邑人。」「堂」、「棠」雖互異，其為《春秋傳》之楚之棠邑無疑。《史記》乃繫之於吳，一似吳別自有堂邑，或楚棠邑更屬於吳。攷《春秋大事・楚國都邑表》「棠」，引《寰宇記》云：「今為江南江寧府六合縣。」《列國地形犬牙相錯表》，江寧府全境皆吳地，惟六合縣屬楚，與吳分界，為戰爭地，是楚棠邑正與吳接壤處。案：《春秋》昭二十年《傳》詳載楚誅伍尚事，《傳》末坿伍員見鱄設諸於公子光，於時尚為棠邑大夫，本楚臣，故惟楚王之命。厥後吳、楚雖屢交兵，本傳具詳，未見有伐取棠邑之文。是棠邑在春秋時始終屬楚，不嫌稱吳者。據昭二十年《傳》所云「退耕於鄙」，則專諸所處，自在吳之邊鄙，而棠邑雖為楚地，尤密邇於吳。專諸適居其間，於吳地已極邊遠。就地望言，則固棠邑之餘壤。

　　案：《公羊》襄十九年《傳》：「其言自溴水何？以溴為竟也。」《左傳》孔《疏》謂：「言邾、魯以溴水為竟。」棠邑於吳、楚將毋同？史公以吳堂邑立文殆以斯。然則字作「堂邑」，實與「棠邑」無異地。以今地言，在江寧府六合縣北，有堂邑故城，確有可攷。在春秋時，則固楚地之鬥入吳境者，而非齊魯之棠近接國都者比已。

武城攷

　　武城名邑，據《左氏傳》晉、楚與魯無異文。僖六年《傳》：「以見楚子於武城。」《注》：「楚地，在南陽宛縣北。」文八年，「秦人伐晉，取武城」，杜雖無注，而為晉邑可知。襄十九年《經》：「城武城。」《注》：「泰山南武城。」魯之武城，並見《論語》、《孟子》，較晉、楚武城為著，與晉、楚武城為二。據《日知錄》，則魯武城誠非楚武城，而魯要自有兩武城。《史記・仲尼弟子傳》：「曾參，南武城人。澹臺滅明，武城人。」同一武城，而曾子獨加「南」字。南武城故在今費縣西南八十里石門山下。《正義》曰：「《地理志》：『定襄有武城，清河有武城』，故此云南武城。」歷引《漢書》東海郡之南成縣，《後漢書》泰山郡之南城，至晉始為南武城。宋程大昌《澹臺祠友教堂記》：「左馮翊、泰山、清河、定襄，

縣之以武城名者凡四。清河特曰東武城者，以與定襄皆隸趙，定襄在西故也。若子游所宰，其實魯邑，而東武城者魯之北也，故漢儒又加南以別之。」並據《水經注》、《孟子》以及《潛夫論》所稱武城，皆當在費，而為南武城之證。是《經》、《傳》所稱武城，莫非南武城，而魯自別有一武城。《論語後錄》〔註19〕：「武城與南武城俱以武水得名。《左傳》『城武城』，為懼齊故。然則武城近齊之邑也。《地理志》言南成，《郡國志》言南城，成與城同。不言武者，漢代郡縣名之省。」亦以南成、南城皆即南武城之省文，而南武城要非即目以武水命名之武城。《四書釋地》〔註20〕：「南武城，魯邊邑，在今費縣西南八十里石門山下。吳未滅，與吳鄰；吳既滅，與越鄰。」據此則南武城者，近齊而又近吳之邑也。案：謂「與吳鄰」者，據哀八年《傳》：「吳伐我，子泄率，故道險，從武城。初，武城人或有因於吳竟田焉」，足證地與吳接壤。其謂「吳滅而與越鄰」者，則據《孟子·離婁下篇》「曾子居武城，有越寇」而言，確有所本。而趙佑氏《溫故錄》〔註21〕

〔註19〕 見（清）錢坫《論語後錄》卷二。
〔註20〕 （清）閻若璩《四書釋地》一《武城》。
〔註21〕 （清）趙佑《四書溫故錄·曾子居武城》：
《仲尼弟子列傳》：「曾參，南武城人。澹臺滅明，武城人。」同言武城，而上獨別之以南，明是兩地。《索隱》曰：「武城屬魯，當時魯更有北武城，故言南也。」《正義》則引「《括地志》：『南武城在兗州，即子游為宰者。』《地理志》云：『定襄有武城，清河有武城』，故此云南武城」。其於下武城亦引《括地志》，云在兗州，則以曾子與澹臺滅明同一武城人。若太史公之無端衍一南字於上，定襄、清河皆與魯地無涉，而預為後置郡縣作分別，又非史體。《山東考古錄》乃獨以《正義》為近是，因斥後人疑魯有兩武城，而謂子羽為今費縣之武城，曾子則別一武城，在今嘉祥縣之說，全無所本。考於《左氏》襄公十九年、昭二十三年，哀八年、十一年間之言武城者，與《孟子》曾子居武城之文，並引《齊乘》「古武城，費西滕東兩縣之間，子游絃歌舊邑」，斷澹臺滅明之武城即南武城，而魯無兩武城，持辨甚強。《四書釋地》則亦以曾子居武城即南武城，在今費縣西南八十里石門山下，吳未滅，與吳隣，吳既滅，與越隣。《史記》加南者，別於魯之北有東武城也，明曾子之為費邑人也。是又以魯原有兩武城，而其與顧氏同主費縣，仍是曾子、澹臺同一子游所宰之武城也。夫別於魯之北有東武城者，即《索隱》所謂魯更有北武城者也。今之費縣正在曲阜東北，安得言南？安得更有所謂魯之北稱東武城者以實之而別之？閻氏更鑿空而自矛盾也。蓋曾子居武城，自即今費縣之武城，為子游、子羽邑，而非即南武城為曾子本邑者。若其本邑也，則家室在焉，坵墓在焉，即云為師，亦黨庠里塾之常，所謂鄉先生是已。一旦寇難之來，方將效死，徒無出鄉相守望扶持之義，而徒以捨去鳴高，豈繫人情？嘉祥今於曲阜為西南，與鉅野縣皆古大野地，曾子祠墓存焉。質諸傳記，或離或合，要於魯有兩武城。武城地險多事，故見經屢。南武城沒不見經，而曾子自為南武城人，非武城人，其不得以兩武城同一子游所宰之邑，則較然矣。

以《史記》曾參南武城人，澹臺滅明武城人，同言武城，而上獨別之以南，明是兩地。曾子居武城，自即今費縣之武城，為子游、子羽邑，而非即南武城為曾子本邑者。若其本邑，則家室邱墓俱在，即云為師，亦黨庠里塾之常，所謂「鄉先生」。是一旦寇難，方將效死，徙無出鄉，相守望扶持之義。而徒以捨去鳴高，豈繫人情？以曾子居武城，當在今嘉祥縣。《孟子正義》〔註22〕：「嘉祥縣有南武山，上有阿城，亦名南武城。後人目南武山之城，坿會曾子所居，大謬。」《春秋大事表·列國地名考異》引程啟生說，襄十九年《經》所書武城，在濟寧州嘉祥縣界。昭二十三年《傳》：「邾人城翼，還自離姑，武城人塞其前」，與哀八年《傳》所云武城，乃費縣之武城。費縣乃魯與邾、吳相接界，非所當備齊之處。並申之云：「余嘗至嘉祥縣，有絃歌臺。此地與齊界相接，去費縣尚遠，啟生謂『非所當備齊處』是也。」案：如顧說，則昭二十三年、哀八年兩《傳》之武城為一地。孟子所云「嘗有越寇」者，亦即此。見於襄十九年《經》之武城，與《論語》所紀之武城，又是一地。一近吳，一近齊，地望判然。考哀八年，「吳伐我，從武城」之役，《傳》云：「王犯為之宰，澹臺子羽之父好焉。國人俱。」是滅明為近吳之武城人，《左氏傳》具有明文。夫子問子游以得人，當就所宰地言之，故子游即以有滅明對。安得強分子游所宰乃近齊之武城，決非滅明所居近吳之武城耶？夫以晉、楚之武城相例，誠未敢謂魯必無二武城。而諸家之說魯武城者，於費縣則毫無異詞，在嘉祥者未能確指所在。且原其創為二武城之說，不過因《史記》南武城之文，解者謂清河有東武城，故加南以別之。自據漢人之稱，初非經傳之舊，何可以斷魯邦屬邑哉！

晉絳辨

杜征南注《左傳》，論者謂於地理較長，然亦不無有失檢處。莊二十六年，「士蒍城絳，以深其宮」。《注》：「絳，晉所都，今平陽絳邑縣。」成六年，「晉遷於新田」。《注》：「平陽絳邑縣是。」案：杜謂晉遷新田，覆命新田為絳，據此則絳之名雖同，而晉景所遷之絳，非復士蒍所城之絳。地既異處，不得概以平陽絳邑縣當之。

《春秋地理攷實》於新田引閻若璩曰：「余親往其地，土人呼王官城，距故晉城五十里。杜氏於莊二十六年『城絳』及此年『新田』皆注云『平陽絳邑』，豈竟為一地乎？果為一地，不應將遷新田之時，名獻公所居曰故絳。」此說是。

〔註22〕 見（清）焦循《孟子正義》卷十七。

今攷晉之絳縣，其故城在今曲沃縣南。昭八年杜《注》：「厤祁官在絳西四十里，臨汾水。」今厤祁在曲沃縣西，則新田在晉時之絳邑，此年注本不誤，誤在莊二十六年之注。

然則平陽絳邑縣，自是新田改名之絳。所謂故絳之絳，杜尚未審所在。案：《漢書·地理志》河東郡絳縣注：「縣西有絳邑城，即翼也。」《水經·澮水注》：「案：《詩譜》言晉穆侯遷都於絳，暨孫孝侯，改絳為翼，翼為晉之舊都也。後獻公北廣其城方二里，又命之為絳。故司馬遷《史記年表》稱『獻公九年，始城絳都』。《左傳》莊二十六年」云云。據《水經注》引《詩譜》文，則晉舊都之絳，孝侯嘗改名翼，而獻公覆命為絳，其稱故者或以斯。且可斷其在翼城，當今在山西平陽翼城縣東南十五里。《括地志》、《元和郡縣志》所云在曲沃縣南者，即新田邑，當今絳州之北、平陽府太平縣之南二十五里皆其地。

是《左傳》士蒍所城之絳，與晉景所遷之絳，實異地而同名。就諸家之說而證以今地，杜《注》之誤不較然辨哉！

楚郢辨〔註23〕

郢為楚都，具見《春秋傳》。《說文》：「郢，故楚都，在南郡江陵北十里。」杜《注》：「楚國，今南郡江陵縣北紀南城也」，與《說文》合。

案：《漢書·地理志》「江陵」：「故楚郢都。楚武王自丹陽徙此。後九世，平王城之。後十世，秦拔我郢，徙陳。」又「郊」：「楚別邑故郢。」似楚都之外自有郢邑。然《志》明言平王所城，即武王所徙，則故楚郢都，自在漢之江陵，杜《注》所謂「紀南城」者。別邑之郢，段玉裁〔註24〕、錢坫〔註25〕謂即桓十一年《傳》之郊郢無疑。《〈續漢·郡國志〉注》引《荊州記》：「縣北十餘里有紀南城，楚王所都。東南有郢城，子囊所城。」考《左傳》，子囊城郢在

〔註23〕今人姜亮夫有《楚郢都考》，見《楚辭學論文集》。
〔註24〕段玉裁《說文解字注》卷六篇下《郢》：
  按：楚有二郢，所都曰郢，別邑曰郊郢。《左傳》：「鬬廉曰：『君次於郊郢，以御四邑。』」杜曰：「郊郢，楚地，此必非郢都也。」故《前志》曰江陵縣，「故楚郢都」；又曰郢縣，「楚別邑故郢」；劃然二縣。「故郢」二字正「故郊郢」之奪誤也。許君於他邑不言距今縣方向里數，獨此云「在南郡江陵北十里」，詳之者以見非漢郢縣之郢也。《水經注》：「江水又東，徑江陵縣故城南，謂楚都也。又東徑郢城，南子囊遺言所城。可知也，謂楚別邑也。」
〔註25〕錢坫《新斠注地理志》卷五注「郢：楚別邑故郢」
  《春秋傳》「次於郊郢」，疑即此也。今安陸府鍾祥縣地。

平王時，班《志》故屬之平王。據此，則所云郢者非楚都，楚都當為紀南城。《通典》：「江陵縣界有故郢城，又有紀南城。」《括地志》：「紀南城在江陵縣北五十里，郢城在江陵縣東北六里。」亦以紀南與郢異地。揆諸班、許「故楚都」之文不合。

或謂《水經·江水篇》：「又東徑江陵縣故城南」，《注》：「故楚也。子革曰：『我先君僻處荊山，以供王事，遂遷紀郢。』今城，楚船官地也，《春秋》之渚官矣。」「江水又東徑郢城南」，《注》：「子囊遺言所築城也。《地理志》：『楚別邑，故郢矣』」，似亦謂子囊所築為楚別邑。

吾謂酈氏此文，殆誤以《漢志》別邑之郢為故都之郢耳，固未嘗變易其地也。觀於《河水篇》：「江陵西北有紀南城」，《注》云：「江陵西北有紀南城，楚文王自丹陽徙此，平王城之，班固言楚之郢都也」，可證酈《注》與班《志》並無異義，然則楚都本單稱郢。《大事表》：「今為湖廣荊州府治江陵縣，亦稱紀郢者。」《方輿紀要》：「紀山在今江陵城北四十里」，則以紀山而名紀南之稱，殆亦由此。班《志》所云「故郢」為郊郢，《大事表》今安陸府治鍾祥縣地。其為兩地劃然，正不得以郊郢之非郢，而並分紀南與郢為二地已。

左邱明作《春秋傳》論

自唐啖助、趙匡詆毀《左氏傳》，以《論語》左邱明為古之聞人，如遲任、史佚，《春秋傳》絕非所作，至宋人而揚其餘波，王安石撰《春秋解》，證左氏非邱明十一事。竊謂信唐宋人之說，何如據兩漢人之說也。《經典序錄》本劉向《別錄》，其序《左氏傳》自曾申至賈誼，傳授分明，其為周時古書無疑。《史記·十二諸侯年表序》：「孔子西觀周室，論史記舊聞，次《春秋》。七十子之徒口受傳指，為有所譏刺襃諱挹損之文，不可以書見。魯君子左邱明懼弟子人人異端，各安其意，失其真，因孔子史記具論其語，成《左氏春秋》。」史遷去古未遠，其云《左氏春秋》作自邱明，並言作傳之旨，必從通儒問故而來。《春秋正義》引陳沈文阿云：「漢《嚴氏春秋》引《家語·觀周》篇：『孔子將修《春秋》，與左邱明乘如周，觀書於周史，歸而修《春秋》之經，邱明為之傳，共為表裏。』」考嚴氏為《公羊春秋》之學者，公羊氏、左氏經傳每有異同，其言邱明作傳，與經相表裏，決非阿私所好。且所引《觀周》篇為孔壁所藏《家語》古本，未經王肅刪定者，其敘述修經為傳原委，較劉向《別錄》、司馬《史記》更為有據。而謂《左傳》非邱明作，非瞽說乎？

　　試再以《漢書》證之。《楚元王傳》言「左邱明好惡與聖人同，親見夫子」。此論出自漢廷校中秘書盡見古籍者。《藝文志》：「《左氏傳》三十卷，左邱明，魯太史。」並云：「論本事而作傳，明夫子不以空言說經。」《後漢・鄭興傳》：「晚善《左氏傳》，其子眾傳從父受《左氏春秋》。」《賈逵傳》：「父徽從劉歆受《左氏春秋》。逵傳父業，更為《左氏傳解詁》。」或稱《左氏春秋》，或稱《左氏傳》，亦可見傳為《春秋》作，作傳者為邱明。桓譚《新論》：「《左氏傳》於經，猶衣之表裏，相持而成。經而無傳，使聖人閉門思之，十年不能得也。」則不謂之《春秋傳》，不得矣。服子慎為傳作注，許叔重解字。鄭康成注經時，見援引非以聖門微言大義攸繫哉。或以傳止魯悼四年，去孔子時已遠，作傳者似不得與孔子同時。然卜子夏躬親受業，亦嘗與魏文侯問答。降年有永有不永，何可以臆斷乎？吁！《易》之《繫辭》，宋儒疑之。聖人手訂之《書》、《詩》，元儒疑之。聖人之箸述且然，況其為賢者之傳哉！

《左傳》服虔注逸文賈逵坿

　　凡祀啟蟄而郊。服虔曰：「啟蟄者，謂正月陽氣始達達，發土開蟄，農事始作，故郊祀后稷以配天祈農。」《玉燭寶典》　正月　恒公五年。

　　履端於始。服虔注：「履，踐。端，極也。謂治曆必踐紀，立正於元。始，謂太極上元天統之始。」文公元年。

　　顏高之弓六鈞。服虔注：「三十斤為一鈞。六鈞，百八十斤，是為弓力一石五斗也。」中春　定公元年。

　　龍見而雩。服虔曰：「龍角每謂四月昏，龍星體畢見也。」孟夏　恒公五年。

　　恒星不見夜，中星隕如雨。賈逵曰：「恒星，北斗也。一說南方朱鳥星也。恒星不見夜，明也。」服虔曰：「恒，常也。天官列宿，常見之星也。言夜明甚常見，火星皆不見也。」莊公七年。

　　有星筭於大辰西。服虔注：「有星，彗星也。其形筭筭，故曰筭。」昭公十七年。

　　有淖於前。服虔注：「淖，下澤洿泥也。」仲夏　成公十六年。

　　無以鑄兵。服虔注：「楚金利，故不欲合以鑄兵。」季夏　僖公十八年。

　　故以鑄三鍾。注：「古者以銅為兵。」同上。

　　始殺而嘗。服虔曰：「謂七月陰氣始殺，萬物可嘗。鷹祭鳥，可嘗祭之也。」孟秋　桓公五年。

閉蟄而蒸。服虔曰：「謂十月盛陰在上，物成者眾，故曰蒸。」_{孟冬桓公五}
_{年。}

是良月也，就盈數焉。服虔曰：「數滿曰十，故曰盈數。春秋時，或可周
之。十月既非節候，但取其盈數，故附於此也。」_{孟冬 莊公十六年。}

於是閏三月，非禮也。服虔注：「周三月，夏正月也。是歲距僖公五年辛
亥歲卅年，閏餘十三。正月小雪，閏當在十一月後不數。」_{文公元年。}

送其帑。賈逵注云：「子孫曰帑。」_{正月 文公七年。}

無使滋蔓。服虔曰：「滋，益也。蔓，莚也。謂無使其惡益延長也。」_{《一}
_{切經音義》二 隱公元年。}

服虔曰：「窺謂舉足而視也。」_{《華嚴經音義》一 《經籍纂詁》 桓二年傳今本「而」}
_{下無「覘覦」，本作「窺覦」。}

服虔曰：「鄧曼姓。」_{《〈史記‧楚世家〉集解》。 玉繩案：此當為桓二年注文。}

《春秋》家以《左氏》、《公》、《穀》為三大宗，漢儒獨以古學稱《左氏》。
《經典敘文》敘《左氏傳》云：「荀卿授陽武張蒼，蒼授洛陽賈誼。」逮東漢
時益盛，而賈景伯、服子慎兩家最精。自杜預為《集解》，而諸家之說並亡。
我朝顧亭林氏撰《杜解補正》，學者漸知研求古義。潘鄭庵尚書序臧眉叔氏《春
秋左氏古義》，歷敘本朝為《左氏》學者，凡十餘家。其書或存或否。就余所
見者論，按輯詳備，引申發揮，則李次白氏所箸也。近日本新出殘本《玉燭寶
典》，引服氏注若干條、賈氏注二條，均李書所未錄，爰摘識書眉，並坿他書
所引三條，以備參考。錄竟，識之篇末。

卷九終

青學齋集卷十

新陽汪之昌

《春秋》譏不親迎解

《史記·外戚世家》：「《春秋》譏不親迎。」子長蓋據《公羊》經義言。《公羊·隱二年》「紀履緰來逆女」《傳》：「譏始不親迎。」《公羊》以親迎古禮，自天子至庶人通行之。竊謂此非公羊氏一家說也。《詩·大雅》「文定厥祥，親迎于渭」，是親迎者文王所行之禮。《儀禮·士昏禮》：「主人爵弁，纁裳緇袘。從者畢玄〔註1〕端。乘墨車。」是親迎者，周公所定之禮。《禮記·哀公問》：「冕而親迎，孔子謂合二姓之好，以繼先聖之後，以為天地宗朝社稷之主。」是親迎者，孔子所言之禮。《〈齊風·著〉序》：「刺時也。時不親迎也。」《穀梁·莊二十四年傳》：「親迎恒事。」此又說經家之所述，均以親迎為禮，則不親迎為非禮。非禮當譏，《春秋》之通例。惟《左氏傳》「祭公逆王后於紀」云「禮也」〔註2〕，「劉夏逆王后」譏「卿不行」〔註3〕，不譏王不親行，似天子不必親迎。鄭康成嘗引《詩·大明》、《禮·哀公問》駁之。杜元凱謂「文王迎大姒，身為公子，迎在殷代，未可據以為天子之禮。孔子之對哀公，自論魯國之法，魯以周公之後，得郊祀上帝，故以先聖天地為言，非說天子之禮」〔註4〕。後人惑於杜說，每執以難鄭。案：《白虎通·嫁娶》篇：「人君及宗子無父母，自定娶者，卑不主尊，賤不主貴，故自定之也。」《詩》：「文定厥祥」云云。據此，則文王

〔註1〕「玄」，原作「元」，據《儀禮·士昏禮》改。
〔註2〕桓公八年。
〔註3〕襄公十五年。
〔註4〕按：此出桓公八年「祭公來遂逆王后於紀」孔《疏》，非杜《注》。

定昏，明在已即位後，非復為公子時。班孟堅說《春秋》，率用《公羊傳》義。《公羊・隱元年傳》：「王者孰謂？謂文王也。」文王為周受命主，故周公制一代之禮，皆推本於文王。必文王當日有親迎之事，遂制天子親迎之典也。否則精於三禮之鄭君，豈不知文王固殷之諸侯者而以為天子哉？《哀公問》篇所云繼先聖後、為天地主，非天子孰當之？杜以「魯得郊祀上帝」為言，殊不思魯郊非禮，聖有明訓。豈有稱引非禮之事以對君者？杜說之謬顯然可見。親迎之禮，前聖人行之，後聖人箸之。親迎之廢，誠不必自紀履綸始。履綸逆女，適當《春秋》之託始。即履綸以示譏，微言大義在是矣。子長以敘《外戚世家》，可知親迎者自天子以至於庶人，所謂昏禮下達也。〔註5〕

其餘從同同解

《春秋公羊・莊四年傳》：「故將壹譏而已，其餘從同。」〔註6〕「同」，

〔註5〕（清）江藩《公羊親迎辨》（漆永祥整理《江藩集》，上海古籍出版社2006年版，第16～17頁）：

《春秋公羊》說天子至庶人，皆親迎；《左氏》說天子不親迎。杜佑《通典》引鄭君康成駁《左氏》說曰：「文王親迎于渭，則天子親迎也。天子雖尊，其於后，夫婦也。夫婦無判，禮同一體，所謂無敵，豈施於此哉。《禮記・哀公問》曰：『冕而親迎，不已重乎？』孔子對曰：『合二姓之好，以繼先聖之後，以為天地宗廟社稷之主，君何謂已重焉。』言繼先聖之後為天地之主，非天子誰乎？是鄭以天子當親迎也。杜元凱以《春秋》「祭公逆王后於紀，《傳》曰：「禮也。」劉夏逆王后譏，卿不行皆不譏，王不親行，明是天子不當親迎也。文王迎太姒，身為公子，迎在殷代，未可據以為天子之禮。孔子之對哀公，自論魯國之法，魯以周公之後，得郊祀上帝，故以先聖天地為言，非說天子之禮。」後虞皆是杜說而非鄭君。愚謂漢儒治《春秋》者，古學與今學互相攻擊，如水火之不相容，鑿柄之不相入，鄭君起而折衷之，從古學用《左氏》說，從今學用《公羊》說。引《詩》親迎于渭，《公》羊說也。班固《白虎通》說《春秋》皆用《公羊》家言，其論《昏禮》云：「人君及宗子，無父母自定娶者，卑不主尊，賤不主貴，故自定之也。《昏禮》經曰：『親皆沒，己躬命之。』《詩》云：『文定厥祥，親迎于渭。』據此文王定昏在即位之後，非在為公子時矣。」孟堅之說，乃公羊先師之言，杜預不知有此一解耳。周家文王為受命王。合當時因文有親迎之事，遂制天子親迎之禮也。不然者鄭君一代儒宗，豈不知文王為殷之諸侯，而以為天子哉？至於《哀公問》，杜謂魯得郊祀上帝，故以先聖天地為言，然魯郊非禮，先儒論之詳矣。以非禮之禮對哀公，豈夫子之言與？孟子尚且「非堯、舜之道不陳於王前」，而謂聖人為此言乎？元凱之辭遁矣。

〔註6〕《公羊傳》：「則曷為獨於此焉譏？於饎者，將壹譏而已，故擇其重者而譏焉，莫重乎其與饎狩也。於饎者則曷為將壹譏而已？饎者無時焉可與通，通則為大譏，不可勝譏，故將壹譏而已，其餘從同同。」

《解詁》:「其餘輕者,從義與重者同,不復譏,都與『無仇』同文論之,所以省文,達其異義矣。凡二同,故言『同同』。」何氏以《傳》之「同同」分別為「二同」以實之。然所謂二同,實止一意。《疏》釋「二同」,大略即本《解詁》,又謂「古本傳、注『同』字之下皆無重語。有者衍文,且理亦宜然」。《疏》蓋見《解詁》以「同同」為「二同」於義殊不可通,故以古本為說。然《經典釋文》臚列經、傳異本甚備,獨於本傳之「同同」無文。阮氏《校勘記》出「其餘從同同」,注:「《唐石經》諸本同是,《疏》所稱古本當已不甚通行。至云理不當有,以決下『同』字為衍文,將後來文章家所奉之理法上律古經師解經之詞,則可疑者滋多。」案:《公羊·隱元年傳》:「如勿與而已矣。」《解詁》:「如即不如,齊人語也。」是《公羊傳》多雜有方語,與諸經傳本不盡同,故文義亦未可以諸經傳相例。就立文而論,宣五年《傳》「其諸為其雙雙而俱至者與」,《解詁》:「言其雙行匹至,似於鳥獸。」案:此傳敘「齊高固及子叔姬來」,如《解詁》言「雙行」,於義已明,而傳乃云「雙雙而俱至」。彼變雙而重言雙雙,與此《傳》言從同而重言「同同」正合。案:經傳凡諸重言,不離乎極言以相表明。本傳於讎者,將壹譏而已,故擇其重者而譏焉。又曰:「於讎者則曷為將壹譏而已?讎者無時焉可與通,通則為大譏,不可勝譏,故將壹譏而已。」傳一再言「壹譏」。案:《左氏·文三年傳》:「與人之壹也。」《注》:「壹,無貳心。」《周語》:「龢同可觀。」《注》:「一心不二曰同。」《禮記·玉藻》篇:「壹食之人。」《注》:「壹猶聚也。」《小雅·吉日》篇:「獸之所同。」《箋》:「同,聚也。」是「壹」與「同」故訓本同。「壹譏」猶云「同譏」。「從同」無非申明所云「壹譏」。《傳》恐後人疑「譏」獨加於「與讎狩」,而事之或前乎此,或後乎此,所謂「不可勝譏」者,特言其餘以概之。擇重者而為大譏,凡諸不可勝譏者,雖無譏,而亦從與同譏。就壹譏言,重者之外不妨統目為其餘。就其餘莫不從大譏之例言,惟統為梁柏而該以同同。然則《公羊傳》之「從同同」,正以重語見義,奈何以後世之文理繩之而疑下「同」字為衍文,且指不傳之古本為證?不知《解詁》所言「二同」誠無當於《傳》之「同同」,而以「二同」釋《傳》之「同同」,則《傳》作「同同」可推,而知何氏所據之本何嘗非《傳》之自古哉?

《春秋》不兼說

　　《春秋》文五年:「王使榮叔歸含且賵。」《左傳疏》:「何休《膏肓》以為:

『禮尊不含卑，又不兼二禮。』」何氏《公羊》專家，其說《春秋》自是《公羊》家相傳古義。案：《公羊傳》：「其言歸含且賵何？兼之。兼之非禮也。」《解詁》：「且，兼辭。以言且，知譏兼之也。」譏兼之以非禮，則當不兼顯然。攷《公羊》隱元年：「天王使宰咺來歸惠公、仲子之賵。」《傳》：「其言惠公、仲子何？兼之。兼之非禮也。」文九年：「秦人來歸僖公、成風之襚。」《傳》：「其言僖公、成風何？兼之。兼之非禮也。」《解詁》：「禮主於敬，當各使一使。」所以不兼之旨，參觀甚明。是不兼為《春秋》通義。《公羊傳》再三言之。其所稱禮，案《雜記》：「弔者升自西階，東面致命。含者執璧。將命，襚者執冕服，致命。上介賵，執圭將命。」是禮所記，不止含、賵，而含者一人，賵者又一人，不兼具有明據。劉氏逢祿《解詁箋》以兼之非禮為不足信。禮書弔、襚、含、賵、臨，同日畢事，止一人兼行。若每事各一人，則信如趙匡所云：「罄王朝之臣，不足充喪禮之使。」竊謂此說不足以難《公羊》。即如見於《春秋》之數十國，二百四十二年中曾未有竝時煩王臣之含、賵者，況恩義有隆殺，夷夏殊，外內封地去王幾又有遠近，則赴告之上聞有遲速，量官遣使，何致有不給用之慮？且《春秋》垂法之書，據禮以譏非禮，非專為一時一使言。吾觀《三傳》解經，每以師法而立說有異同。獨釋「歸含且賵」，《穀梁傳》曰：「含，一事也。賵，一事也。兼歸之，非正也。其曰且，志兼也。」先言「兼歸之」為「非正」，繼言「且」以「志兼」，兼為非正，則不兼為正。是《穀梁》亦主不兼之義。《左氏》則聯「召昭公來會葬」同傳，云：「禮也。」其謂為禮，安知非專承「來會葬」立文？蓋以與「歸含且賵」者異人而云然。傳《左傳》學者，賈、服兩家最著。據《疏》引賈、服云：「含、賵當異人。今一人兼兩使，故書且以譏之。」當本《左傳》家師說。則《左傳》亦以兼為譏，與《公》、《穀》兩傳相符。然則所謂不兼，《春秋》家具知之，未可疑為《公羊》一家言。孟子述齊桓葵邱會之五命，官事無攝居其一。攝本訓兼，無攝猶云不兼。孟子之說《春秋》也，「其事則齊桓、晉文」，此尤可與何氏說相引申。然則不兼二禮，洵《春秋》不易之古義已。

成六年晉救鄭《公羊》作侵鄭說

《春秋》成六年：「晉欒書救鄭。」《穀梁》無傳。《左氏》於六年「秋，楚公子嬰齊帥師伐鄭」發傳云：「鄭從晉故也」；於「冬，晉欒書救鄭」發傳云：「與楚師遇於繞角。楚師還」云云。又錄韓厥「吾來救鄭」語。是晉師自是救

鄭。而《公羊》成六年經作「晉欒書帥師侵鄭」。雖亦無傳，而經作「侵鄭」，與《左》、《穀》兩家不同。趙坦《春秋異文箋》：「案：五年盟於蟲牢，《左氏傳》云『鄭服也』，故六年楚公子嬰齊帥師伐鄭。鄭有楚師，故晉欒書帥師救鄭。本末如此，則非欒書侵鄭可知。《公羊》經作『侵鄭』，既不發傳，無從見義，當是傳寫之誤。」《〈公羊注疏〉校勘記》：「『晉欒書率師侵鄭。』注：《唐石經》諸本同。案：《左氏》、《穀梁》皆作『救鄭』。上書『楚公子嬰齊率師伐鄭』，故晉欒書率師救之也。『侵』字誤。」是趙《箋》、阮《記》咸以經本救鄭而誤為侵鄭無異說。攷《史記·十二諸侯年表》，魯成六年乃晉景十五年，使欒書救鄭，遂侵蔡。鄭悼二年，楚伐我，晉使欒書來救。《鄭世家》：「悼公二年，楚伐鄭，晉來救。」《年表》、《世家》所載，均與《左傳》相合，亦作晉救鄭，似無可疑。案：《校勘記》：「嚴傑曰：『上文鄭伯費卒，《注》云：楚伐鄭喪，不能救，晉又侵之。然則《公羊》作侵鄭，與《左》、《穀》本異也。』」嚴氏以《公羊》專家之《解詁》證「侵鄭」之經文，最為有見，未可執《左》、《穀》之「救鄭」以繩《公羊》矣。《春秋繁露》釋「鄭伐許」，謂鄭襄公伐人喪子，悼公以喪伐人，楚與中國俠而擊之。〔註7〕俠擊謂並時相侵伐。揆之成六年經書「楚公子嬰齊帥師伐鄭」，繼以「晉欒書率師侵鄭」，義正脗合。是董子在西漢時傳習之《公羊》亦作「侵鄭」，而不作「救鄭」甚明。就經文參觀，若宣九年「楚子伐鄭，晉郤缺帥師救鄭」，成七年「秋，楚公子嬰齊帥師伐鄭。公會晉侯、齊侯、宋公、衛侯、曹伯、莒子、邾子、杞伯救鄭」，無論救者為一國獨行，為諸侯同謀，伐與救相次而書，以見同在一時，救災恤鄰之刻不容緩。《春秋》書伐、書救，大旨如斯。而成六年「楚公子嬰齊帥師伐鄭」繫諸「秋，仲孫蔑、叔孫僑如帥師侵宋」後，「晉欒書帥師救鄭」則繫於「冬，季

〔註7〕《春秋繁露·竹林第三》：
《春秋》曰：「鄭伐許。」奚惡於鄭而夷狄之也？曰：衛侯遫卒，鄭師侵之，是伐喪也。鄭與諸侯盟於蜀，以盟而歸，諸侯於是伐許，是叛盟也。伐喪無義，叛盟無信，無信無義，故大惡之。問者曰：「是君死，其子未逾年，有稱伯不子，法辭其罪何？曰：先王之制，有大喪者，三年不呼其門，順其志之不在事也。《書》云：「高宗諒闇，三年不言。」居喪之義也。今縱不能如是，奈何其父卒未逾年即以喪舉兵也。《春秋》以薄恩，且旅失其子心，故不復得稱子，謂之鄭伯，以辱之也。且其先君襄公伐喪叛盟，得罪諸侯，諸侯怒之未解，惡之未已。繼其業者，宜務善以覆之，今又重之，無故居喪以伐人。父伐人喪，子以喪伐人，父加不義於人，子施失恩於親，以犯中國，是父負故惡於前，己起大惡於後。諸侯果怒而憎之，率而俱至，謀共擊之。鄭乃恐懼，去楚而成蟲牢之盟是也。楚與中國俠而擊之，鄭罷疲危亡，終身愁辜。

孫行父如晉」後。洵如《左》、《穀》，將伐者在秋，救者在冬，恐伐者已得志而歸，救者勢不相及。《左傳》所敘繞角一役，未必定得事實，何可據以疑《公羊》侵鄭之非？準之《春秋》書法，合之董子、何氏兩家義故，成六年所書「晉侵鄭」雖與《左》、《穀》作「救鄭」不合，要自傳本之異，不宜謂作「侵鄭」者乃誤字也。姑備一說，以質諸《公羊》家大師焉。

《公羊》家多隨二創說

何休《公羊傳解詁敘》：「恨先師觀聽不決，多隨二創。」據《疏》引舊說《公羊》先師說《公羊》義不著，反與《公羊》為一創；賈逵緣隙奮筆奪之，與《公羊》為二創；謂非《敘》意「多隨二創」者，「上文云『背經任意反傳遠戾者』，與《公羊》為一創；又云『援引他經，失其句讀』者，又與《公羊》為一創。今戴宏作《解疑論》，多隨此二事，故曰『多隨二創』也」。則以《敘》專指《解疑論》而言。今戴《論》佚不可知，然一家言似與「多隨」之義不貫。且創、刱古通。《說文》丼部：「刱，造法刱業也。」《周語》：「以創制天下。」韋昭《注》：「創，造也。」以「二事」釋「二創」，恐亦未的。案：《春秋》家，《公》、《穀》、《左氏》三傳竝稱。《史記·儒林傳》：「言《春秋》，於齊魯自胡毋生，於趙自董仲舒。」胡母、仲舒俱《公羊》家，是漢初《公羊》家已立於學官。《穀梁》則立於宣帝世。劉歆議立《左氏》，則在西京之季。咸為創所本無。《敘》云「二創」，當指《穀梁》、《左氏》二家。目二傳為二創者，猶《春秋說》云《春秋》書有七缺。彼則謂七者應有而缺，此則謂二者未有而創也。因事立文正同。《說文》辵部：「隨，從也。」「多隨二創」，殆謂名為《公羊》家而多從《左》、《穀》說。攷《後漢·賈逵傳》：「詔令逵自選《公羊》嚴、顏諸生高才者二十人，教以《左氏》」；又云：「乃詔諸儒各選高材生受《左氏》、《穀梁春秋》」；是則功令所在，利祿之途，《左》、《穀》之傳授浸盛。於時習《公羊》家者，即不盡捨舊謀新，若鄭興之少學《公羊春秋》，晚善《左氏傳》，而耳目所濡染，恐不免隨二家之說，以釋《公羊》之義。所謂「觀聽不決」，此尤顯然者矣。《何休傳》：「與其師博士羊弼追述李育意，以難二傳，作《公羊墨守》、《左氏膏肓》、《穀梁廢疾》。」「難二傳」與「隨二創義」正相反。然則休師法所傳，參觀《敘》文而益明。孔廣森《公羊通義敘》謂「休於『盟於包來』，不肯援《穀梁》以釋傳；『叛者五人』，不取證《左傳》而鑿造諫不以禮之說」。吾謂休道術深明，其作《解詁》，覃思十有七年之久，詎不見及於此？

其不屑與二傳相出入，大都以《公羊》家規隨二傳者多，遂令大義微言漸就冥晦，欲爲公羊家糾正其失，有不得不矯枉而過者。「多隨二創」一語，爲《公羊》家慨，竝爲經學家告也。〔註8〕

〔註8〕胡玉縉《公羊多隨二創說》（《許廎學林》卷四，中華書局1958年版，第93～94頁）：

何休《公羊解詁敘》：「恨先師觀聽不決，多隨二創。」徐彦《疏》：「此先師，戴宏等也。」上文云「有背經任意反傳違戾者，與《公羊》爲一創」，又云「援引他經，失其句讀者，又與《公羊》爲一創」。今戴宏作解，疑論多隨此二事，故曰「多隨二創」，而舊云「《公羊》先師說《公羊》義不著，反與《公羊》爲一創；賈逵緣隙奮筆奪之，與《公羊》爲二創」，非也。案：徐說近是，而猶未盡。何云先師，當秉嚴彭祖、顏安樂在內。徐以先師爲戴宏等，似亦知此。下何以但舉解疑論，竊謂當即舊說之與何異者以相比較，方可得二創之所在。如隱元年所見異辭三句，何云所見者謂昭、定、哀，已與父時事也；所聞者謂文、宣、成、襄，王父時事也；所傳聞者隱、桓、莊、閔、僖，高祖曾祖時事也。與《繁露·楚莊王》篇合。而顏氏以謂從襄二十年之後孔子生訖，即爲所見之世。〔引疏引。〕又以孔子在襄二十一年生，從生以後，理不得謂之所聞，〔隱公第一標題下疏引。〕則孔子於襄末始生，尚無知識，亦不得遽爲所見，當以何注爲正。文二年練主用栗，何云期年練祭，埋虞主於兩階之間，與《異》義引《戴禮》及《公羊》說合。〔《檀弓》疏引。〕許引《公羊》說，當是劉歆義。而《通典》四十八引《公羊》說，主藏太廟室西壁中，以備火災。又引馮君章句說，正廟之主，各藏太室西壁中。馮習《嚴氏春秋》者，則知杜引爲嚴彭祖義。以《曾子問》遷廟主藏諸兩階之間推之，亦當以何注爲正。凡此皆違董、劉說，是爲一創。所謂倍經任意反傳違戾是也。後漢何休與其師羊弼追述李育意，以難二傳，作《左氏膏肓》、《穀梁廢疾》，今《膏肓》已佚，據劉逢祿所輯，其短左氏者，不一而足，而《嚴氏春秋》引《觀周》篇「孔子將修《春秋》，與左邱明乘如周，觀書於周史，歸而修《春秋》之經，邱明爲之傳，共相表裏」，〔杜預《左傳序疏》引沈氏。〕云「共相表裏」，是以《左傳》爲是，與何異。何所據襄十有二年傳伐而言圍者，取邑之辭也，下有伐而不言圍者，非取邑之辭也兩句，而《石經公羊》殘碑載顏氏無之，〔洪适《隸續》卷四引。〕亦與何異。凡此所謂援引他經失其句讀，又爲一創，正不獨以天王爲天囚之以無爲有也。故曰徐說近是而猶未盡也。申舊疏者，謂賈逵緣隙奮筆，以爲祭仲、紀季、伍子胥、叔術之屬。《左傳》義深於君父，《公羊》多任於權變，其相殊絕，固以甚遠。《公羊》幾爲所奪，是爲一大創，不可略而弗計。殊不知何云先師，明專斥《公羊》先師，賈逵有《左氏傳解詁》、《左氏長經章句》，傳《左氏》學，不傳《公羊》學，烏足當何之所謂先師。惟嚴、顏等或背董仲舒大師，或雜取《左傳》義，是爲二創。隨，從也。先師從二創，何氏恨之，故不從。凡所異者，其彰明較箸者也。至莊十年傳不與夷狄之獲中國也，何云夷狄謂楚，不會楚言荊者，楚疆而近中國，卒暴貴之則恐爲害深，故進之以漸，與《春秋緯運斗樞》合。〔本疏引。〕而戴宏云荊楚一物，義能相發，吳楊異訓，故不得州名。〔同上。〕與何異。此又可即徐說引申之者。

《春秋》魯史記名《墨子》書言周之《春秋》燕之《春秋》宋之《春秋》齊之《春秋》又有百國《春秋》皆與魯史記同名說

　　《禮記・坊記》篇：「故魯《春秋》猶去夫人之姓曰吳。」《孟子・離婁》篇：「魯之《春秋》」；又曰：「其文則史。」則《春秋》為魯史記之名。顧謂魯史記名《春秋》可，謂獨魯之史記名《春秋》則正不盡然。《墨子》稱周《春秋》載杜伯，燕《春秋》載莊子儀，宋《春秋》載祏觀辜，齊《春秋》載王里、國中里。覈就《墨子》書節引之文與《春秋》以記事之義近，則周也、燕也、宋也、齊也，亦各有《春秋》，此即墨子所言「吾見百國之《春秋》」之謂。然則《史記》本有《春秋》之名，正不獨孔子所修之魯史記得專《春秋》之名矣。賈逵曰：「《春秋》取法陰陽之中，春為陽中，萬物以生；秋為陰中，萬物以成。欲使人君動作不失中也。」釋史記之名《春秋》，義最明確。案：《管子・法法》篇：「《春秋》之記，臣有弒其君，子有弒其父者。」《山權數》篇：「《春秋》者，所以紀成敗也。」孟子謂「孔子成《春秋》而亂臣賊子懼」，管子原在孔子前，其說《春秋》所記與孔子所修魯《春秋》之義正合。然則自有《春秋》之書，即有此一定不易之義。孟子以晉之《乘》、楚之《檮杌》與魯《春秋》並論，是《乘》為晉之史，《檮杌》為楚之史。案：《晉語》：「司馬侯曰：『羊舌肸習於《春秋》。』」《楚語》：「莊王問教太子之法於申叔時。對曰：『教之以《春秋》，而為之聳善抑惡焉。』」解者以所云《春秋》當為晉若楚之《春秋》。是晉之《乘》即晉《春秋》，楚《檮杌》即楚之《春秋》。《乘》與《檮杌》之命名，晉、楚史得專有之。《春秋》為史記通名，故晉《乘》、楚《檮杌》亦得通稱之。《韓非子・備內》篇有《桃左春秋》者，雖不知何國之書，要亦一《春秋》也。且有不必國之史記而名《春秋》者，齊晏嬰有《晏子春秋》，專述晏嬰一人一時之事。秦呂不韋有《呂氏春秋》，《禮運》鄭君注：「呂氏說《月令》而謂之《春秋》，事類相近焉。」據此，晏子之書名《春秋》，或取《春秋》記事；呂氏之書名《春秋》，尤近《春秋》之以時名書。《漢書・藝文志》：「《虞氏春秋》十五篇。」注：「虞卿也。」其書雖不可見，攷《史記・虞卿傳》「上採春秋，下觀近世，曰《節義》、《稱號》、《揣摩》、《政謀》，凡八篇，以刺譏國家得失。世傳之，曰《虞氏春秋》」，大都與晏、呂兩家書不甚懸殊。然則並非國史，而亦同名《春秋》矣。近汪容甫《墨子序》據《呂氏春秋・當染》篇，墨子之學，受之史角後人。墨子生秦火之前，而學於史家。其書歷舉各國《春秋》，必且目睹完書。可見國史以《春秋》目之，其與魯史記同名，又何疑焉？

《春秋繁露》書後

此《春秋繁露》十七卷，漢董仲舒撰。仲舒，《史記》、《漢書》均有傳，咸稱為《春秋公羊》家大師。班氏敘述尤詳，謂「所著皆明經術之意，及上疏條教，凡二百三十篇。而說《春秋》事得失，《聞舉》、《玉杯》、《蕃露》、《清明》、《竹林》之類，復數十篇，十餘萬言」。是《繁露》特說《春秋》中之一篇，初非全書之總名。《藝文志》春秋家「《公羊董仲舒治獄》十六篇」，儒家「《董仲舒》百二十三篇」，儒家之百二十三篇與《傳》所云「上疏條教」篇數合，當為一書。《志》別無《春秋繁露》之名。宋歐陽修〔註9〕、晁公武〔註10〕、陳振孫〔註11〕等均嘗考辨，每多疑辭。誠以此十七卷中說《春秋》者雖多，亦有與《春秋》毫不相關者，文字舛錯重複，甚或不可句讀。近日盧紹弓據各本訂正訛文錯簡，凌曙即據盧本為之注釋。讀《春秋繁露》者，率以精覈見推。然執以為董子原書，則固未之敢言也。吾謂宜就十七卷之說《春秋》者，錄之

〔註9〕歐陽修《書〈春秋繁露〉後》（《歐陽文忠公集》卷七十三外集卷第二十三）：
《漢書·董仲舒傳》載仲舒所著書百餘篇，第云《清明》、《竹林》、《玉杯》、《繁露》之書，蓋略舉其篇名。今其書才四十篇，又總名《春秋繁露》者，失其真也。予在館中校勘群書，見有八十餘篇，然多錯亂重複。又有民間應募獻書者，獻三十餘篇，其間數篇，在八十篇外。乃知董生之書流散而不全矣。方俟校勘，而予得罪夷陵，秀才田文初以此本示予，不暇讀。明年春，得假之許州，以舟下南郡，獨臥閱此，遂志之。董生儒者，其論深極《春秋》之旨。然惑於改正朔而云王者、大一元者，牽於其師之說，不能高其論以明聖人之道。惜哉！惜哉！景祐四年四月四日書。

〔註10〕晁公武《郡齋讀書志》卷一下：
《春秋繁露》十七卷
右漢董仲舒撰。史稱仲舒說《春秋》事得失，《聞舉》、《玉杯》、《繁露》、《清明》、《竹林》之屬數十篇，十餘萬言，皆傳於後世。今溢而為八十二篇，又通名《繁露》，皆未詳。隋唐卷目與今同，但多訛舛。

〔註11〕陳振孫《直齋書錄解題》卷三：
《春秋繁露》十七卷
漢膠西相廣川董仲舒撰。案：隋唐及國史志卷皆十七，《崇文總目》凡八十二篇，《館閣書目》止十卷，萍鄉所刻亦財三十七篇。今乃樓攻媿得潘景憲本，卷篇皆與前志合，然亦非當時本書也。先儒疑辨詳矣。其最可疑者，本傳載「所著書百餘篇，《清明》、《竹林》、《繁露》、《玉杯》之屬」，今總名曰《繁露》，而《玉杯》、《竹林》則皆其篇名，此決非其本真。況《通典》、《御覽》所引，皆今書所無者，尤可疑也。然古書存於世者希矣，姑以傳疑存之可也。又有寫本作十八卷，而但有七十九篇，考其篇次皆合，但前本《楚莊王》在第一卷首，而此本乃在卷末，別為一卷；前本雖八十三篇，而闕文者三，實七十九篇也。

為內篇；其諸泛有所論列、非為《春秋》發者，別之為外篇。昔汪中氏序《墨子》，採古書之涉於《墨子》者，別為《表微》一卷。案：《漢書·五行志》錄春秋時災異，並述董子說義，以明徵應所在，宜依《墨子表微》例，輯錄成篇附後，以備為董子學者參互考訂。董子說《春秋》之義約略可得其大概，董子一家之學庶幾在是矣。

莊侍郎《春秋正辭》書後

《春秋正辭》十三卷，莊侍郎存與撰。侍郎家事傳經，故於諸經咸有撰述。此《春秋正辭》一書，不同舍傳經書之臆決，尤能會通《公》、《穀》、《左氏》三家，而有得於《春秋》之微言大義也。《論語》記夫子論為衛政曰「必也正名」，馬融《注》謂「正百事之名」。侍郎以「正辭」名所撰書，殆本夫子之旨以釋夫子所修之經歟？所謂正辭，分九類，類又各分子目，二百四十二年之事蹟罔不錯綜表於九類中。《春秋》以屬辭比事為教，禮經述聖職昭然。吾謂侍郎此著，所云「隳栝其條，正列其義」者，無一不本乎《春秋》。其以正《奉天辭》居首，一「元年春王正月」冠全經之義也。孟子言「《春秋》，天子之事」，故以正《天子辭》次之。《春秋》家謂託王於魯，故以正《內辭》次之。孟子謂「其事則齊桓、晉文」，故以正《二伯辭》次之。內諸夏，外夷狄，《春秋》所以立大防，故正《諸夏辭》、正《外辭》又次之。撥亂世，反之正，莫近於《春秋》，故正《禁暴辭》、正《誅亂辭》又次之。終之以正《傳疑辭》，則又聖人所歎，猶及史之闕文，君子於不知蓋闕之旨也。說義則本諸《公》、《穀》，則以師法確有傳授；記事則參取《左氏》者，桓譚《新論》：「《左氏傳》於經，猶衣之表裏，相持而成。經而無傳，使聖人閉門，思之十年，不能得」，正不得沿不傳《春秋》之說而概捨之。此侍郎之書異於偏主一家而強為抑揚者矣。雖然，侍郎《自敘》謂「讀趙氏汸《春秋屬辭》而善之，作此書以庶幾焉」。吾謂侍郎別分九類，正本《春秋》家之九旨。而別為《春秋舉例》、《春秋要指》二篇以統括全經，合之敘目一篇以標明本書，抑亦《春秋》家之三科已。爰書所見於侍郎書後，以折衷於通習《春秋》家者。

北辰解

《論語》：「譬如北辰居其所，而眾星共之。」包咸《注》：「德者無為，猶北辰之不移，而眾星共之。」鄭康成《注》：「北極，謂之北辰。」本《爾

雅‧釋天》文。《爾雅》李巡《注》：「北極，天心，居北方，正四時，謂之北辰。」郭璞《注》：「北極，天之中，以正四時。」後人以曰心曰中，遂謂北辰是無星處。陳氏懋齡云：「凡天下之無星處曰辰。天有十二辰，自子畢亥，為日月所聚會之次舍。如十一月冬至，日月畢會於丑，必有所當之星宿。漢初不知歲差，以牽牛為冬至至常星。若以歲差之理，今時在箕一度，冬至子中，未嘗板定星度，北辰如何認定極星，但以之為標準耳。」案：經明云「北辰居其所」，曰「居」曰「所」，正就北辰居之而言，決非空洞無朕處，則必確有所謂北辰者。《春秋繁露‧奉本》篇：「星莫大於北辰」，此即一證。竊就「居其所」之文以考北辰。蓋謂北辰雖周四遊之極，而樞星常居正中，即《史記‧天官書》所云「中宮天極星，其一明者，太一常居也」。《周髀》云：「欲之北極樞，旋周四極，常以夏至夜半時，北極南遊所極；冬至夜半時，北極北遊所極；冬至日加酉之時，西遊所極。此北極旋機四遊，正北極樞旋機之中正。北天之中正，極之所遊。」《呂氏春秋‧有始覽》：「極星與天俱遊，而天樞不移。」案：天樞之名，雖不箸於《天官》，而《呂覽》、《周髀》言之。大約古人星象疏闊，天極、天樞，本可包以北辰之名，正以運轉不離於中，所居獨尊，斡維斯繫。《伏生大傳》：「璿者，遠也。機者，幾也。其變幾微，而所動者大。」蓋天樞本是默運，非絕不動之謂。《堯典》：「顯察機，王衡之象。」聖人之經，必以其著者知其微者。《〈後漢‧天文志〉注》引《星經》：「璿機，謂北極。」《論語》之旨，蓋言為政者恭己南面，自明其德，上法璿機，以齊七政。雖有四時天地人之政，而皆本於一德；雖有五官二十八星之名，而皆筦於北辰。為政之不離於德，猶北辰之不離於紫宮也。義本明暸，正無俟求之微渺，測之虛無矣。

孝乎惟孝解

解經以句讀為先，以古文證明之，乃於經誼無所窒礙。《論語‧為政》篇：「《書》云：『孝乎惟孝。』」《漢石經》作「孝于惟孝」。包咸《注》：「孝于惟孝，美大孝之詞。」皇侃《義疏》：「于，於也。惟孝，謂惟令盡于孝也。」陸德明《論語釋文》云：「孝于如字，一本作『孝乎』。」蓋以「于」為「乎」，其來已久。「乎」與「于」二字音相近，而形亦相類。古人「于」、「乎」原同用。如《呂氏‧審應覽》曰：「然則先生聖于。」高誘《注》：「于，乎也。」《詩傳‧式微序》：「黎侯寓于衛。」《釋文》云：「于，本作乎。」均可為之

證。《白虎通‧五經》篇引孔子曰:「《書》曰:『孝乎惟孝,友于兄弟。』」華
嶠《後漢書‧劉平江革傳》序亦引之。以「于」為「乎」,於文義仍不相硋。
正與紀言「禮乎禮」、「時乎時」一例。惟程伊川《經說》曰:「《書》云『孝
乎』者,《書》之言孝,則曰惟孝友于兄弟,施于有政。」朱子《集注》因之。
後人遂從「孝乎」絕句,「惟孝」連「友于兄弟」為句。然遍攷傳記,從未有
引書,撮取其中一字先為提唱者。「《書》云孝乎」,亦不成句法。以「孝乎惟
孝」絕句,正與下「友于兄弟」屬詞相比,歎美之意溢於言外。《前漢書‧王
莽傳》:「皆曰:安友于兄弟」,其以「友于」為句,則非自「惟孝」連讀明甚。
漢人去古未遠,詁經讀經,各承師法。觀傳所云,時無異讀更明甚。晉夏侯
湛《昆弟誥》、潘岳《閑居賦序》、梁元帝《劉孝綽墓誌銘》、唐李善注邱希範
《與陳伯之書》、獨孤及《衢州司士參軍李府君墓誌銘》、王利貞《幽州石浮
圖頌》,皆用「孝乎惟孝」之句。張齊賢《曾子贊》:「孝乎惟孝,曾子稱焉」,
則宋人初亦無異讀也。古《論語》之以「孝乎惟孝」為句,絕不益彰明較著
哉!

使民戰慄是哀公語說

　　《論語》:「使民戰慄。」孔安國《注》:「凡建邦立社,各以其土所宜之木。
宰我不本其意,妄為之說,因周用栗,便謂使民戰慄也。」明以「使民戰慄」
為宰我妄說。包氏子「聞之曰」節《注》:「孔子非宰我,故歷言三者,欲使慎
其後也。」夫宰我「夏后氏以松」云云,自據三代故事,當無可非。包所謂「非
宰我」,殆亦指「使民戰慄」語。然則「使民戰慄」是宰我語,固《論語》家
通訓矣。案:皇侃《義疏》依《注》意,即不得如「先儒言曰使民戰慄是哀公
語」也。據疏所稱,先儒雖不知誰氏,其立說亦不可稽,而以「使民戰慄」為
哀公語則甚明。竊謂以「使民戰慄」為宰我語者,大都見《論語》所記,容有
一人之詞而中加「曰」字者。子路問成人,子曰:「若臧武仲之知」云云下,
「今之成人者」上又有「曰」字。上下同是孔子語,而中加「曰」字者。齊景
公待孔子曰:「若季氏,則吾不能。」以季、孟之間待之。下曰:「吾老矣。」
此均是齊景一人語而加「曰」字者。以例宰我此對,歷言以松、以柏、以栗,
記者於所云「使民戰慄」上復加「曰」字,亦奚不可?案:《古書疑義舉例》
以之二章中間皆加「曰」字,以別更端之語。此之「使民戰慄」,據以為是宰
我語者,乃坿會「以栗」之義,非所謂更端者。《茶香室經說》歷引「野哉由

也」、「小人哉樊須也」，證弟子失言，孔子無不明斥其非。此章成事不說三語，斷非為宰我發，並引「哀公問於有若」章「曰：『二，吾猶不足』」，「曰」為紀哀公語，與此紀「曰使民戰慄」正同，則「使民戰慄」自是哀公語，亦可參觀決之。〔註12〕案：洪邁《容齋五筆》：「古人立社，因其土地所宜木，初非求異。哀公本不必致問。既聞用栗之言，遂起『使民戰慄』之語。孔子責宰我不能因事獻可替否。或謂『使民戰慄』一句亦出於宰我，記之者欲與前言有別，故加『曰』字以起之。亦是一說。」據洪氏所述，則宋時釋「使民戰慄」，間有用皇《疏》所稱先儒舊義，謂是哀公語者。爰為參攷，以姑備一說焉。

達巷攷

《論語》：「達巷黨人。」鄭康成《注》：「達巷者，黨名也。五百家為黨。」則以達巷為黨之名。《一統志》：「達巷在滋陽縣西北五里，相傳即達巷黨人所居。」滋陽今屬兗州府，方志每多坿會，猶之顏子所居陋巷。《寰宇記》謂在曲阜縣西南二里，《一統志》謂在曲阜縣東北，方向截然相反，不足憑顯然。翟氏灝《四書考異》據《禮記·曾子問》篇「孔子曰：『昔吾從老聃助葬於巷黨』，注：『巷黨，黨名。』」此所云達巷黨，或即一地。不然，既云巷，又云黨，不謷詞復乎？錢氏坫《論語後錄》曰：「達者，巷黨名。」「巷黨」二字連讀，錢意亦本《曾子問》篇。然鄭君彼《注》明云「巷，黨名」，則以巷黨為人所聚居之通稱也。且《論語》中若互鄉、闕黨，俱以上一字分別鄉若黨之名，從未有以上一字貫下二字為名稱者。案：王氏引之《經義述聞》：「古人稱巷有二義，里中道謂之巷，人所居亦謂之巷。顏子陋巷即《儒行》所云『一畝之巷』，亦當作如是解。」黨即鄭君《〈鴟鴞〉箋》「皋其屬黨」之黨。所謂屬黨，不必如後世朋黨義。達即《禮記·祭義》所云「達乎道路」、「達乎州巷」。達本訓通，蓋通巷黨人皆有此大哉之稱說也。下云「謂門弟子」，門弟子正與巷黨人對。鄭君《注》：「聞人美己，承之以謙。」通巷黨之人譽之者眾，故與門弟子言執射御以自謙。後人以達巷黨人為一童子。夫童子之言何足重輕？殆因「互鄉童子」、「闕黨童子」而坿會，猶之拘於街巷鄉黨之文，遂有達巷、巷黨之異解，竝且坿會其地。詎知「達巷黨人」當連讀，固無異孟子所謂「通國之人」意爾。

〔註12〕《茶香室經說》卷十六《論語》「曰使民戰慄」條。（鳳凰出版社2021年版，第427頁）

—161—

不時不食解

《論語‧鄉黨》篇：「不時不食。」《集注》以「不時」為「五穀不成，果實未熟之類」。蓋即《漢書》所云「穿掘萌芽，強鬱養孰」，以時字屬物，解不及其時，正與上「餲饐餒敗之過乎時」相對。然物未成孰，其色臭，似均在惡之列，則「不時」一語似贅。且世無黍稻李梅不成熟而可食之理，雖非聖人，誰則餐生穀、啖妖果者？或謂食時如春多酸，夏多苦，秋多辛，冬多鹹。食齊視春時，羹齊視夏時，醬齊視秋時，飲齊視冬時。膾，春用蔥，秋用芥。豚，春用韭，秋用蓼。以四時釋時，以禮經所云證時食。然禮經泛論食，似當日所通行，不足為夫子異。況夫子道長半生，不遑家食，恐不苟求至此。舊注：「不時，非朝夕日中時，蓋一日之中，食之時居三也。」《春秋左氏》昭五年《傳》：「卜楚邱云：『食日為二。』」是食有常時。昭二十八年《傳》：「閻沒女寬云：『或賜二小人酒，不夕食。』」謂不及待夕之時而食。《禮‧內則》：「孺子食無時。」則成人以上，食必有時。《〈詩‧蝃蝀〉傳》云：「從旦至食時為終朝。」《孟子》云：「朝不食，夕不食。」《淮南子》云：「臨於曾泉，是謂蚤食。次於桑野，是謂晏食。」均可為之明證。古時貴賤食亦有別，天子食則四時。《白虎通》云：「王者平旦食，晝食，晡食，莫食。諸侯三時。」《禮‧玉藻》篇：「諸侯朝服以食，特牲三俎，祭肺。夕深衣，祭牢肉。」《注》：「天子言日中，諸侯言夕，天子言餕之。」大夫以下，惟朝、夕二時。《內則》所謂「由命士以上，昧爽而朝辭以旨甘，日入而夕辭以旨甘」是也。以時訓食時，經文亦有確據。且見夫子雖一飯之頃，必當其可，不踰其分如此，經誼不益彰明哉！

色斯舉矣章解

《鄉黨》一篇，備記聖人禮容，大而朝廷擯聘之儀，細及飲食服御之常。獨篇末「色斯舉矣」一章，終之以梁雉一歎，與全篇所記不類。邢昺《疏》以「色斯」二句見孔子之審去就，下節記孔子因物而歎，子路誤會時哉之旨，取以共具云云。則兩節各自為義，絕不相蒙。據皇侃《義疏》，顧歡云：「夫棲遲一邱，雉之適道也。不以剛武傷性，雌之德也。故於翔集之下，繼以斯歎。而仲由之獻，偶與歎不諧。若即饗之，則事與情反。若棄而弗御，則似由也有失。故三嗅而起，則心事雙合。」虞氏贊謂「色斯」二句，此以人事喻於雉也。雉之為物。精儆難狎，譬人在亂世，去危就安，當如雉也。曰「山梁雌雉，時哉」，以此解上義也。時者，是也。共猶設也。言子路見雉在山梁，因設食物以張之。

雉性明徹，知其非常。三嗅而作，去不食其供也。顧說即刑《疏》所本，近於迂曲。虞說似得記者之旨。案：馬融「色斯舉矣」《注》：「見顏色不善則去之。」正與去危就安相應。《春秋》哀十一年《左氏傳》記：「孔子言鳥則擇木。」服虔《注》：「鳥喻己。」是以鳥相喻聖人之恒言。《微子》篇：「鳳兮凰兮。」孔安國曰：「比孔子於凰鳥。」此章之雉，猶彼章之凰也。蓋《鄉黨》全篇，大要記孔子之動容中禮為主，至於行藏用舍，則惟在隨時，禮固以時為大也。此章特引孔子之言時者，以為全篇結束。首二句正說「時」字之旨，記者先經起義之通例，與「才難」章同一記法，此則以《論語》相證而顯然者。孟子謂「孔子，聖之時者也」，就久速仕止，各當其可而言，義尤與此章相發明。自解者以「時」字謂雉之飲啄得時，遂使全章隔閡矣。《敔厓考古錄》謂：「子路從而執之，雌雉方食，遂三嗅其粱粟而作。《〈文選‧七發〉注》：『鄭曰：孔子山行，見一雌雉，食其粱粟。』」是鄭注本當作「粱」，於雉精徹難狎之說亦符，尤得避色之精意，與章首「色斯舉矣」句起結相應。舉以形況，聖人之一言一行，人第見為動必以禮者，詎知皆時中妙用哉！

楚狂接輿解

《論語‧微子》篇：「楚狂接輿。」《疏》謂「接輿必是不知姓名，時孔子適楚，因其迎車而歌而強名之，以記其人，如荷蕢之類，非真其人字接輿也」。世多宗之，且附會其說，謂《論語》止云楚狂，名字原不傳。前云「楚狂接輿」，後云「孔子下」，不特兩相照應，且見書法之妙。蓋以子見接輿歌，所以欲下，其不復出車字者，以「輿」字在前也。抑知《論語》為記事之書，不論文法乎？案：《莊子‧人間世》篇：「孔子適楚，楚狂接輿遊其門曰：『鳳兮鳳兮』」云云。鄭「注孔子下」云：「下堂出門也。」與《莊子》同。是歌而過孔子為過孔子之門，並非車前，安得有迎車而歌之事？莊係楚人，其言楚事，必非無因。鄭為漢代經師，釋經當非臆說。《七經攷文》曰：「古本『歌而過孔子』下有『之門』二字，足利本同，與鄭《注》脗合。《尸子》亦云：『楚狂接輿耕於方城。』如因迎車而歌而強名為接輿，則耕方城時何以仍名接輿？《集解》：『孔安國曰：接輿，楚人。』明皆以接輿為字。師師相承，定非附會。」《戰國策》：「范雎對秦王言：『箕子、接輿漆身而為癩，被髮而為狂。』」《楚辭‧涉江》篇：「接輿髡首兮。」不惟傳其名，兼且傳其行。戰國時去孔子未遠，必有所據。《韓詩外傳》：「楚狂接輿躬耕以食。」《蜀志‧秦宓傳》：「接輿行且歌，論家以光

篇。」均足證接輿之為名字無疑。如邢《疏》所云，準諸傳記各書所述，其人名姓果不可攷，遇之者當隨時隨事以名之，何以孔子輿前匆匆一接，竟名之終身？亦不思之甚矣。至皇甫謐《高士傳》又遠出作《論語》者之後，撰其姓名曰陸通，說本無稽，更何足辨哉！

《論語古注集箋》拾瀋

維城案：篤傳論仁孝前後云：「夫人二致同源，總率百行，非復銖兩輕重，必定前後之數也。而如分其大較，體而名之，則孝在事親，仁施萬物。施物則功濟於時，事親則德歸於己。於己則事寡，濟時則功多。推此旨言，仁則遠矣。然物有出微而著，事有由隱而章。近取諸身，則耳有聽受之用，目有察見之明，足有致遠之勞，手有飾衛之功。功雖顯外，本之者心也。遠取之物，則草木之生，始於萌芽，終於弧蔓，枝葉扶疏，榮華紛縟，末雖繁蔚，致之者根也。夫仁人之有孝」云云，其論先孝後仁，可謂詳盡矣。「不好犯上」節。 在《論語》述何後，寶應朱彬前。

《九經字樣》曰：「《說文》：『曑』，音森。隸省作參，與『叅』字不同。參音驂，從厽。今經典相承通作『參』。」《增修禮部韻略》曰：「曾參字子輿，蓋取驂乘之義。音當讀參。」《讀書叢錄》曰：「《說文》森字注：『從林，從木，讀若曾參之參。』則讀作驂音者非。」《四書攷異》曰：「《孝經》：『參不敏。』音義本作『曑』字，所林切。」合唐氏《字樣》說。然《說文》「曑」下但云：「商星也。」不及曾子名。而「森」下云：「讀若曾參之參。」則曾子實名參矣。《大戴禮‧衛將軍》篇：「曾粲之行也。」又以「參」作「粲」。《漢唐扶頌》：「家有粲騫。」《陳君問道碑》：「行同粲騫。」皆然。「參」可讀「驂」，「粲」不可讀「森」也。據此，則陸氏二讀並可從。「曾子」箋。

後人並改包《注》，且有以「書云孝乎」為句者，蓋因晚出書之謬，而易《論語》本文也。「書云」箋。 在《唐石經》句後。

《淮南子‧本經訓》：「處喪有禮矣，而哀為主。《論語》曰：『喪，與易也，寧戚。』故曰以哀為主也。」「喪與其易也」節。

《白虎通‧禮樂》篇：「禮所揖讓何？所疑有。所以尊人自損也。揖讓則不爭。《論語》曰：『揖讓而升』」云云。「君子無所爭」章。

後攷《昌黎集‧讀墨子》云：「孔子祭如在，譏祭如不祭者。」洪《注》引語云：「吾不與祭，如不祭。」言祭如不祭者，吾所不與。與，許也。《注》

以「與」為「許」，非讀作「預」。此又一義。「祭如在」箋。　在《論語》述何前。

　　《漢石經》「刑」作「荆」。《說文》：「刑，剄也。從刀幵聲」；「荆，罰辠也。從井從刀。井亦聲。」以刀守井，割其情也。《論衡·四諱》篇亦云：「荆之字，井與刀也。」「君子懷刑」箋。

　　參，曾子名。《九經字樣》曰：「《說文》：『曑，音森。隸省作叅。』與『參』字不同。參音驂從厽。今經典相承，通作參。」《增修禮部韻略》曰：「曾參字子輿，蓋取驂乘之義。音當讀驂。」《四書攷異》曰：「按：《孝經》：『參不敏。』音義本作『曑』字，所林切。」合唐氏《字樣》說，曾子名應字作曑，音讀森。乃《說文》「曑」下但云「商星也」，不及曾子名。而「森」下云「讀若曾參之參」。則曾子名實讀森，不讀驂矣。「參乎」箋。　玉繩謹案：此與第二條略同，而讀有別，當以是條為正。

　　後世「佞」字全棄高材仁巧之美義，而書用口諂口給之惡義，遂不敢如《史記》以巧佞屬之周公矣。且古人每謙言不佞者，皆謙不高材、不仁巧也。「或曰雍也」箋。　在維城案語前。

　　《〈淮南子·說林訓〉注》：「彭祖蓋楚先，壽八百歲。《論語》曰：『竊比於我老彭。』蓋謂此也。一說彭祖蓋黃帝時學仙者。」「述而」章。

　　《漢書·萬石君傳》：「雖燕必冠，申申如也。」師古曰：「申申，整勅之皃。」「燕居」章。

　　《淮南子·本經訓》：「孔子圍於匡，顏色不變，絃歌不輟。」高誘《注》：「匡，宋邑也。今陳留襄邑西匡亭是也。孔子曰：『天生德於予，匡人其如予何？故顏色不變，絃歌不止也。』」「天生」章。　玉繩謹案：《主術訓》文非本經。

　　《楚詞·九章·惜誦》：「矰弋機而在上兮。」王逸《注》：「矰，繳射矢也。弋亦射也。」下引此文云：「弋一作隿。」「子釣」章。

　　陳鱣曰：「緅當作纔。《說文》：『帛雀頭色。』鄭《注》：『《攷工》緅，今禮俗文作爵，言如爵頭也。』」「君子不以紺緅飾」箋。

　　《經義述聞》曰〔註13〕：「經言褻裘而及寢衣，則寢衣，褻裘之衣也。褻裘之有寢衣，猶羔裘之有緇衣，麑裘之有素衣，狐裘之有黃衣也。謂之寢者，寢室所著之衣，猶言燕衣、褻衣耳。人自頂以下、踵以上，總謂之身。《攷工記·廬人》：『凡兵無過三其身。』鄭《注》曰：『人長八尺，與尋齊，進退之度三尋』是也。頸以下、股以上，亦謂之身。《艮》六四『艮其身』，在艮趾、

〔註13〕第三十一《通說上·身》。

艮腓之上，艮輔之下，則舉中而言矣。故《象傳》曰『艮其身，止諸躬也』，亦舉中而言。《渙》六三『渙其躬』，荀《注》『體中曰躬』是也。此身謂頸以下、股以上也。以今尺度之，中人頸以下、股以上，約有一尺八寸，一身之長也。再加九寸，為一身之半，則二尺七寸矣。以古六寸為尺，計之得四尺又五寸，一身又半之長也。解者謂一身為頂以下、踵以上，衣長一身又半，則下幅被土，非復人情，於是不得已而以被當之。孔、鄭《注》並曰『寢衣，今被也』，孔《注》見《集解》。《說文》亦曰『被，寢衣，長一身有半』，皆由此誤也。不知頸以下、股以上亦謂之身，長一身有半，纔至膝上耳，不患其太長也。寢衣在褻裘之上，不著則無以覆裘，故曰『必有寢衣』，言不可有裘而無衣也。若訓『寢衣』為『被』，則人臥時孰不有被？何須言『必有』乎？且上言『褻裘』，下言『狐貉之厚以居』，皆以裘言之，何得雜以與裘無涉之被乎？況遍攷經傳，言『被』者皆謂之『衾』，無曰『寢衣』者，未可以『寢衣』為『被』也。或曰：『寢』者，『蒠』之借字。《說文》：『蒠，覆也。』《玉篇》：『蒠音寢。』衣所以覆裘，故謂之蒠衣也。」「必有寢衣」箋。　在《求古錄》上。

　　《史記·管晏列傳》：「晏子在朝，君語及之即危言，語不及之即危行。」亦此意。「危言危行」章。

　　《儀禮·聘禮》記：「客將歸，使大夫以其束帛反命於館。明日，君館之。既受行，出，遂見宰，問幾月之資。」《注》：「資，行用也。」古者君臣謀密草創，未知所之遠近，問行用當知多少而已。左襄三十年《傳》云：「裨諶能謀，謀於野則獲，謀於邑則否。」維城案：謀必在野，亦取其密。尤晉公子在齊將行，從者謀於桑下也。《淮南·說山訓》：「裨諶出郭而知，以成子產之事。」高誘《注》：「裨諶，鄭大夫，謀於野則獲，謀於邑則否。鄭國有難，子產載如野，與議四國之事。故曰『成子產之事』。」下引《論語》「裨諶」云云，無「行人」句。「為命」章。　玉縉謹案：《集箋》，光緒七年始刊於江蘇書局，據其子錫爵識語：「某君以箋內所列異誼，多有彼此互相違戾者，宜斟酌去取」云云。錫爵以先君子遺箸，不知先君子意云何，僅檢過於違戾者略為芟薙，而餘仍其舊。先生此《拾瀋》，當見其原藁而錄之，殆即錫爾所芟薙者，然亦不盡違戾也。維城為吾鄉先輩，字朗如，別有《虛字韻藪》一書。馮修府志僅載其《集箋》，且缺其字，疏矣。

卷十終

青學齋集卷十一

新陽汪之昌

孟子折枝解

《孟子·梁惠王》篇:「為長者折枝。」攷《說文》:「斯,斷也。」從斤斷屮。今字通作「折」。枝木別生條也。陸善經云:「折枝,折屮樹枝。」望文生義。而朱子《集注》竟本之,謂以長者之命折屮木之枝。雖字誼未嘗不可通,然玩《孟子》此語,不過形容事之易為。草樹之枝安見當前之俯拾即是乎?《四書質疑》以「折枝」為「扶杖」二字之訛,謂篆文「折枝」與「扶杖」形近易混,尤屬臆造。案:趙氏注「折枝」,謂案摩折手節,解罷枝也。此卑賤奉事尊長之節。《禮·內則》篇:「子婦事舅姑,問疾痛苛癢而抑搔之。」鄭《注》:「抑搔即案摩屈抑枝體。」與折誼正同。明此皆卑役,非凡人屑為,故下文曰「是不為,非不能」。劉熙注:「案摩不為,非難為。」與趙注脗合。《後漢·張皓王龔傳論》:「豈同折枝於長者,以不為為難乎?」折枝繫之長者,似非折屮木之枝。古支「肢」、「枝」字本通用。《易·文言》:「暢於四支。」虞翻注:「四支,股肱也。」是「支」通作「肢」。《大雅·文王》篇:「本支百世。」《左氏·莊六年傳》引作「本枝百世」。《衛風》:「芄蘭之支。」《說文》引作「芄蘭之枝」。「支解」,《公羊傳》作「枝解」。均可為證。《告子》篇:「無或乎王之不智。」彼以「或」為「惑」,猶此之以「枝」為「支」,亦音同通用之例。劉峻《廣絕交論》「折枝舐痔」,盧思道《北齊論》「韓高之徒,人皆折枝舐痔」,張鷟《朝野僉載》「薛稷等舐痔折枝,阿㤈太平公主」,咸以折枝與舐痔對舉而言,則案摩手節之說較長。《後漢書·董卓傳》注、《李燮傳》注:「折,曲也。」《國策·西周策》注:「折,屈也。」屈曲於案摩義亦近。陸筠《翼孟

音解》以折枝為磬折腰枝，謂斂折肢體，為長者作禮，如斂手屈膝折腰之類。其解「折」字與趙氏異，而以枝為枝體，雖一就子弟言，一就長者言，誼則同也。要之，以折枝為卑幼隨時隨地可為之事，不煩他求，方與上文「挾泰山以超北海」難易正相反，庶合《孟子》當時罕譬之恉，故竊以趙氏說為允。

齊人伐燕年代攷

《孟子》記齊人伐燕，繫諸宣王時，《史記》則以為閔王時，年代絕不相同。《黃氏日鈔》謂兩次伐燕，《梁惠王》篇宣王問伐燕者為燕易王初立，齊取其十城之事；《公孫丑》篇所載沈同問伐燕但稱王者為湣王伐燕噲子之之事。然宣王明言「伐萬乘之國，五旬而舉之」，孟子勸其「謀於燕眾，置君而後去之」，豈區區取十城之事耶？又言「毀其宗廟，遷其重器」。案：樂毅述燕報齊之役云：「故鼎反乎歷室，齊器設於寧臺」，亦與孟子所言相應。斯時之燕，非滅而何？王懋竑《白田雜箸》以《梁惠王》篇之宣王皆後人諱孟子事湣王者所追改，惟《公孫丑》篇但稱齊王者為原本，而《國策》又因孟子而改。無論其信史疑經，即就《史記》而論，既以伐燕屬之湣王，而《齊世家》湣王四十餘年中，何以絕無一語及於伐燕？《六國年表》湣十年，正值伐燕之年，亦未嘗有一言及之。甚至《燕世家》全錄《國策》，其云「燕噲立，蘇秦死，齊宣王復用蘇代」者，亦仍其舊。既與《年表》、《蘇秦傳》不符，而下文又突入「諸將謂齊湣王伐燕」云云，一篇之中，忽宣忽湣，似不知燕噲之世當值齊何王之年。而攷伐燕者猶欲據以是正《孟子》，是亦昧昧於齊之年代矣。攷《紀年》載齊田成子、襄子、莊子、悼子、太公，和侯剡、桓公、威王、宣王，合之湣王、襄王、王建，凡十二代，與《莊子‧胠篋》篇謂「田恒弒其君，十二世而有齊國」之說脗合。《史記》漏敘悼子、侯剡二代，故威、宣之立各移前二十二年，而湣王增至四十年，遂使伐燕之事出自宣王者亦復移就湣王。攷《孟子傳》：「退而與萬章之徒作《孟子》七篇」，是《史記》謂七篇之書固孟子當年所手定。其於問答伐燕之齊王，一則曰宣王問取燕，再則曰宣王問諸侯多謀救燕，為宣王甚明。《索隱》引《紀年》，周慎靚王元年書齊威王薨，子宣王立。其明年，魏惠成王薨。其明年為今王元年。又二年而燕噲讓國於其相子之。又二年為赧王元年，齊師殺子之，醢其身。據《紀年》，則伐燕在齊宣王即位之七年。《國策》：「儲子謂齊宣王曰：『因而伐之，破燕必矣。』」又，孟軻謂齊宣王伐燕，王因令章子將五都之兵以伐之。然則以伐燕為宣王事，不獨《孟子》，

竝見於先秦古書，且確有年代可稽，以敎《史記》以爲愍王者，是與否何待辨哉！

汝、漢、淮、泗注江考

《孟子》：「決汝漢，排淮泗，而注之江。」汝、漢、淮、泗，自爲四水無疑。注江，並承上四水爲文，則禹所爲決排而注之江，必塙有注江之道所在。漢趙岐注《孟子》，未嘗致疑可證。後人求之未審，或謂此但作文取字數以足對偶，若以水路之實論之，便有不通，未可據之以求禹跡。

案：疏九河，瀹濟漯，具見經傳可攷，何見注江之水別爲假設以便文？至於吳之邗溝，近人咸謂但引江注淮，而非由淮注江。攷《墨子·兼愛中》篇敍禹治云：「南爲江、漢、淮、汝，東流之，注五湖之處，以利荊楚、於越與南夷之民。」《墨子》亦周季古書，與《孟子》文大同，縱非目擊神禹舊跡，要必各據當時傳記。

攷《禹貢》：「嶓冢導漾，東流爲漢。又東爲滄浪之水，過三澨，至於大別，南入於江。」此漢入江之見於經者。汝水雖不見《禹貢》，《水經》以爲出河南梁縣勉鄉西天息山，而淮、泗則《禹貢》各有明文。後人以漢云入江，與《孟子》注江之文正合。即入江之漢，以例《孟子》之汝及淮、泗之水，還證諸《禹貢》，終覺其不可強通，而各爲坿會。竊嘗攷之說地諸書，而恍然於《孟子》所謂汝者，非天息之汝；所謂淮者，非桐柏之淮；所謂泗者，非陪尾之泗，固與漢皆注江之水也。《續漢·郡國志》云：「豫章郡有臨汝縣。」臨汝云者，大都以邑臨汝水之上得名。今南昌有汝水，即盱江也。西北流入湖漢，則所謂汝乃湖漢也。淮者，《地理志》引桑欽說，淮水北入江。今江南之青弋江，合桐水注丹陽湖。又自丹陽北入江，過今地數郡，即所謂淮也。泗者，《海內經》有之。泗出吳，過胡陵東南入東海。或以爲洙泗之泗者，非。洙泗在魯，不應曰出吳，且不入東海。漢廬江郡胡陵邑南有白湖，即巢湖。巢湖有四源，西曰淝水，東店阜河、三叉河、柘皋河，皆注巢湖。又自巢湖入江，此即所謂泗也，亦即《禹貢》之北江。然則《孟子》所謂注江之漢，固即《禹貢》之漢；注江之淮泗，不必即《禹貢》之淮泗。若汝，則並非《水經》之汝矣。《禹貢》之漢可以注江，淮泗無由注江。即見《水經》而不見《禹貢》之汝，亦無由注江。而《孟子》所舉之汝漢淮泗，固無一不可以注江，何必改易《孟子》之文以遷就哉？　玉縉謹案：或謂云云，係朱子偶讀漫記說。

放勳曰解

　　《孟子·滕文公》篇：「放勳曰。」《疏》：「又言放勳有曰。」《集注》：「放勳本史臣贊堯之詞，而孟子因以號也。堯言，勞者勞之。」又云：「蓋命契之詞。」孔《傳》以「放上古之功化」釋放勳，即「史臣贊堯」之謂。又謂堯言云云，則讀曰如字。案：趙岐《注》：「放勳，堯號也。遭水災，恐其小民放辟邪侈，故勞來之。匡正直其曲心，使自得其本善性，然後又復從而振其羸窮，加德惠也。」是趙以「勞之來之」廿二字乃孟子約舉放勳憂民之事，未嘗以為放勳命官之詞。孫奭《孟子音義》出放勳，方往切。日，丁音馹，或作曰，誤。然則「放勳」下一字是日月之日，而非音越之曰，特日與曰形本相似，經傳中往往淆誤。如《易·大畜》：「曰閑輿衛。」《釋文》：「鄭人實反。」則本作「日閑」。《大戴禮·夏小正》：「時有養日。」洪震煊《夏小正異字記》：「程榮本日作曰。」皆其證。孫奭《上音義疏》謂《孟子》一書由炎漢之後盛傳於世，岐雖生近東京之季，既為《孟子》作注，當據善本。案：《孟子校勘記》注：「堯，號也。」廖本《攷文》古本「號」作「名」。攷《史記·五帝紀》：「弟放勳立，是為帝堯。」《索隱》：「堯，諡也。放勳，名。」《堯典》馬融注：「放勳，堯名。」《白虎通·爵》篇：「《中候》曰：『天子臣放勳。』」據《御覽》，《中候》此語為堯告天文，律以君前臣名大義，自稱放勳，則放勳為堯名無疑。《路史·陶唐紀》：「拼契司徒，教以人倫於日，勞之徠之，匡之直之，輔之翼之。」即據《孟子》立文，則作「日」而非「曰」。案：自「當堯之時」至「而暇耕乎」，約舉禦災教民數大端，原非微引經文，凡以見聖人無一日弛其勤民之事，實無一日息其勤民之念。焦循《孟子正義》言既命益、禹、稷、契而不自己也，日日勞來匡直輔翼，所以然者，使自得之也，而未已也，又從而振德之。「日」字與「又」字相應，與《大學》「日日新，又日新」同。下「聖人之憂民如此」，緊承此數語，不然徒使益、禹等勤勞，放勳轉有暇矣。「而暇耕乎」四字正從「日」字一貫。焦說誠塙。即證之七篇，若雖日撻民，日遷善，言日者甚多。此「放勳日勞之來之」，與《左氏》宣十三年傳「無日不討國人」、「無日不討軍實」，文異意同。反言之曰無日不，正言之曰日。孟子蓋極言放勳之勤民耳。毛晃《增韻》反以「日」字為誤，是所謂以不誤為誤者。若王柏以「勞之」廿二字割補《虞書》「在寬」下，直以為命契之詞，又以誤本《孟子》而更改《尚書》古經已。

洚水者洪水也解

《孟子·滕文公下》篇:「洚水者,洪水也。」以洪水釋洚水,亦見《告子下》篇,竝云:「水逆行謂之洚水」,申明洚水命名之由。趙岐《注》:「水逆行,洚洞無涯,故曰洚水。洪,大也。」即據《孟子》原文為說。而《孟子》謂洚水而即洪水,當是古經說之僅存者。正可見古時說經,大要在音義文字之間。案:《說文》水部:「洪,洚水也。從水,共聲」;「洚,水不遵道,一曰下也。從水,夅聲。」共聲、夅聲古音同在第九部。段氏玉裁謂許氏以洚釋洪,《孟子》以洪釋洚,是曰轉注。洚為水不遵道,水無有不下。是下為水行常道,不遵道故為逆行。《爾雅·釋詁》:「洪,大也。」洪字從水,當以水大本義。堯時橫流泛濫,水勢之大可知。洪水之稱殆以斯。竊謂洚、洪二字古讀音本相近。《周書·洪範》:「鯀陻洪水。」《熹平石經》作「鴻水」。《荀子·成相》篇:「禹有功,抑下鴻。」楊倞《注》:「鴻即洪水。」是「洪」得通用「鴻」。而《淮南子·精神訓》:「澒濛鴻洞。」高誘《注》:「鴻讀子贛之贛。」《說文》貝部:「贛,賜也,從貝,贛省聲。」夂部:「贛,繇也,舞也,從夂,從章,樂有章也,夅聲。」據段注本。是「洪」、「鴻」通,而「鴻」可讀「贛」。贛從贛省,而贛本從夅聲,例以洚亦從夅,則「洚」與「洪」古讀音必不甚相遠。《禹貢》:「北過降水。」鄭康成《注》:「今河內共縣北山,共水出焉。」又云:「降當讀如『郕降於齊師』之降,聲轉為共。蓋周時國於此地者惡言降,故改謂之共耳。」鄭言降、共聲轉,此又方語可憑。而洪從共得聲,洚與降雖一從水,一從阝,攷《水經·河水》篇云:「不遵其道曰降。」與《說文》洚注同。是「洚」、「降」亦可通用。洪氏頤煊曰:「漢以前古音降下之降與降服之降,竝讀如洪。」引《孟子》此文及《荀子·成相》篇,其證以《說文》「夅讀若鴻」,尤為確無可疑。《書·堯典》「湯湯洪水方割」,《皋陶謨》「洪水滔天」,《詩·商頌》「洪水芒芒」,是《書》、《詩》多作「洪水」,此經獨言「洚水」,《孟子》舉習知之洪水釋之,俾讀經者知文異者義同,亦音近者義無不可通也。偽古文改「洚水」作「降水」,枚《傳》「水性流下,故曰降水」,音義全乖,所謂「失之毫釐,謬以千里」者矣。

武王滅五十國攷

《孟子》述周公相武王,滅國者五十。趙岐《注》:「滅與紂共為亂政者五十國也。」趙氏初未分析五十國之名。攷諸《周書》、《史記》,均亦未載。惟

《逸周書》言武王既克殷，遂征四方，凡憝國九十有九，馘俘若干，凡服國六百五十有二，與《孟子》所云，其數大相懸殊，可疑者一。武王、周公，聖君賢相，不應伐滅至五十國之多，即春秋世彊大併吞，亦不至是，可疑者二。遂有以《孟子》所云之五十國，非侈張功烈，即約略都數。竊以當孟子時，七國爭雄，孟子方以罷兵息民為事，安有誇張前王未有之功，適足為世君凌弱暴寡之口實？必無是理。如謂約舉其數，攷經傳稱計國數，就極多者言，則《易》「建萬國」，《書》「協和萬邦」，其餘《禮記》之九夷、八蠻、六戎、五狄，《詩》之「洽此四國」，俱為包舉一切之辭，從未有以五十為都數者。所滅之國，必實有五十之數。書缺有間，姑就所見者攷之。《逸周書·世俘解》：「武王命伐越、戲、方。」孔晁《注》：「紂三邑。」「靡集於陳。」《注》：「靡、陳，紂二邑。」「伐衛、伐曆、伐宣方、伐蜀、禽霍侯、艾侯、俘佚侯、伐厲。」《作雒解》：「周公所征熊盈族十有七國，俘維九邑。」《竹書紀年》：「紂四十四年，西伯發伐黎，其後滅蒲姑、滅淮夷、滅奄、滅唐。」雖係周公相成王時事，然康叔封自成王，《康誥》稱「朕其弟，小子封」，稱「寡兄」。先儒以周公述武王命，《康誥》三篇，武王援封國以例滅國，則此諸國又安知非奉武王命以伐之乎？似亦可歸諸武王，且本為周公相業也。《呂氏春秋》：「商人服象為虐於東夷，周公以師逐之。」《韓非子》：「周公攻九夷，而商蓋服。」《竹書紀年》：「周師取書。」近徐文靖《統箋》：「案《殷本紀》：『西伯伐饑國，滅之。』徐廣曰：『饑，一作肌，又作耆。』是耆即饑國。《左氏傳》『分康叔殷民七族』，有饑氏是也。」則陶氏、施氏、繁氏、錡氏、樊氏、終葵氏與分魯之條氏、徐氏、蕭氏、索氏、長勺氏、尾勺氏，均屬所滅之國無疑。國而稱氏者，猶《書》有有扈氏、蕭慎氏也。是則所滅之國，見於《左氏傳》者十有三，見於《逸周書》二十九，見於《竹書》者五，《呂氏春秋》一，《韓非子》二，適得五十國。攷《春秋》昭二十八年《左氏傳》：「武王克商，封兄弟之國十有五人，姬姓之國四十人。」《荀子·君道》篇：「立七十一國，姬姓五十有三人。」使非先滅此五十國，亦安得有如許空閒土地以分封哉？此又足為旁證者矣。

顏讎由子路妻兄說

《孟子》言「孔子於衛主顏讎由。彌子之妻與子路之妻，兄弟也」。似與子路妻為兄弟彌子妻耳，於顏讎由無涉。趙岐《注》：「顏讎由，衛賢大夫，孔子以為主。」亦不言為子路妻兄。《史記·孔子世家》：「孔子遂適衛，主於子

路妻兄顏濁鄒家。」《索隱》引《孟子》文。今此云「濁鄒」，是子路之妻兄所說不同。《索隱》蓋以子路妻兄為顏濁鄒，非《孟子》所云之顏讎由。《世家》：「如顏涿鄒之徒。」《正義》：「濁音卓，鄒音聚。」則以顏濁鄒當《左傳》之顏涿聚。竊謂《索隱》、《正義》於讎由、濁鄒本是一人，而析而二之，濁鄒、涿聚本非一人，則強為合之。然此誤不始於貞與守節。《漢書·古今人表》有顏讎由，而毛本之顏燭雛，各本作顏濁雛，並列中中，是不以讎由為濁鄒，可見沿誤已久。案：顏燭雛當即顏涿聚。《左氏》哀二十七年《傳》：「齊陳成子召顏涿聚之子晉。」攷《韓非子·十過》篇有顏涿聚諫田成子游海事，《說苑·正諫》篇作顏燭趨。《禮記·檀弓》篇：「陳子車。」鄭《注》：「田、陳古同音。」是田成子即陳成子。涿聚、燭雛、燭趨，形聲竝近，字得通用。涿聚當為燭雛，攷之以時，正合也。《呂覽·尊師》篇：「顏涿聚，梁父之大盜也。」《淮南·氾論》篇：「顏涿聚，梁父之大盜也，而為齊忠臣。」諸葛亮《梁父吟》有「步出齊東門」語，可見梁父齊地，卒為忠臣，尤與《左傳》陳成子謂涿聚子晉隰之役而父死焉吻合。就顏涿聚攷之，始為盜於齊地，終覆沒於齊師，始終為齊人。孔子至衛，何緣主之？然則燭雛決非濁鄒，而《史記》所稱子路妻兄之顏濁鄒，即《孟子》所稱孔子所主之顏讎由。無論由、鄒聲近，即讎從雔聲，濁從蜀聲，古音同在第三部。讎由之為濁鄒，大約以音近而傳別。《孔叢子·記義》言：「顏讎由善事親，後以非罪，執子路請贖焉。二三子納金於子路。或謂孔子曰：『受人之金以贖其私昵，義乎？』」疑子路為私於所昵，可為妻兄之明據。且就《孟子》之文論，有灼然可見者。蓋《孟子》本以「彌子之妻與子路之妻兄弟也」十二字為一句，「兄弟」承上「顏讎由」說，言讎由為二妻之兄弟。彌子見孔子主於子路兄弟家，亦何不可主於子路妻之女兄弟家？故有孔子主我之請，正非無因。《四書釋地續》謂讎由，子路妻兄，則亦彌子妻兄也。洵善讀《孟子》者。然則《史記》書「主於子路妻兄顏濁鄒家」，非即本之《孟子》哉？

衛孝公費惠公攷

《孟子》謂「孔子於衛孝公，公養之仕也」。又，費惠公曰：「吾於子思，則師之矣。」攷《春秋》、《史記》，衛無孝公。《孟子》以小國之君目費惠公，列國亦不聞費名。然之兩公於傳無徵，而孔子為之仕，子思為之師，正可據孔子、子思時參證之。案：《四書賸言》力辨《疏》仍是靈公之非，謂明明有孝

公字，豈可不信《孟子》而反信《史記》？趙岐《注》：「衛孝公以國君養賢之禮養孔子，故孔子為留宿以答之。」似古原有成文，究亦懸擬之詞，於孝公當衛何君，仍未核實。

　　竊謂以孝公為衛輒者近是。攷《公羊傳》曰：「輒以王命辭父命，是父之行乎子也；以家事辭王事，是上之行乎下也。」《檀弓正義》亦謂「衛輒距父，而《公羊》以為孝子」。是謂輒為孝，後之經師家且有其說。《集注》攷證出公輒拒父為不孝，其臣諱之以禮。律，嫡孫當承重繼祖，不以父命違王父命，故特以孝諡之，以掩其非。大抵衛輒拒父，其知者以為父命而逆，不知者以為遵王父命以孫禰祖，當時容以為孝。臣下諱言，以是為非，諡之曰孝，此即以「知禮」稱魯昭公意。《論語》孔子與子貢論衛事，即孝公公養之時。冉有之疑，與子路問公山佛肸之召正同。若以一人兩諡為疑，則蒯聵諡莊，《漢書·人表》謂之簡公，以例出公之或為孝公，亦一證。《日知錄》：「春秋時有兩費，一稱費滑，滅於秦而屬於晉；其一魯季氏邑。子思時所謂費滑者久亡，疑季氏之後僭稱公者。」〔註1〕《四書釋地》：「金仁山引曾子書有費君、費子。《呂氏春秋》：『以勝費則勞。』《說苑》：『魯人攻鄪，曾子辭於鄪君。』《魯世家》言悼公時，三桓勝魯如小侯，卑於三桓之家。則季氏彊僭，以私邑為國號無疑。」《經問》：「春秋戰國間，凡都邑之長，與有地之君相比，原有邑宰都君之稱，以長於其地。魯在戰國方五百里，則費或稍寬，其得以都君而僭國君，容有然

〔註1〕《日知錄》卷七《費惠公》：
《孟子》：「費惠公。」《注》：「惠公，費邑之君。」按：春秋時有兩費。其一見《左傳·成公十三年》：「晉侯使呂相絕秦，曰：『殄滅我費滑。』」《注》：「滑國都於費，今河南緱氏縣。」〔莊公十六年：「滑伯。」《注》同。昭公二十六年：「王次於滑。」《注》：「滑，周地，本鄭邑。」〕襄公十八年：「楚蒍子馮、公子格率銳師侵費滑。」蓋本一地，秦滅之而後屬晉耳。〔女叔侯對平公曰：「虞、虢、焦、滑、霍、揚、韓、魏，皆姬姓也，晉是以大。」〕其一僖公元年「公賜季友汶陽之田及費」。《齊乘》：「費城，在費縣西北二十里，魯季氏邑。」〔《漢梁相費汎碑》云：「其先季友為魯大夫，有功，封費，因以為姓」。按：隱公元年已有費伯，即費庈父。〕在子思時，滑國之費其亡久矣，疑即季氏之後而僭稱公者。魯連子稱陸子謂齊愍王曰：「魯費之眾臣甲舍於襄賁。」而楚人對頃襄王有鄒、費、郯、邳，殆所謂泗上十二諸侯者邪？
仁山金氏曰：費本魯季氏之私邑，而《孟子》稱小國之君，曾子書亦有費君、費子之稱。蓋季氏專魯，而自春秋以後，計必自據其邑，如附庸之國矣。大夫之為諸侯，不待三晉而始然，其來亦漸矣。
季氏之於魯，但出君而不敢立君，但分國而不敢篡位，愈於晉、衛多矣。故曰：「魯猶秉周禮。」

耳。」據諸說，費即魯之費邑，故與魯相攻伐。攷曾子、子思時代相接，曾子時費已稱君，則稱公亦古所有。至師子思之惠公，案《藝文類聚》引《尸子》「費子陽謂子思曰：『吾念周室將滅，泣涕不可禁也。』子思曰：『然』」云云，與子思問答於師事之文亦近。然則費惠公者，費子陽殆即其人。是衛孝公、費惠公雖罕見於他說，正可據《孟子》所述，攷之孔子、子思之時，以補經傳所遺。

先酌鄉人解

《孟子》一書，可補禮經之闕，不獨論井田、班爵祿、親迎等篇也。《告子》篇：「先酌鄉人。」漢趙岐《注》：「當先鄉人。」宋孫奭《疏》：「當先酌鄉人。」朱子《集注》：「酌，酌酒也。」就經文而衍之，所以「先酌」之誼具未申明。玩味上文語氣，此蓋據古時鄉飲酒之禮。何以言之？上文曰伯兄，指兄之尤長者而言。鄉人長於伯兄一歲，此鄉人為一鄉中之老人可知。不泛言賓，而曰「鄉人」，曰「酌」，明就鄉飲酒時言之可知。

試旁證以他經。《豳風·七月》之卒章：「朋酒斯饗。」毛《傳》曰：「饗者，鄉人飲酒也。」其六章曰：「為此春酒，以介眉壽。」可見鄉飲酒之時，本寓尚齒之意，即《孟子·公孫丑》篇所謂「鄉黨莫如齒」，《禮·王制》篇所謂「習鄉上齒」也。《大雅·行葦》篇，鄭《箋》以為「養老之詩」，其卒章曰：「酌以大斗，以祈黃耇。」《詩》所詠之「黃耇」，即可以例本經「先酌」之「鄉人」。則本經所云「先酌」，實以鄉人齒長於兄之故，可即是詩以為證。《周禮》：「黨正以禮屬民，而飲酒於序，以正齒位。」其所謂「正」，或即指酌之先後。《禮·鄉飲酒義》曰：「所以明尊長，所以明養老。」今鄉人既長於兄，又值酌酒之時，一先酌而尊長養老之誼，皆見《論語·鄉黨》篇：「鄉人飲酒，杖者出，斯出矣。」杖者，蓋杖於鄉者。既飲之後，不敢先出。當酌之時，先酌何疑？大約古固有專篇記鄉飲酒禮尚齒之事，至後世而亡失。「先酌」一語，猶可想見其遺意云。

《孟子》稱齊初封百里與管仲對楚使語不合說

《孟子》言「太公封齊，儉於百里」。《左氏傳》管仲對楚使，述其先君賜履，東至於海，西至於河，南至於穆陵，北至於無棣。服虔《注》：「皆太公始受封土地疆竟所至也。」後人因服《注》，不能無疑於《孟子》。竊謂服以賜履

為受封，故有此誤。《史記索隱》：「舊說穆陵在會稽，非也。案：今淮南有穆陵門，是楚之境。無棣在遼西孤竹。」雖未言數逾百里，要以服說為非。《史記》：「太公始封於齊營邱。」《正義》：「《括地志》云：『營邱在青州臨淄北百步外城中。』」《漢書·地理志》：「齊郡臨淄縣，師尚父所封。」《孟子》言「公侯皆方百里」，《白虎通》「一說盛德始封百里」，則百里為古時候封定制。《周易》說雷聞百里，諸侯國制，厥象取此。《魯頌》：「公車千乘」，惟百里國數適相應。《左氏傳》：「子產曰：『昔天子之地一圻，列國一同。』」同為方百里。此又經傳明文。就齊地而論，春秋時紀鄣、萊、棠在其東，初封時東未必即至於海也。班氏謂成王滅薄姑，益齊封。薄姑為今青州府博興縣，其西境稍拓，則始封時非齊有也。《春秋大事表》：「穆陵今在山東青州府臨朐縣東南一百五里大峴山上，一名破車峴。」然就東、西、北三處例之，何以南面獨限近境？杜佑《通典》：「鹽山，春秋之無棣邑也。」元於其地分置兩無棣縣，今直隸天津府之慶雲、山東武定府之海豐，皆元所分無棣之地，皆以無棣溝得名。案：無棣是齊西北邊境，其地廣莫，今跨兩省，春秋置邑安得如此之大？且杜預注《左傳》，於地理最精審。其春秋時地名，皆指晉之郡縣為某地以實之。其未能確信，則但云某地以闕疑。穆陵、無棣，杜云皆齊地，未明言當今某郡某縣，可知穆陵關、無棣溝，杜時尚無此說。又安知非後人因管仲之語，而設關濬溝以沿襲其名邪？《元和郡縣志》：「穆陵關在淮南道黃州麻城縣西北穆陵山上，一名木陵關。」與小司馬謂楚境合。其云：「無棣在遼西孤竹。」攷《史記》：「齊桓公救燕，伐山戎，至於孤竹」，《穀梁傳》謂桓公山戎之役，越千里之險，則去齊境遠甚。據小司馬之說穆陵、無棣，在唐時確有可徵，始終未嘗屬齊，不特初封時也。蓋管仲答楚使遠涉吾地語，故述先王之命，見東西南北有不順之諸侯，即在所當征，本非與楚計議封略而侈述其先受封之廣也。解《左氏》者異於《孟子》，非管仲之言異於《孟子》也。

弟子門人攷

歐陽永叔《跋孔宙碑陰題名》云：「受業者為弟子，受業於弟子者為門人。」朱竹垞撰《孔子門人攷》，備引《論》、《孟》中門人以為證，謂「門人厚葬之」為顏淵之弟子，「子出，門人問」為曾子之弟子，「子路使門人為臣，門人不敬子路」為子路之弟子，「子夏之門人」為子夏之弟子。「門人治任將歸」為子貢之弟子。蓋本古注疏，大約以上下文有顏淵、曾子、子路、子夏、子貢字，而

彊為分別。案：所舉諸條，惟子夏之門人不誤，以《論語》明曰「子夏之門人」。此門人屬之子夏，猶「曾子有疾，召門弟子」，方是曾子之弟子。如稱為門人，當與諸稱門人一例，則「曾子有疾，召門弟子」與「子聞之，謂門弟子」稱同，將曾子所召者，即同侍聖門諸弟子，乃自稱曰「予」，呼之曰「小子」，抑何倨傲至此！

　　竊謂以父事之，以兄事之，故曰弟子。得其門而入，故曰門人。名異而實不異。就《論》、《孟》攷之。子曰：「從我於陳、蔡者，皆不及門也。」又曰：「由之瑟奚為於某之門？」公都子曰：「滕更之在門也。」曹交曰：「願留而受業於門。」是以及門而始稱弟子。弟子即門人可知。如因上下文有顏淵諸賢字，指為諸賢之弟子於孔子為門人，則「互鄉童子見，門人惑」，「盆成括見殺，門人問」，此門人又為誰之弟子？如仍以為孔、孟之弟子，則門人、弟子異而同矣。且就《孟子》所述，門人治任事。而《論》當孔子既沒，山頹木壞之悲感，及門諸賢必各有不能已於中者，際此時屆三年後，將天各一方，臨歧路而增欷，指墓木而如訴。在常人猶難乎為情，乃子夏、子張、子游、有若、曾子諸賢，處之自若，飄然捨去，獨子貢師若弟相向慟哭，不特子貢不忍倍其師，即子貢之弟子亦有不忍倍其師之師者，是何子貢之弟子誼之厚而孔子之弟子誼之薄邪？揆諸情理，所必無矣。竹垞又引東漢諸碑，謂「有弟子，有門生」。無論彊執漢時門生之號，以當《論》、《孟》中之門人。攷《漢書》云《敞傳》〔註2〕：「敞師事同縣吳章。章為當世名儒，教授尤盛，弟子千餘人。莽以為惡人黨，皆黨禁，固不得仕官，門人盡更名他師。敞時為司徒掾，自劾吳章弟子。」顏師古《注》：「更以他人為師諱，不言是章弟子。」然則漢時所謂門人，亦即弟子也。宋人攷古，每以臆測。竹垞不知糾正，從而為之辭，惑矣。

讀《孟子》書後

　　《孟子》七篇，大旨所謂閑先聖之道，援天下之溺者也。於時七國爭雄，士率趨於罔利，所習縱橫捭闔，輒以闢土地、充府庫自任，何一非背道而不顧其民？而孟子斥之，曰「民賊甚之」，曰「服上刑」。自述好辨之不得已，縶惟楊、墨。據孟子言「楊氏為我」，又云「拔一毛利天下而不為」。朱之說佚，不可知。墨氏則尚有存者。其言國家昏亂，則語之尚賢、尚同；國家貧，則語之

〔註2〕按：「云《敞傳》」，疑當作「《敞傳》云」。

節用、節葬；國家喜音沉湎，則語之非樂、非命；國家淫僻無禮，則語之尊天、事鬼；國家務奪侵陵，則語之兼愛云云。與意在救世者將毋同？以視商、韓、孫、吳之徒，道其所道，而逢君之惡，當有間矣。孟子等其害於洪水猛獸，充其極至於無父無君。度孟子規矩至聖，於楊、墨斷不屑為已，甚乃辭而闢之如斯。嘗求其故，而例諸箸述，申、韓、孫、吳之徒所為，譬諸釋、老家，而楊、墨氏所云，則後來理學家也。釋、老之張皇禍福，蔑棄倫常，非不足熒愚夫婦之見聞，要不值通儒之一哂。申、韓、孫、吳而不遇戰國與夫大無道之主，孰從而信行之？若理學家，何嘗不尊往聖？何嘗不重經訓？稱引則歷歷可稽也，坿會則娓娓動人也。一二制行卓絕者，未嘗不自異於庸流，而核以實事，求是傚於一鄉一邑，信之者付以大任而貽誤矣。所爭心性空談，差以毫釐千里。惑之者無以應變，而待亡矣。生心而害政，發政而害事。似是而非之流弊，揆諸詖行邪說，同歸於害道而病民。七篇之作，固已早見及此，而為是兢兢也。孟子云：「不易吾言。」信乎其不可易哉！

東至日所出為大平攷

《爾雅·釋地》：「東至日所出為大平。」郭璞無注。近郝懿行《爾雅義疏》：「大平者，《大荒東經》云：『東海之外，大荒之中，有山，名曰大言，日月所出。』蓋此大平也。」案：「言」與「平」音義俱遠。郝氏殆見有「日月所出」一語，故引以為說。然《大海東經》所記，尚有山名合虛，山曰明星，俱云「日月所出」。以大言當大平，似未可信為必然。據《爾雅》定其方曰東，指其地為日所出，攷之《尚書·堯典》「宅嵎夷曰暘谷，寅賓出日」之文，與之正合。則《爾雅》所云「大平」，殆即經傳所云東夷也。《詩·草蟲》：「我心則夷。」《出車》：「玁狁于夷。」《節南山》：「式夷式已。」《召旻〔註3〕》：「實靖夷我邦。」《桑柔》：「亂生不夷。」毛《傳》俱云：「夷，平也。」可證「夷」本有「平」義。《說文》：「夷，平也。從大從弓。東方之人也。」是「夷」本訓「平」，而文從大，即以大平稱之者。《風俗通》：「羌本西戎卑賤者也，主牧羊，故羌字從羊，人因以為號。」取義正同。且又為東方之人。《尚書·顧命》：「夷玉。」鄭《注》：「釋以珣玗琪。」《爾雅·釋地》：「東方之美者，有醫無閭之珣玗琪焉。」《說文》玉部：「醫無閭之珣玗琪，《周書》所謂『夷玉』。」是夷為東方專名。《禮記·祭義》：「日出於東。」東本為日出之方，與日所出之文相符。

〔註3〕「旻」，原作小注「謹避」。

本篇下云：「大平之人仁。」案：《論衡・驗符》篇：「東方曰仁。」《寰宇記》引《四夷志》云：「東方仁，故其俗頗有中國之風。」《漢書》「夷」作「尸」，古「仁」字，是「夷」與「仁」本同字。所云「大平之人仁」，猶云大平之人夷也。此尤可證大平之即東夷。《說文》羊部「羌」下：「唯東夷從大。大，人也。夷俗仁，仁者壽，有君子不死之國。」《淮南・地形訓》：「東方有君子之國。高誘《注》：「東方木，德仁，故有君子之國。」《後漢書・東夷傳》：「《王制》：『東方曰夷。』夷者，柢也。言仁而好生，萬物柢地而出，故天性柔順，易以道御，至有君子不死之國焉。」《爾雅》以仁稱大平之人，與諸書稱東夷無不同。然則以日所出論，地當在東；以地形論，夷適因在東而名；以字義論，夷兼大平之訓，且性仁，具見漢時傳說。似較以大言為大平，差有實據。爰攷之，以補郝氏之遺。

濫泉沃泉氿泉辨

《爾雅・釋水》：「濫泉正出。正出，湧出也。沃泉縣出。縣出，下出也。氿泉穴出。穴出，仄出也。」分釋泉之異名，無非以所出之不同。郭《注》引《公羊傳》「直出，直猶正也」，釋「正出」；「從上溜下」，釋「下出」；「從旁出」，釋「仄出」。

攷《公羊傳》：「直泉者何？湧泉也。」與《雅》訓「正出」、「湧出」適合，故引以為注。案：《釋水》明言正出者，濫泉。《孟子・滕文公》篇一則曰「洪水橫流，泛濫於天下」，再者曰「水逆行，泛濫於中國」，是濫當謂水不由正道。則以濫目正出之泉，不無可疑。案：《〈詩・采菽〉傳》、《〈瞻卬〉箋》：「檻泉正出。」孔《疏》皆謂「本釋水」。似「濫」本作「檻」。《〈爾雅校〉勘記》：「段玉裁云：『濫泉，正字；檻泉，假借字。』」而《校勘記》引《論衡・是應》篇「《爾雅・釋水》章『檻泉』」云云，是漢儒所見《爾雅》本作「檻」字。《〈文選・答賓戲〉注》：「《爾雅》：『濫泉。』韋昭曰：『濫音檻。』」是即作濫，而漢儒乃讀檻，音咸，與《詩》合。安見「濫」為正字，而「檻」為假字？《釋名》：「檻車，上施闌檻，以格猛獸。」是以四旁設有闌檻而名。《〈采菽〉疏》：「李巡曰：『水泉從下上出，曰湧泉。』」案：泉流率自上而下，檻泉乃自下湧上，不啻四旁有所遮遏，遂激而上行。《〈漢書・谷永傳〉注》：「檻，義取檻枑之檻。」檻枑，殆謂規之於正。檻泉之湧出，一若有檻枑使然。則名檻視名濫較顯。

邵、郝兩家釋沃泉，咸據《說文》沃為溉灌之解，及《釋名》「懸出曰沃泉」，水從上下有所灌沃為證，初無異詞。案：《〈詩·下泉〉疏》引《釋水》「沃泉」李巡《注》：「水泉從上溜下出」，是郭《注》即本李巡而省一「出」字，似沃泉以自上而下得名。抑思就下本水之性，高懸下溜，凡山泉類然，何所取而別謂為沃？竊謂李《注》言「從上溜下出」者，殆以沃泉下出，幾與從下上出之檻泉無異，惟檻泉自下超湧徑出，而沃泉之下出乃從上溜，斯其別矣。

邵、郝釋氿泉，亦本《說文》、《釋名》，且以毛《傳》「側出曰氿泉」證「仄」、「側」文異義同。「穴」出之「穴」，當依《說文》，作水從孔穴疾出之「沈」。郝竝謂《〈詩·大東〉疏》引李巡曰：「水泉從旁出名曰氿。」氿，側出，未顯「穴出」之義。案：《經義述聞》：「氿泉言穴出者，穴非孔穴之穴，乃回穴之穴。」歷引《文選·幽通賦》及各家注並宋玉《風賦》、《後漢書·盧植傳》諸言回穴，義咸與此同。以邪謂之回，僻謂之穴。僻者，偏也。氿泉從旁出，故曰穴出，又曰仄出。穴與仄皆不正之名，與濫泉正出相對，非謂其從孔穴中出。辨尤明晰。竊謂李《注》所云「從旁出」，正以穴非孔穴，故但言旁出以見泉出之不正耳。

然則《釋水》之濫泉也，沃泉也，氿泉也，李巡《注》要為可據。其字之孰正孰假，抑又無待辨已。

《玉燭寶典》引《爾雅注》郭璞《注》不錄

「扶搖謂之猋。」李巡曰：「扶搖，暴風從下升，故曰猋。猋，上。」孫炎曰：「回風從下上，故曰猋。」　孟春。

《爾雅》曰：「春為蒼天。」李巡曰：「春，萬物始生，其色蒼蒼，故曰蒼天。」「春為青陽。」孫炎曰：「春氣青而陽暖日。」

《爾雅》：「鼸鼠。」李巡曰：「鼠從田中銜穀藏。鼸，名也。」

《爾雅》曰：「雇鴳。」犍為舍人注云：「趣民收麥，令不得晏起也。」李巡云：「鴳，一名鳸；鳸，隻也。」

《爾雅》曰：「正月為陬。」李巡曰：「正月萬物萌芽，陬隅欲出。曰陬，陬出之也。」

《爾雅》曰：「一歲曰薔。」孫炎：「曰始薔殺其草木。」

「食心曰螟。」犍為舍人注云：「食苗心者名螟，言冥然不知。」李巡曰：「食禾心為螟。言其奸冥難知。」　中春。

「食葉曰螣。」李巡曰：「食禾葉者，言其假貸無厭，故曰螣。」孫炎曰：「言以假貸

為名，因取之。」

「食節曰賊。」樊光注云：「言其貪狠急疾。」李巡曰：「食其節言其貪狠，故曰賊。」孫炎曰：「言其貪酷取之也。」

《爾雅》：「鮥，叔鮪。」孫炎注云：「海濱謂之鮥，河洛謂之鮪。」

《爾雅》曰：「二月為如。」李巡曰：「二月，萬物戴甲負芽，其性自如也，故曰如。」孫炎曰：「萬物皆生，如其性也。」

《爾雅》：「榮螈，蜥蜴，蝘蜓，守宮。」犍為舍人注：「螈字下長加一。」龜字釋云：「榮螈名。龜，一名蜥蜴。蜥蜴，又名蝘蜓。蝘蜓，又名守宮也。」李巡云：「榮蚖，一名蜥蜴。蜥蜴，一名蝘蜓。蝘蜓，一名守宮。皆分別一物二名也。」唯轉「螈」為「蚖」。孫炎云：「別四名，一本云轉相解。《博異語》：『劉歆《爾雅注》：榮螈下云：龍螫化為元龜。』」並引《詩》「胡為蚖蜴」。《爾雅》：「魄，蛹。」犍為舍人注云：「魄名蛹，今蠶也。」李巡云：「蠶蛹一名魄。」

《爾雅》：「蟷蜋，虹也。」孫炎曰：「別三名。」 季春。

《爾雅》曰：「三月為病。」李巡曰：「三月陰氣在上，陽氣未壯，萬物微弱，故曰病。病，微弱也。本作病。」孫炎曰：「物已絕地，有莖柄也。」

《爾雅》曰：「夏為昊天。」李巡曰：「夏，萬物盛壯，其氣昊昊。」孫炎曰：「夏天長物，氣體昊大，故曰昊天。」

「夏為朱明。」孫炎曰：「夏氣赤而光明也。」

《爾雅》：「葭，木槿。櫬，木槿。」劉歆注：「主別三名，其樹如李。其華朝生暮落。」 仲夏。

《爾雅》：「五月為皋。」李巡曰：「五月萬物盛壯，故曰皋。皋，大也。」孫炎曰：「皋，物長之皃。」

《爾雅》云：「鴷，斲木。」劉歆注：「斲音中木反，啄樹蠹而食之。」

《爾雅》曰：「蛬，蟋蟀。」劉歆注云：「謂蜻蛚蟋也。」孫炎云：「梁國謂之曰蛬。」季夏。

《爾雅》：「螢火即炤。」犍為舍人注云：「螢火名，即炤也，夜飛有火蟲也。」李巡云：「熒火夜飛，腹下如火，故曰即炤。」

《爾雅》曰：「六月為且。」李巡曰：「六月陰氣將盛，萬物將衰，故曰且，時也。」孫炎曰：「且之言龘物龘大。」

《爾雅》曰：「秋為旻〔註4〕天。」李巡曰：「秋，萬物成熟，皆有文章，旻文也。」

―――――――――――――――――――――――

〔註4〕「旻」，原作小注「敬避」。下同。

孫炎曰：「秋天成物，使有文，以故曰旻天。」　孟秋。

「秋為白藏。」孫炎曰：「秋氣白而收藏也。」

《爾雅》曰：「七月為相。」李巡曰：「七月萬物勁剛，大小善惡皆可視而相，故曰相也。」孫炎曰：「相，稛也，物實生皮之也。」

《爾雅》曰：「八月為壯。」李巡曰：「八月萬物成就，形體剛，故曰壯也。」孫炎曰：「物實完壯而勁成也。」　仲秋。

《爾雅》曰：「冬為上天。」李巡曰：「冬陰氣在上，萬物伏藏，故曰上天。」孫炎曰：「冬天藏物，物伏於下，天清於上，故曰上天。」　孟冬。

「冬為玄英。」孫炎曰：「冬氣玄而物歸中也。」

《爾雅》曰：「十月為陽。」李巡曰：「十月萬物深藏，伏而待陽也。」孫炎曰：「純陰用事，嫌於無陽，故曰陽。」

犍為舍人《爾雅注》云：「南陽謂鵯鶋為鉤鴿，玄冬素節，或夜至人家。」

《爾雅》：「栵，栭。」孫音杵。　中冬。

「櫟其實梂。」劉歆注云：「實有角如栗。」李巡、孫炎云：「山有苞櫟，實橡也。有梂彙自裏也。」

《爾雅》曰：「十一月為辜。」李巡曰：「十一月萬物虛無，須陽任養，故曰辜任也。」孫炎曰：「物幽閉蟄伏，如有罪辜。」

《爾雅》：「十二月為塗。」李巡曰：「十二月萬物始牙，陽氣尚微，故曰塗，微也。」孫炎曰：「物始牙生。生，通也。」　季冬。

《爾雅》：「四達謂之衢。」孫炎云：「衢，交道四出也。」　《荀子·勸學》篇注。

青學齋集卷十二

新陽汪之昌

漢魏經儒習魯詩者傳經表外尚有何人說

《漢書・藝文志》：「《詩經》二十八卷。魯、齊、韓三家。《魯故》二十五卷。《魯說》二十八卷。」又曰：「與不得已，魯最為近之。」是漢儒於《詩》三家中尤重《魯詩》。《儒林傳》敘授受源流甚備，而習《魯詩》者，西漢彌盛。蓋漢儒夙重師法，班、范兩書略見大概。《隋書・經籍志》言「《魯詩》亡於西晉」，而所敘石刻有《一字石經》。〔註1〕《魯詩》六卷，《志》以《一字石經》立於魏正始朝，則魏時《魯詩》具存，經儒當有講習之者。

近畢氏沅撰《傳經表》一卷，備舉周秦漢魏經學傳授流派。凡經說不名一家，史傳亦無所習某經之文，則概列通經表，限斷謹嚴，自敘較朱睦㮮《授經圖》、朱彝尊《經義攷・師承》所錄詳實倍之。表於《魯詩》，首尊孔子，下逮李業，凡五十二人。傳自何人，所傳世次，一一攷訂分注，罔非信而有徵。然尚有經習《魯詩》而表未敘入者。

表列楚元王交、夷王郢客，蓋以《魯詩》之學衍於申公，而元王與之同學同師，《魯詩》自是元王專家之學。劉向為元王後裔，通習經典，斷無不恪守家法。向撰《列女傳》，所引《詩》說，率皆《魯故》，即習《魯詩》之明證。《後漢・魯恭傳》：「與弟丕俱習《魯詩》。」丕教授《魯詩》，外兼以《尚書》。雖門生就學者常百餘人，其間容或不盡《魯詩》。恭拜《魯詩》博士，《傳》言「家法學者日盛」，則恭於《魯詩》洵足當傳經之稱。蔡邕習《魯詩》，

〔註1〕《隋書》卷三十二《經籍志一》：「《一字石經魯詩》六卷。」

未知授自何人，而據之書《石經》。雖經殘毀，而留存之字尚可想見《魯詩》之一二，以例《獨斷》所述《頌序》三十一篇，當亦《魯詩》家遺說。則邕於《魯詩》正不得沒其傳經之功也。王逸《楚詞章句》引《詩》，每與《韓》、《毛》不同，而與《爾雅》及《列女傳》輒合。近臧庸定為多《魯詩》說，羅舉證明，見《拜經文集》。據此，則逸亦習《魯詩》者。《〈魏志·王肅傳〉注》：「隗禧說齊、魯、韓、毛四家義。」雖非專習《魯詩》，可見魏儒於家法頗知分別。《魏風》：「三歲貫女。」《釋文》：「徐邈音『貫』為『官』。」近惠棟謂「官」是「宦」字之誤。案：《石經》本作「宦女」，則魏儒習《魯詩》者，邈亦其一。自孫炎、王肅以後，漢儒專門之學一變殆盡。畢氏此表於經學不為無裨，即就《魯詩》論，於《通經表》所未及者，更攷之史籍而更正之，亦不可少之作也。

太學石刻拙老人書十三經攷

自後漢勒經於石，畫一文字，厥後《一字》、《三體》踵接系興。唐開成時，重立《石經》，亦止十二。孟蜀殘刻，不足比數。趙宋始勒九經於汴中之學，書者不一其人。繼頒御書於紹興之年，刻者曾無多種，既非全經，難言完備。曷若我朝太學石經刻者，數有十三，繕寫出蔣衡一人之手也。攷衡籍無錫，號拙存，自號拙老人。年歲六十，自力寫經。更歷十餘年，而《十三經》俱全。為之潢治者馬太常，為之進獻者高相國，錦韜香匣，得儲內廷。逮高宗朝議刻《石經》，阿文成請以此書寫底本，摹勒上石。夫以衡之精勤，誠不多覯。然據以書者，或未窺御纂、欽定之本，或尚沿坊刻俗本之訛。歷時既久，前後未能一律；字數又多，精神更難貫注。舛錯迭出，亦固其所。其間經注錯互，羨文脫字，洪稚存《上石經館書》〔註2〕撮舉二十四條，焦里堂謂其以「『塙』代『堨』，省『篋』成『篋』」〔註3〕，工於書法，疏於字體。初時刊刻，會迫期限，未盡釐正。彭文勤公所撰《石經攷文提要》、王述庵所著《金石萃編》一一詳載，均可參攷。今《石經》巍峙太學，文字多依古本，邁漢魏唐宋而上者，誠由後來之審訂修改之精覈。而拙老人以一經生，值聖世經學昌明之會，榮叨國子監學正之銜，名坿太學中《石經》之末，耆儒異數，曠古罕逢。爰詳攷其事之始末，羅列如右，為讀太學《石經》者一助。

〔註2〕《卷施閣文甲集》卷七。
〔註3〕焦循《儀禮石經校勘記後序》。

讀《古經解彙函》書後

經學家有漢、宋之別，漢學重師法，宋學務心得，各本所學而箸之所解經書中。吾謂東西京守師法雖同，而西京專精一經，東京則兼通諸經，是東漢已不盡同於西漢。奚論宋之遠異於漢，且宋誠不同於漢。宋實相沿夫唐也。鍾謙鈞氏輯兩漢人說經書八種，曰《鄭氏周易注》、《陸氏周易注》、《易緯八種》、《尚書大傳》、《韓詩外傳》、《毛詩草木鳥獸蟲魚疏》、《春秋繁露》，以《鄭志》終焉。漢以後，自晉及唐，說經書亦八種，曰《周易集解》、《周易口訣義》、《春秋釋例》、《春秋集傳纂例》、《春秋微旨》、《春秋集傳辨疑》、《論語義疏》、《論語筆解》。總署之曰《古經解彙函》。體例具《自敘》及馮端本《敘》中。《尚書大傳》、《韓詩外傳》、《春秋繁露》雖均非完書，而西漢人之解經略見一斑。《鄭氏周易注》及《鄭志》為康成一家言。績之注《周易》，璣之疏《毛詩草木鳥獸蟲魚》，未始不可別為陸氏家學。而二陸生漢末，未及躬列鄭門。璣《疏》明題「毛詩」，而鄭君固為毛《傳》作《箋》，則璣《疏》亦鄭學之支流餘裔。《易緯八種》，雖雜取各緯，分析而成，究與偽撰者異。《宋·藝文志》：「鄭康成注《易鑿度》三卷。」馬端臨《經籍攷》以諸緯注皆出康成。則《周易》以下解經五書莫非鄭學矣。杜預《左傳集解》間有強經以就傳，而所撰《釋例》，於土地、世族、長曆，攷訂頗見詳覈，不失實事求是之家法。唐陸質述其師啖助、趙匡說，為《春秋集傳纂例》、《春秋集傳辨疑》、《春秋微旨》三書，務求異於先儒，即《三傳》亦不嫌攻駁。後來捨傳求經，實開其先，一變漢經師治經舊法。史徵《周易口訣義》所稱引，不乏《易》家古說，而《自序》謂為宗王，則亦以意解經，與陸質之說《春秋》略近。是憑臆見以解經，唐時已然。皇侃《論語義疏》作於唐前，江熙所集十三家說賴之以存。《論語筆解》，讀者不免滋疑。然「晝寢」之異解，本之梁武。「不問馬」之異音，亦見《釋文》。均非憑臆立說矣。案：今學官所立，自《周易》迄《爾雅》，凡十三經。而此書解《易》者，鄭、陸兩注、《周易集解》、《口訣義》、《易緯》；解《書》者，《尚書大傳》；解《詩》者，《韓詩外傳》、《毛詩草木鳥獸蟲魚疏》；解《春秋》者，《春秋繁露》、《春秋釋例》、陸質說《春秋》三書，左氏、公、穀三家事蹟議論備於斯；解《論語》者，皇侃《疏》及《筆解》，而《孟子》全書大義可據以相推。惟《三禮》不無闕如之憾。然《禮》學為鄭君專家。《鄭志》一書，就輯本言之，天文、地理、朝章、經訓，亦有一二關涉。《漢·藝文志》，《爾雅》入《孝經》家。二經義可互參。此書坿《方言》以下十四種為《小學

彙函》，隱以相配。然則《古經解彙函》於《十三經》雖不必備其名，何不可會其通？西漢時之解經見於斯，東漢時之解經見於斯，漢以後之解經異於兩漢者亦肇端於斯。坿小學於後，以解經由小學入，小學未可遽謂之經學也。治經學者有志於古，將法漢之儒歟？抑取之漢以後歟？姑書所見於全書後，以質諸解經之專家者，所願熟會之爾。

代擬《皇清經解編序》

經學之盛，莫盛於漢。時蓋去古未遠，說經尤重師法。平時講習，無非聖經賢傳。外此亦皆先秦古書。其說之精者，質諸微言大義而無違。極之一名一物，亦必攷證確鑿，故得坿經傳而存錄。我朝經學昌明，一變宋以來空言釋經之習，士大夫之箸撰成書者，或專治一經，或兼治諸經，有闡發《注疏》所未及者，有糾正《注疏》之違失者，亦有與古今人各執一說、以俟折衷於後來者，衮然燦然，漢經師實事求是之旨，遙遙若合符節。阮文達公嘗取顧亭林氏以下諸家解經書，彙刻為《皇清經解》，都一千四百卷，編次條例略見夏宗恕、嚴傑兩序中。文達此舉，不獨為後學樹說經之準的，抑亦備我朝之一大箸作矣。

某束髮受經，粗識途徑，諸凡說經之作，尤所留心訪緝，先後得若干種，為文達所未及刻者又若干種。攷文達之刻《經解》，在道光初，當時容有書尚未成，或成而未出者，且有讀文達之書而興起，箸書以抒其心得者。惟自粵逆構禍半天下，儲藏家之古籍與夫經儒家之箸作散亡滅沒於兵火中者，所在多有。益見文達之廣搜羅而付剞劂者，其意識為深且遠。

懷欲為之續者有年矣。適奉命督學江蘇，駐節處為江陰縣。前督學使者瑞安黃侍郎嘗於其地創南菁書院，招高材生肄業其中。即以前所得說經諸書，令諸生校而刊焉。時江蘇省設官書局，諮商主局事者分刻之，以速其成。是書體例，一依阮書舊式。凡為阮書所已刻者，不復刻，以避重出之嫌。顧氏棟高《春秋大事表》，以阮書刪節過多，重刻之，俾讀者見其全。《白虎通論》，漢人所箸。刻陳氏立《疏證》者，猶之阮刻之《說文解字注》、《廣雅疏證》也。夫古今人何必不相及，此《續經解》各書立說，固與阮書不盡同，而其發揮經義，恪守漢儒家之家法，則與阮書罔弗同，亦以續阮書者，廣經學而已。書既成，爰書此以明微尚云爾。

釋元

《說文解字》:「元,始也。從一兀聲。」蓋本《爾雅・釋詁》「元,始也」之文。《春秋》隱元年《公羊傳》:「元年者何?君之始年也。」以「始年」釋「元年」,亦訓「元」為「始」矣。竊謂「始」非必為「元」本義。《爾雅》以「始」詁「元」,猶「初」之本義為「裁衣之始」,《爾雅》亦釋為「始」。攷之經傳,「元」當以「長」為本義。《易・文言》:「元者,善之長也。」就四德言,故云「善之長」。《左氏》襄九年傳:「元,體之長也。」昭十二年傳:「元,善之長也。」與《文言》同。是「元」訓為「長」,為古先相傳舊義。《史記・項羽紀》:「魯元。」《集解》:「服虔曰:『元,長也。』」漢初去周未遠,故亦以「元」為「長」。此可證古以「長」釋「元」。蓋始與終為對文,因有終而別之為始,見為始則益推為長。魏徵《周易義》:「始萬物為元。」是元無所不始,抑亦莫與爭長,則由「長」而引申為「始」。案:元上從二,二為古文。上下從兒,兒為古文。人之奇字是元合上人二字為文。《說文》「長」部:「兂,古文長。」是古文「長」本從上從兒。與「元」同體,即與「元」同義。同一從上從人而有「元」與「長」之殊者,猶同一長而有長久、尊長之異也。天大地大,人亦大。元從人,故亦訓大。《詩・六月》:「元戎十乘。」《采芑》:「方叔元老。」毛《傳》:「元,大也。」《荀子・正論》:「小侯、元士次之。」《注》:「元士,上士也。」案:天子之士獨稱元士,以示在諸侯之士之上。是「元」兼「上」義。長人者莫如君,故君亦稱元。《國語・周語》:「眾非元后,何戴?」《晉語》:「人之有元君。」是其證。人體最上者莫如首,故「元」亦訓「首」。《詩・閟宮》:「建爾元子。」毛《傳》:「《儀禮・士冠禮》:『始加元服。』鄭《注》:『元,首也。』」物以長而有端題可識,故「元」亦訓「端」。《古微書・春秋元命苞》:「元者,端也。」物雖長,必有原本所在,故「元」亦訓「原」。《春秋繁露・重政》篇:「元,猶原也。」又云:「春秋變一謂之元。」一謂數之始,則元之訓一,當為始義之引申。《公羊傳》:「元年。」何休《注》:「元者,氣也。」氣化原其始,則元之訓氣,更屬始義之後起。《易經》六十四卦,三百八十四爻,而乾德首列一「元」;《春秋》千八百餘事,萬六千五百餘言,而全經獨冠「元年」。然則元之為義,固統萬類萬事,而咸無與竝也。即字義以參考經傳,固當以古義訓「長」者為允云。

　　元同先生云:「元、兂同文而異用,與朋來同例,亦備一說。」

釋學

近黃儆居氏撰《釋學》一篇，分別古先立學規模，簡要詳明，依據經訓。顧所釋者，主於述建學之制，於「學」字之音義，因近且小而姑從略。今且就音義釋之。

《說文》「教」部：「斅，覺悟也。從教冂。冂，尚曚也。臼聲。學，篆斅省。」是古「學」、「斅」無異字，即可知並無異音異義。《說文》以「覺悟」釋「學」，殆以悟由於覺。學、覺訓，取疊韻。覺斯知學，則「覺」當為「學」之本義。《孟子》：「先覺覺後覺。」由先覺者言謂之覺，由後覺者言即謂之學。《白虎通·辟雍》篇：「學之為言覺也，以覺悟所不知也。」是「覺悟」一訓最古。悟以心得言，學以身效言，故「學」訓「效」。《尚書大傳》：「學，效也。」《管子·中匡》篇：「聖王之處士必於閒燕，處農必就田埜，處工必就官府，處商必就市井，各隨所處而便於效。」即效即學，故「學」之音讀「效」。《國語·晉語》：「順德以學子。」《補音》：「學音效。」學貴專一，士大夫所學亦當如農工商之各專一業。《論語》以「百工居肆」譬「君子之學」，故學亦稱業。業從丵，學從臼。丵聲、臼聲，古音同在第三部。業之不輟，是為學業。久未喻則宜問，故問、學通用。《禮記·中庸》篇：「好學近乎知。」《漢書·公孫弘〔註4〕傳》作「好問近乎知」。此其證。自問者言之謂之學，自答問者言之謂之教。故「學」亦訓「教」。《儀禮·燕禮》：「亦教國子以學。」〔註5〕《禮記·文王世子》：「凡學世子。」《釋文》咸云：「學，教也。」《〈周禮·地官·師氏〉注》：「師，教人以道者之稱也。」師與學義正相承，以其人有學而奉之為師。即當學所學而毋倍乎師，故學尤以知師法為第一義。蓋「學」之訓雖主覺悟，而師則所以覺之悟之者也。就「學」之音義論，建學之恉隱具於造字之初。統斯人而各有師承，即統斯人而罔不覺悟已。

釋才

《說文》：「才，艸木之初也。從丨上貫一，將生枝葉也。一，地也。凡才之屬皆從才。」案：《說文》：「丨，下上通也。引而上行讀若囟。」凡物之引而上行者，莫著於艸木之行，許故舉「艸木之初」言。《說文》：「屮，艸木初生也」；「屯，象艸木之初生。」「屮」與「屯」均言「初生」，而「才」但言「草

〔註4〕「弘」，底本作「宏」，據《漢書》卷五十八改。
〔註5〕《儀禮·燕禮》未見此語。

木之初」，不言「生」者，「屮」兩旁象有枝莖出地上而可見，「屯」則從屮貫地而出，枝葉已具，生意勃然。就物生之象而論，此為最初。才則丨之貫於一上者，似有耑題之可識，而一之藏於一下者，竝無枝葉之可分。故屮、屯形艸木發生之初，才之象艸木形，尤在、屮屯之初。《爾雅·釋詁》以釋「始」居首。「初」即冠訓「始」諸字之首，則「才」自當以訓「始」為第一義。《釋詁》「初」下列「哉」，《尚書·堯典》「往哉汝諧」，《張平子碑》作「往才汝諧」；《康誥》「哉生魄」，《晉書·夏侯湛傳》作「才生魄」；蓋「哉」以從才得聲，亦即假才音訓「始」也。始、中、終分三侯。始者其暫，故「才」引申之訓為「暫」，為「僅」。《漢書·李廣利傳》：「士財有數千。」《注》：「財與才同。」《李陵傳》：「財令陵為助兵。」《注》：「謂淺也，僅也。」《賈山傳》：「纔數月耳。」《集注》：「暫也，淺也。」「纔數月」與「財有數千」語意正同。就「暫」之訓「才」，與「纔」聲近者，義亦通矣。《論語》「舉賢才」，《漢書·平帝紀》作「舉賢材」。是「才」、「材」通用。《禮記·中庸》：「必因其材而篤焉。」《注》：「材，謂其質性也。」質性為受於天者。所謂泰始，以艸木之始而論，則枝葉已咸寓焉；以生人之始而論，則萬善亦畢具焉。質有待於裁成，故「才」亦通「裁」。《戰國策》「惟王才之」，猶《秦策》所云「大王裁其罪」。《孟子》：「才也養不才。」《注》：「才，謂人之有俊才者。」養，即裁成之義。《論語》：「即竭吾才。」皇《疏》：「才，才力也。」力能任事，然後可稱才也。《後漢書·馬融傳〉注》：「五才：金、木、水、火、土。謂五者各有所能。」《〈張衡傳〉注》：「三才：天、地、人。謂人無所不能，直與天地參。」然則才也者，始亦猶一艸一木之上達，極之於旋乾轉坤。其音輾轉相通而不離其宗，其義包括兼該而在端其始已。

《說文》無劉字說

「劉」字，《說文》所無，而「竹」部「籀，從竹劉聲」，「水」部「瀏，從水劉聲」。果無「劉」字，則所謂「劉聲」者何所本歟？近王鳴盛《蛾術編》：「『刀』部無『劉』字。劉是漢天子之姓。許以此字訓殺，近於不敬，故避而不載。」然揚雄《方言一》：「劉，殺也。」可見臨文不諱，有何嫌疑？王說亦似坿會。案：《說文繫傳·疑義》篇：「劉，《說文》有籀、瀏等字，而無此字，疑脫漏。臣鍇以為：《爾雅》：『劉，殺也。』《尚書》：『重我民，無盡劉。』當云從刀金丣聲。或曰從刀鎦省聲。」於「鎦」字云：「《說文》無『劉』字，偏

旁有之。此字又史傳所不見，疑此即『劉』字也。從金從卯刀字，屈曲傳寫，誤作田爾。」段茂堂據「刀」字屈曲傳寫誤「田」之說，改「金」部「鎦」字作「剉」，謂「鎦篆注：『殺也。』其義訓殺，其文定當從刀。鎦與殺義不協」。更正以截眾疑。竊謂刀字、田字字形絕遠，刀字必無誤田字之理。「金」部之「鎦」當即「劉」。案：鎦，殺也。《爾雅》：「劉，殺也。」《周頌》：「勝殷遏劉。」毛《傳》：「劉，殺也。」是「鎦」、「劉」音義並同。如以「鎦」為不協殺義，則《爾雅·釋詁》「獼」、「斬」同「殺也」之文，均不從刀，則「鎦」亦何不可訓殺者？《詩·王風》：「彼畱子嗟。」毛《傳》：「畱，大夫氏。」據《傳》，畱即春秋劉子邑。《漢書·地理志》：「河南郡緱氏劉聚，周大夫劉子邑。」攷桓十一年《公羊傳》：「古者鄭國處於畱。」鄭滅鄶在春秋前。《左氏》隱十一年傳：「王取鄔劉蒍邘之田於鄭。」杜《注》：「河南緱氏縣西北有劉亭。」「劉」與「畱」通。春秋之前為鄭邑，至桓王時為周邑。定王時，劉康公始食采於劉。是古時「畱」通作「劉」。惠士奇曰：「畱以邑氏，《公羊傳》說也。『畱』即『劉』字何疑。『卯金刀』之說見於讖緯，光武篤信之，諸儒不敢言其非，故《說文》無一言及之。」惠氏之說尤為明塙。「畱」與「劉」音同，尚得通用，況「鎦」、「劉」音義並同乎！《玉篇》：「鎦，古『劉』字。」雖未明言所本，而《積古齋鐘鼎彝器款識》有晉銅尺，據宋王氏款識拓本摹入。其文共十九「劉歆」，竟作「鎦歆」。晉時去漢甚近，必見漢時「劉」正作「鎦」，故此尺即作「鎦歆」，尤為昭昭然。則《說文》之「鎦」即「劉」也，安得拘讖緯「卯金刀」之文必作從卯從金從刀字始為有「劉」字哉？

紐氏《說文》校勘記

第一卷上

王部「𡗶」注：「宋本及《繫傳》、《韻會》作『擊』。」據《小學彙函》本、吳本、局本《繫傳》作「𠀟」。

玨部「珊」注引顧千里說，「故下○引徐廣」云云，顧千里《說文辨疑》「下」下「引」上是「文」字；又，「傳○選注者」，《說文辨疑》「傳」下「選」上是「寫」字，據補。玉縉案：蘇局校錄本皆不空，塙是「文」字、「寫」字，蓋即先生所校補。

第一卷下

艸部一曰苬茅木，各本作「芘」。此作「苬」，顯繫傳寫之誤，據改。

「茾」注引《廣韻》，「蒲」下「墓」上空一字。據《廣韻》即「茾」。

「蕕」注引《左傳》杜《注》「養獲令繁殖」。案：《注疏》「獲」作「護」，據改。

「茭」注：「《玉篇》：『草可借牛馬。』」據《彙函》本「借」作「供」。

第三卷下

爪部「柔」注：「《繫傳》作古孚，從古文。保保亦聲。」《彙函》本、吳本、局本《繫傳》均作「保」。

斗部「閗」注引《玉篇》「很切」。案：《玉篇》作「很也」。此亦傳寫之誤，據改。

又部「𠬞」，二徐本均作「𠬜」，今改。

攴部：「軗，毀也。」《說文解字繫傳》同。案：本部「敊，軗也」。竊以軗、敊當即陣、阮之古文。「軗，毀也」之「毀」，或「敊」字形近之訛。兩字互訓，本書此例甚多。然無確據，未敢臆斷，異當為一核焉。

第四卷上

目部「睔」：「《春秋傳》：『鄭有伯睔。』」據各刻本改「有鄭伯睔」。

「眈」。《易》曰：「虎視耽耽。」從耳。據《說女》改「眈」。

「瞀」注：「《廣韻》：又一尤切。」據《廣韻》，改「一丸切」。

鳥部「鴀」注：「《韻會》引同。《繫傳》作『雔』。」《彙函》、姚、吳及局刻各本《繫傳》作「鴀」，無從佳者，未知鈕所引何本。

第四卷下

囟部「𩠐」注：「《左·成年》作『盲之上，膏之下』。」據《左傳》，「成」下補「十」字，「盲」改「肓」。

「腹」注：「方六切，當作『腹夏』。」旁注「夏」字，甚可疑。玉繩案：蘇局本亦有「夏」字，蓋衍。

「脤」注：「《繫傳》作北方謂鳥臘脤。」據各本《繫傳》，「鳥」改「島」。

筋部「筋，手足指節鳴也」，注：「《繫傳》作『手足指節之鳴者也』。」兩「鳴」字據各本改「鳴」。

刀部「韌」注末云「不收聲」，可疑。

「劓」注：「《玉篇》正作『劓』，訓也，截也。」案：《玉篇》作「割也，截鼻也」。據改。

耒部「耡，耡又，可以劃麥」，注：「宋本及《繫傳》『耡又』作『冊又』。」
檢各本《說文》均作「冊又」，惟段《注》云「今刻大徐本作『耡又』」，據改
「耡」作「耡」。

十一卷上

水部「漾」下「翼奉」誤作「冀鳳」。

「溰」注「《春秋傳》曰：『脩涂梁溰』」下「左莊四年《傳》『涂』作『除』」，
案：《傳》云：「除道梁溰。」

十一卷下

蟲部「原」下「蟲」誤作「羸」，據《彙函》本《繫傳》改。

十二卷上

手部「插」下「《韻會》作『從水臿聲』」。未見《韻會》，此「水」當是「手」
誤。

「摜」下「成二年」，誤作「二十九年」。

十二卷下

女部「媞」注謂「母曰媞」，誤作「諟」。
乚部「凡乚之屬皆從乚」，誤作「亡」。

十三卷上

「覦」引《繫傳》作「緷」，今改。

「緷」引《戰國策》「二十三束組三百緷」。高誘《注》：「十首為一緷也。」
漏寫。玉縉案：蘇局本不引《國策》。蓋先生校出而樣本仍未填寫。

「絜」下引《廣韻》「馭右迴」。據《彙函》所刻兩種《廣韻》，均作「馭
右迴」，改。

「綏」，鄭注《士相見禮》：「古文『妥』為『綏』。」《漢書·燕刺王旦傳》：
「北州以妥。」孟康注：「『妥』，古『綏』字。」

蟲部「蠼」下，疑「後人因蟲增蟲」上當有「釋」字。

十三卷下

風部「風」下「《左傳》服《注》」誤作「伏」。
土部「坺」下「《詩·長發》」誤作「《皇矣》」，改正。
堇部「堇」注：「皆古文。」「堇」誤作夾註。

十四卷下

酉部「𪗉」下「慈冉切」誤入正文。

揚雄書謂三代周秦有軒車使者遒人使者又謂王翁孺猶見輶軒之使所奏言攷略

揚雄《方言》書末坿劉歆致雄書，詔問三代周秦軒車使者遒人使者云云。雄答書：臨邛林閭翁孺者深好訓詁，猶見輶軒之使所奏言。案：《說文》「車」部：「軒，曲輈藩車也。」劉昭《輿服志注》：「車有藩曰軒。」然則軒車為曲輈，有藩軒，以別於他車。使者乘此車，故即以軒車使者稱，猶之執金吾以所執名官，駙馬都尉以所掌名官也。《春秋》襄十四年《左氏傳》：「《夏書》曰：『遒人以木鐸徇於路。』」《說文》「丆」部：「辺，古之遒人，以木鐸記詩言。」遒從酋得聲，辺從卣得聲。遒、辺音本同。或作遒人，或作辺人，音同之字，古例得通用。是辺人即遒人。《傳》引《夏書》，則夏時已有此官，與劉書「三代周秦」之說合。《說文》「以木鐸記詩言」者，案：《漢書·食貨志》：「孟春之月，行人振木鐸，徇於路以采詩。」段氏《說文》「丆」字《注》：「乃部辺，氣行貌。辺訓行，故辺人即行人。辺人之稱使者，亦以此。」《華陽國志》：「《巴志》：『《林翁孺訓詁玄〔註6〕遠先賢讚》：林生清寂，莫得而名。』下云：『林閭，字公孺，臨邛人也。善古學。古者，天子有輶車之使。漢興以來，而劉向之徒但聞其官，不詳其職，惟閭與嚴君平知之云。揚雄聞而師之，因此作《方言》。閭隱避，世莫聞也。』」雖翁孺、公孺互見，或以翁從公聲而假借，或翁脫下半而誤公。《廣韻》：「林閭氏出自嬴姓。」《文字志》云：「後漢有蜀郡林閭翁孺，博學善書。」與《華陽志》「善古學」正合。其云「劉向之徒聞其官而不詳其職」，向仕宣、元之朝，其時殆已無此使，攷漢武元狩六年遣博士大夫等六人分循行天下，孝昭始元元年遣故廷尉王平等五人持節行郡國，是漢亦遣使觀風。案：應劭《風俗通序》：「周秦常以歲八月遣輶軒之使，求異代方言，還奏籍之，藏於祕室。」度漢時遣使雖間舉行，不必循古每歲八月之常。至雄時，並此停罷，故雄但就上計孝廉及內郡卒問之。然郡國不能不預備以應使者之所求。《華陽志》：「翁孺隱遯畢世。」其見輶軒之使所奏言，決非藏於祕室之籍，大都即郡國之所備儲，抑民間之所流散歟？所云輶軒之使，攷《詩·秦風》毛《傳》「輶，輕車也」，《說文》「車」部「輶，輕車也。從車酋聲」，與

「逌」之從求得聲同。同以酋為聲，必同取酋之義。單稱之為輶車，為軒車，重言之則為輶軒，猶輶軒之亦車稱輶或軒也。是輶軒之使，合古時軒車使者、逌人使者而名。至使者所奏，總之不離乎揚雄書所謂「代語僮謠歌戲」者近是。爰參攷其大略如右。

揚子《方言》真偽辨

《方言》一書，彙集殊方絕域之語，頗裨小學。世傳為揚雄撰錄，末坿《答劉歆書》，謂「天下上計孝廉及諸衛卒會京師者，雄問其異語，輒以鉛摘次於槧」云云。後郭璞序而注之，吳良輔箸《釋音》一卷。間嘗取是書反覆披覽，竊以為作者決非揚雄。厥疑數端，謹陳於左。

攷常璩《華陽國志》，具列雄書，云：「典莫正於《爾雅》，作《方言》。」然班《書》雄本傳獨缺《方言》，《藝文志》亦無之。其可疑者一也。且雄本傳言「雄嘗作《訓纂》矣」，書雖亡佚，然云「仿《倉頡篇》」，可揣為解釋文字之書。更作《方言》，似屬重出。其可疑者二也。《說文》一書，古文是正，所引各書，必表而出之。如雄實有此書，《說文》中凡某謂之某等語近似方言者，宜若「手」部「擧」、「拜」之類引《訓纂》之例，別之以揚雄矣。且《方言》中字，若「家」、若「齡」、若「赤」，若「脊」，若「傳」，若「罊」，體象不倫。其可疑者三也。《答劉歆書》中稱「蜀人嚴君平」。案：君平本姓莊，辟顯帝諱而改「莊」為「嚴」。《法言》所稱「蜀莊沈冥」、「蜀莊之才之珍」、「吾珍莊也」，皆如字。至此書而易之曰「嚴」。其可疑者四也。雄答歆書，攷其年月，當漢成帝時。而書中乃云「孝成皇帝」，帝在而預知其謚「成」。其可疑者五也。又稱「汝潁之間」，先漢人無此語，且歆意不過求書，而乃有「脅之以威，陵之以武，則縊死以從命」，措詞失當。其可疑者六也。資之於班史，例之於《說文》，證之於本書，參之於答子駿之書，無一合者。為真為偽，不辨而自明。夫《劇秦美新》之作，明知真者而反目之為偽；《方言》之書，不必真者而或信之為真。雖然，使《方言》而不假名於揚雄，又安必其流傳至斯哉？

龔定庵《擬上〈今方言〉表》書後

龔定庵擬表一通，《自敘》所謂《今方言》者，首滿洲以尊王，臚十八行省以大一統，終流求、高麗、蒙古、喀爾喀以見王者無外。此其書之體。旁採字母翻切之旨，撮舉一言，可以一行省音貫十八省音，可以納十八省音於一省，

又其書之用。案：揚子雲自言作《方言》之旨：「令人君坐幃幕之中，知絕遐異俗之語。」定庵殆本此義而撰《今方言》。經曰：「聲音之道與政通。」況幅員之廣遠孰如今，夷蠻之湊附孰如今！彙其言而隨方分別，罔不有端緒之可尋究，洵世間不可少之作，尤為本朝不可無之書。顧據表文所云：「自滿洲而十八省，而流求、高麗，而蒙古、喀爾喀」，就定庵所值之時而論，所輯方言，誠不可謂不該備，而就方言而論，則地較定庵所舉者今尤廣，用較定庵之世而今尤要。蓋自海禁既馳之後，海島各國以通商而來者日益多，即交涉之事亦日益繁。諸國不特不與中土同方，抑亦各自一方，錯雜之聲音在中土間之者，大率懵不識其作何語，勢不得不寄耳目於所謂通事者。其人質魯識淺，心術鄙不堪問者居多。即不敢顛倒播弄，所能不過略通夷語，間識夷字，僅貨目數名與俚淺文理耳。專習西法之生徒通材，罕有所聞。往往究心製造，無暇更及於語言。或習於此國之語言，未能博通夫他國。會有交涉之事，一言一字，輕重緩急，恐訐會誤解，浸至失其本意。夫孰非不習方言之故歟？竊謂近來出使者有人，遊歷者有人，宜令訪輯所在方言，排比注明，諮存總理衙門，總理衙門即依定庵所為《今方言》，更益以各國之方言。各國通習英國之語言，通用法國之文字，則又以英語法文為綱，諸國繫綴其間，將五大洲之方言略備於是書。無論為滿洲，為十八省，以及流求、高麗與夫蒙古、喀爾喀之人，凡與我中土同文者，一披覽而洞悉無遺矣。《職方外紀》：「南亞墨利加之字露國，曰其土音各種不同。有一正音，可通萬里之外。凡天下方言，過千里必須傳譯其音，能達萬里之外，惟中國與字露而已。」據此，中國之音本可貫徹乎萬國，洋務為我國家招攜懷遠一大節目，所願留心時事者更為《廣方言》，以補定庵《今方言》之所未及，書於定庵《擬表》後俟之。

《後漢書》「劉珍撰《釋名》」《隋志》作「劉熙撰《釋名》」考

《後漢書·劉珍傳》：「撰《釋名》三十篇，以辨萬物之稱號。」而《隋書·經籍志》：「《釋名》八卷。」注：「劉熙撰。」《兩唐·志》與《隋志》同。今通行本題「漢劉熙成國撰」。案：《珍傳》：「永初中，與劉騊、馬融校定東觀五經、諸子、傳記、百家藝術。永寧元年，作《建武以來名臣傳》。延光五年，為衛尉，卒官。」延光為安帝第五改元，是珍卒當在安帝時。王鳴盛引黎崱《安南志略》載《歷代羈臣》云：「劉熙，不知何郡人，與薛綜、程秉避亂交阯。」《吳志》：「韋昭云：『熙作《釋名》八卷。』」則《釋名》出於熙審矣。劉珍與

劉熙非一人，所撰當別是一書。桂馥引《吳志‧韋昭傳》，昭付獄在吳鳳皇二年，《釋名》時始流佈。《薛綜傳》：「避亂交阯，從劉熙學。」《程秉傳》：「逮事鄭康成，後避亂交州，與劉熙攷論大義。」《蜀‧許慈傳》：「師事劉熙。」據此，則熙當為建安時人。王、桂兩家均以今本《釋名》為劉熙作，於劉珍無與。畢沅《釋名疏證敘》：「《釋名》有西海郡司州。」據劉昭注，西海郡獻帝建安末立。據《魏志》、《晉‧地理志》，建安以前無司州名。《釋天》篇「酉秀丙炳」，《釋山》篇「陵，隆也」，於光武、列宗之名初不諱避，則撰書者為漢末或魏受禪以後人無疑。自敘二十七篇，而《珍傳》云「三十篇」，篇目亦不甚懸遠。疑此書兆於劉珍，踵成於熙，則以《釋名》一書為二劉合撰。竊攷諸書所引《釋名》，大率見劉熙書中，從未有引劉珍《釋名》者。珍書久佚，不辨可知。今《釋名》為漢魏間書，尤有塙證者。或本署安南太守劉熙，近人以漢無安南郡，當據《三秦記》「中平五年，分漢陽，置南安郡」，改「安南」為「南安」。案：《晉書‧循吏傳》，魯芝當魏時，行安南太守。是漢魏間有安南郡之據。熙為太守，當在其時。且《釋天》有「以舌腹」、「以舌頭言之」之文，高誘《淮南注》有「急氣閉口言」、「緩氣言之者，在舌頭乃得」，諸說相近，誘敘明云建安十年，則是漢魏間人語，益可證為熙撰而非珍撰。且《珍傳》所敘，各著述無一存者，何必以熙撰者適與同名，遂欲強《隋志》以合范書哉？

卷十二終

青學齋集卷十三

新陽汪之昌

《史記‧殷本記》泰卷陶說

　　《殷本紀》：「湯歸，至於泰卷陶。」《集解》：「徐廣曰：『一無此陶字。』」《索隱》：「鄒誕生『卷』作『餇』，又作『坰』。」則「卷」當為「坰」，與《尚書》同，非衍字。其下「陶」字是衍字。解《尚書》者以大坰今定陶，舊本或旁記其地名，轉寫遂衍「斯」字。《正義》：「陶，古銘反。」據《索隱》，則「陶」為衍文。而《史記志疑》引楊慎云：「泰坰，即太行。」《正義》以「陶」為「古銘反」者，音坰也。又似《史記》本是「泰陶」而衍「卷」字。是「卷」、「陶」二字必有一字誤衍。江聲《尚書集注》引《殷紀》釋「大坰」云：「此《敘》『大坰』，即彼文『泰卷』，『大』當讀為『泰』，『坰』聲轉為『卷』也。」錢大昕《史記攷異》亦同江說。則「泰卷」即《書敘》「大坰」，當無可疑。竊謂「陶」亦不定為衍字也。今《史記》金陵書局刻本。「至於泰卷陶」下接《集解》至《正義》注文，而《紀》文中「嚻作誥」在其後。《箚記》：「出泰卷陶，《集解》：『一無此陶字云。』」案：『一無此字』四字蓋本注『陶』下，而小司馬所見本偶誤在卷下云云。」據此，「陶」字本不連屬於「泰卷」，舊讀當不以「陶」字上屬斷句。《史記》於夏、殷、周紀率採取百篇敘文。《殷紀》之「湯歸」即《書敘》「湯歸自夏」，「至於泰卷」四字自為句，即《書敘》「至於大坰也」。「陶」當連中「嚻」讀。「嚻」，《尚書》作「咆」。孔疏定元年《左傳》『薛之皇祖奚仲居薛，以為夏車正。仲咆居薛，以為湯左相』，是薛乃仲咆累世所居。《春秋大事表》：薛在山東兗州府滕縣南。《越王句踐世家》：「止於陶。」徐廣曰：「今之濟陰定陶。」《禹貢錐指》：「陶邱，今山東兗州府定陶縣西南有定陶

故城，漢濟陰郡治。」是定陶古止名陶，與春秋時薛國同在山東兗州府。即非一地，亦當不甚相遠。《書》家以大坰為定陶，則於時湯歸道所經，適在仲虺封內，因以誥進仲虺。繫以「陶」者，猶說得諸傳險稱傳說也。讀者見《書敘》之「仲虺作誥」，謂《殷紀》句絕當同。又以「泰卷陶」連文，與《書敘》「至於大坰」參差不合，不得不減「卷」若「陶」遷就之。不思《書敘》之「湯歸自夏」，《殷紀》不嫌節去「自夏」二字；《書敘》之「仲虺作誥」，《殷紀》又何妨增一仲虺所居之「陶」字乎？然則《殷紀》之「泰卷陶」，「卷」為「坰」之通假，「陶」亦非必字之誤衍，讀《史記》者慎毋憑臆增減哉！

雖釋《史記》，頗可與《書敘》參觀，因編之經說中。自記。

沈子復孝廉夏《五經義》，見者謂足徵校勘之學之精，作此擬之，暇當取質孝廉也。又記。　玉繩謹案：今仍與史說類次，以便檢閱。

共和攷

《史記·周紀》：「厲王出奔彘後，召公、周公二相行政，號曰共和。」據《周紀》，似共和之號即指二相行政。《索隱》引《汲冢紀年》：「共伯和干王位」，謂「共，國。伯，爵。和，其名。言其伯攝王政。」《正義》：「韋昭云：『彘之亂，公卿相與和而修政事，號曰其和。』」又以《魯連子》所云共伯，案之《衛世家》，「共伯實不得立，年歲又不相當」，謂《紀年》及《魯連子》皆非，則以韋說為是。是共和亦不以為人名。《史記志疑》：「昭二十六年《傳》云：『厲王戾虐，萬民弗忍，居王於彘。諸侯釋位以間王政，宣王有志而後效官。』則知厲、宣間諸侯有代王行政者。周、召本王朝卿士，倘果攝天子之事，不可言「釋位」，別立名稱，若後世年號，古亦無此法。故顏師古以史公之說為無據。」又以「《竹書紀年》、《莊子》、《呂覽》諸書咸有共伯其人，蓋厲王流彘，諸侯皆往共伯，若霸王然。其時宣王尚幼，匿不敢出，周、召居守京師，輔導太子。及汾王沒而民厭亂，太子年亦加長，共伯乃率諸侯會二相而立之。參核情實，必是如此」。則共和乃厲、宣間之賢侯。而董增齡《國語正義·周語·彘之亂》篇，韋昭解「號曰共和」云云，歷舉《莊子》司馬彪注、《呂覽》、《魯連子》、《〈漢書·人表〉注》，說均難通。若《汲冢古文》共伯和攝政歸國年歲之謬誤，《〈水經·清水〉注》之共伯故國，《內外傳》不見有是國名。《路史》本向秀、郭象之說，謂「共和，周王之孫，方以賢而擁立，倏無故而被廢，揆之當日情勢，尤為不合」，逐條辯駁，具見精審。是「共和」即號「二相行政」，與《志

疑》說正相反。嘗就《太史公書》攷之，《自敘》以「網羅放失舊聞」為要義。《三代世表》「厲王奔彘」後大書「共和二伯行政」，《十二諸侯年表》以庚申共和元年為始。《敘》言「太史公讀春秋曆譜諜」，《索隱》：「劉杳云：『《三代世表》旁行邪上，並放周譜。』」譜起周代，然則周譜，太史公實親見之。其云「厲王遂奔於彘，亂自京師始，而共和行政」，安知非即據周譜為文？果有賢侯若共和，固宜急為表彰，安有改實事為虛號之理？竊謂「號曰共和」，殆當時傳有此號，以示別於前後天下之宗周。且周室東遷以前事蹟，要以詳載於《書》、《詩》者為可憑。厲王臣若召穆、衛武、凡伯、芮良夫等，無不歷歷可考。共伯之賢，獨無片語及之，斯又最可疑者。即諸家據《左傳》「諸侯釋位以間王政」，以為共伯攝行天子事之左證。案：《〈三國·魏志·武紀〉注》：「服虔曰：『言諸侯釋其私政而佐王室如行政者，共伯和則止一人，而未可云諸侯。如共伯以外藩而入踐祚，其釋位正以篡位。謂諸侯自往宗共伯，則共伯未嘗釋位，諸侯且去周而別有所歸向，尚何佐王室之有？』」然則就《左傳》文攷之，正未見有所謂共伯和者。觀於孔《疏》即引《周紀》作解，亦可證共和之號實謂「二相行政」已。

東西周世系都邑攷

《史記·周紀》：「考王封其弟於河南，是為桓公，以續周公之官職。桓公卒，子威公代立。威公卒，子惠公代立，乃封其少子於鞏，以奉王，號東周惠公。」《正義》：「《帝王世紀》：『考哲王封弟揭於河南，是為西周桓公。』」據此，是西周為考王所封，東周又西周桓公孫之少子分封，先後判然，初非同時並封。史公因記西周之封，而類敘東周與下，繫東西周分治於王赧時。案：分封當即分治。《志疑》言王赧時分治，追言之，義正相近。《紀》末「秦昭王使將軍摎攻西周，西周君奔秦」，又曰「秦遷西周公於𢠿狐。後七歲，秦莊襄王滅東西周，東西周皆入於秦」。據此，西周雖出奔秦，西周公又為秦遷，其亡實在七歲後，而與東周同時。嘗就《周紀》攷之，敘述東西周未免同一簡略，而東周尤甚於西周。

以世系言，西周自桓公至惠公三世，諡號可稽。據《紀》，王赧時有西周武公。《集解》：「徐廣曰：『惠公之長子。』」遷𢠿狐之西周公，《索隱》：「蓋武公之太子文公。」是西周先後五君，具見《紀》中。東周自惠公後為君者，名諡均未箸見。《志疑》：「《國策》有文君，即《呂氏春秋》、《淮南子》、《人表》

所稱昭文君,《紀》曾未一見。」

以都邑言,《紀》但雲封於河南者西周,封於鞏者東周。是河南乃西周所都,鞏乃東周所都。西周君之奔秦也,盡獻其邑三十六,東周之邑則無聞。案:辨東西二周,《大事記》說最明,謂「考王初立,封其弟揭於河南,是為河南桓公。河南即郟鄏。武王遷九鼎,周公以為都,是為王城洛陽。周公所營下都,以遷頑民,是為成周。平王東遷,定都王城。王子朝之亂,敬王徙都成周。至考王,以王城故地封桓公。平王東遷之後,所謂西周者,豐鎬也;東周者,東都也。威烈王以後,所謂西周者,河南也;東周者,洛陽也。考王十五年,河南惠公復自封其少子班於鞏。顯王二年,趙與韓分周為二,於是東西各為列國」。是二周都所瞭如。攷《晉書·地理志》河南郡鞏注:「戰國時有東西周,芒山、首陽其界也。」則東西二周分界,《晉志》固嘗確指其處。《〈周紀〉集解》:「徐廣曰:『周比亡之時,凡七縣:河南、洛陽、穀城、平陰、偃師、鞏、緱氏。』」殆謂周亡時僅此七邑,非謂分此七邑以為二周。《國策》鮑彪《注》:「河南止緱氏。」案:西周雖微,儼然與於列國,當不獨緱氏一縣。西周之亡,《紀》言「獻其邑三十六」,此尤明證。攷杜佑《通典》,洛陽、平陰、偃師、鞏四邑屬東周,河南、緱氏、穀城三邑屬西周。亦就七邑約其概攷之。《周紀》:「王赧謂成君。」案:《急就篇》注:「成者,周之埰地,卿士所食,成肅公、簡公、桓公是也。」則成固當時周邑。蘇代說韓與周高都,徐廣曰:「今河南新城縣高都城也。」與《續漢·郡國》河南尹新城縣有高都城正合。攷《竹書紀年》,梁惠成王三十七年,東周與鄭高都。是高都本屬東周。秦客謂周最以應為太后養地。徐廣謂「《地理志》:應,今潁川父城縣應鄉,即《水經注》所稱應侯之國」。《索隱》:「《戰國策》作原。原,周地,即本《國策》高誘《注》。」案:《左傳注》:「應國在襄陽城父縣西南」,戰國時似非周地。據《郡國志》,河內軹縣有原鄉。《括地志》:「故原城在懷州濟源西北。」揆之西周地形差近。西周與諸侯約從,出伊闕攻秦。攷《左傳》昭二十六年:「使女寬守闕塞。」《注》:「洛陽西南伊闕口也。」其地阻阨可恃,抑亦西周巖邑矣。其散見《國策》者:《西周策》:「楚兵在山南。」高《注》:「在周之山南。」案:當時周境之山,在今洛陽縣南,有伊闕、太谷諸山;在今偃師縣南者,有轘轅諸山;在今鞏縣南者,有外方、少室諸山;皆與楚相望,朝發而夕至不難。《楚請道》章:「除道屬之於河。」攷《水經注》:「河水自大陽縣南,東過砥柱,又東過平陰縣北,又東過平縣北,又東逕河陽縣故城南,又東逕洛陽縣北,又東逕平

縣故城北，又東過鞏縣北。」此戰國時大河經行之道，而周邑率皆濱河。《犀武敗於伊闕》章：「魏王因使孟卯致溫囿於周君。」高《注》：「溫囿，今在河內。」據《策》，則地嘗屬周。《秦策》：「張儀請伐周，云：『寒轘轅、緱氏之險。』」案：《郡國志》：「緱氏縣有轘轅關。」《左傳·襄二十一年》：「使候出諸轘轅。」孔《疏》：「轘轅山在緱氏縣東南三十里。」與《續漢志》亦合，是周舊於斯設關。「秦武王欲車通三川，以闚周室。」高《注》：「三川，義陽川。周室，洛邑，王城，今河南縣。」案：義陽即宜陽。張儀謂秦攻新城、宜陽，以臨二周之郊。可見與周逼處。《謂秦王》章：「朝天子於孟津。」鮑《注》：「在河內河陽縣南。」攷《書疏》，孟是地名，津是渡處，在孟地置津，謂之孟津，與孟津縣同名異地。孟津縣在河南，漢為河陰，今屬河南府。孟津在河北，漢為河陽縣，今為孟縣，屬懷慶府。中隔大河。孟津與河陽又非一地。河陽故城在今孟縣西三十五里，孟津在今孟縣南十八里，然則當日周地自是孟津矣。其有注家不云周地而實為周地者。《韓策·公仲使韓珉之秦》章：「韓侈在唐。」攷《左傳·昭二十三年》：「尹辛敗劉師於唐。」《注》：「周邑。」是唐為周邑。《郡國志》：河南尹雒陽有唐聚。大抵為自韓之秦所必經，故韓侈處之。是東西周地可攷者如斯，恐亦不必止斯。正猶東西周世系見於紀載者，西周統五傳，東周乃再傳。據《趙世家》，與韓分周為兩，當顯王二年。即《周紀》西周惠公封其少子為東周惠公，而西周惠公之長子武公與王赧同卒，東周惠公傳其子文君而滅於秦，計顯王二年迄王赧後之七歲，幾一百二十年。二周各以父子兩代延之，不無可疑。《索隱》：「周室衰微，略無紀錄。」此則尤有俟於攷定者爾。

洛陽以東開阡陌始末

井田之制，肇始黃帝。自唐、虞以迄殷、周，溝洫徑途，九州通行，《周禮》敘其尺寸深廣尤詳，固無所謂阡陌也。周顯王時，秦孝公用商鞅計，始開阡陌，說者謂改井田舊制，定以二百四十步為畝。《漢書·食貨志》：「商君壞井田，開阡陌。」顏師古《〈成帝紀〉注》：「阡陌，田間道也。南北曰阡，東西曰陌。蓋秦時商鞅所開也。」然史遷《秦本紀》云：「商君開阡陌，東地渡洛」，是時秦所有者，雍州之域，即使盡秦地開設阡陌，一依商鞅新法，洛陽以西止耳。洛陽以東，地非秦有，諸國錯峙，各行其便，所謂田疇異畮，雖復先後更張，亦安見悉遵秦法，容或有仍舊所定井田者。竊謂洛陽以東開阡陌，

原其始當在漢武帝世。《食貨志》:「武帝末年,詔曰:十二夫為田一井一屋,故畝五頃。」案:井田九百畝,屋三百畝,以千二百畝改五頃,是畝為二百四十步矣,與商鞅開阡陌後計畝之數適同。《禮記・王制》篇「當今東田」云云,曰「東田」者,對秦田而言。洛陽居周時九州之中,秦處其西,故對秦田稱「東田」。《禮記正義》引盧植曰:「孝文皇帝令博士諸生作此《王制》之書。」是《王制》為漢文時人所作。據《王制》「東田」之名,則於時洛陽以東未開阡陌可知。桓寬《鹽鐵論》:「先帝制田,二百四十步而一畝。」桓寬此論,計作在昭帝之時,所稱制田之先帝,指武帝無疑。然則洛陽以東之阡陌開自漢武,此亦顯然之一證矣。　　玉繕謹案:漢文時,《王制》有《本制》、《兵制》、《服制》篇,非《禮記》中之《王制》。丁晏《禮記釋注》辨之甚明,此尚沿盧,誤。

項羽王梁楚九郡攷

　　項羽滅秦,分封諸將,而自王梁楚之九郡。遷《史》、班《書》皆有之,未明言九郡為何郡,諸注家亦未詳析九郡為何名。《史詮》以九郡為泗水、碭、薛、東海、臨淮、彭城、廣陵,會稽、鄣。然臨淮郡,漢武帝元狩六年置;彭城郡,宣帝地節元年置。武帝元狩五年更江都國為廣陵,是廣陵本國,非郡,中間為郡止三年耳。所舉九郡中,三都置自漢有天下後,與羽時不合。《經史問答》謂秦於楚地置十郡,項羽以漢中封高祖,九江封英布,南郡封共敖,長沙為義帝都,而自得東海、泗水、薛、會稽、南陽、黔中。秦於梁地置三郡,項羽以河東封魏豹,而自得碭、東郡。凡得郡八,據《史記》益以楚郡,適得九郡之數。全氏所云楚郡,蓋誤會《楚世家》之文。楚為秦莊襄王名,斷不以之名郡。無論秦無楚郡,即南陽、黔中,中有數國間之,勢難聯絡,羽何取以虛名自益乎?姚鼐以碭、陳、東郡、泗水、薛、東海、東陽、鄣、會稽為九那。據《陳涉世家》「陳守令皆不在」語,為秦有陳郡之證。案:《索隱》:「張晏云:『郡守及令皆不在』,非也。」案:《地理志》,秦三十六郡,竝無陳郡,則陳止是縣。言「守令」,則守非官也,與下守丞同,則「皆」字是衍字。鼐之誤,前人已辨之。且言守者,地亦不盡為郡。《高紀》:「乃以宛守為殷侯。」,如鼐言,將謂秦有宛郡乎?

　　竊謂九郡之地,當以《廿二史攷異》所數泗水也、東陽也、東海也、碭也、薛也、鄣也、吳也、會稽也、東郡也為得。據《漢書・灌嬰傳》「度江,破吳郡長」,可證時有吳郡。《史》、《漢》均言梁楚,則此九郡必故梁楚地明甚。項

羽自封之九郡雖無明文，而後人所分項羽之地犁然可考也。當時故梁地非羽所有者，魏王豹王河東，殷王卬王河內。故楚地非羽所有，長沙則以奉義帝矣，英布則王九江矣，吳芮則王衡山矣，共敖則王南郡矣。《史》、《漢》敘之極詳。此九郡中，碭郡、東郡，皆故梁地，餘七郡率故楚地，故有王梁楚之文。然在羽時為九郡，準諸秦三十六郡中，實泗水、碭、薛、會稽四郡地耳。與其拘九郡之數，臆撰一郡以足之，何如攷諸《史》、《漢》，參觀以定之哉？

漢文帝論

三代後稱賢君者，漢文帝其一。論者謂西京二百年之統緒，罔非文帝之善貽厥謀。案：漢高削平秦項未久而即世，繼以呂后之悖暴，文帝踵其後以踐祚，觀於賈生疏論積儲，鼂錯重農貴粟疏，當日府庫虛耗可知。南粵倔彊於南，匈奴歲擾於北，何莫非輕量漢家之無能為。國用兵力，最關治天下之至計，而漢文即位之初，與叔季世貧弱情形幾乎不可終日者幾無以異。攷《漢書·文紀》二年賜天下民今年田租之半，十二年賜農民今年租稅之半，十三年詔除田之租稅，是必倉廩充盈，故正供或從減，或全蠲。趙佗上請罷長沙兩將軍，匈奴願結和親，是亦深知中國軍威，未容輕犯。曾幾何時，規模頓成為富彊。嘗試推求其故。文帝致此者非他，亦務崇儉德而已。案：《贊》言「帝欲作露臺，以計直百金而止。身衣弋綈，所幸慎夫人衣不曳地，帷帳無文繡」，此所撮舉，猶是宮廷服御之微。案：帝即位二年，詔「罷衛將軍軍。太僕見馬遺財足，餘皆以給傳置」，是於不可弛之武備惟恐妄費度支而力求撙節。《史記·律書》：「將軍陳武等議討南越、朝鮮，以一封疆。帝謂兵凶器，雖克所願，動亦耗病。」原帝無議軍之意，誠有鑒於興師動眾，常供或不敷支給，勢必仍徵取於民，而煩費無已時。帝即省事以省用。所謂「儉者不奪人」，義堪印證矣。史言「百姓無內外之繇，得息肩於田畝，天下殷富，粟至十餘錢。鳴雞吠狗，煙火萬里」，承平安富之氣象，迄今每令人神遊其間。而文帝初未嘗竭山川以生財也，亦未嘗選士卒以奮武也。兵食之足，胥由儉德，其效乃有是哉！

陽孤陽狐陽壺辨略

《通鑒·周紀》：「安王元年，秦伐魏陽孤。」《史記·六國年表》汲古閣本。作「陽狐」，《魏世家》亦作「陽狐」。《正義》：「《括地志》云：『陽狐郭在魏州元城縣東北三十里也。』」一地而《史記》與《通鑒》異文。《水經·河水》篇：

「清水又東南逕陽壺城東。」酈善長《注》：「即垣縣之壺邱亭，晉遷宋五大夫所居也。」則又作「陽壺」。

案：《春秋》襄元年《左氏傳》：「晉人以宋五大夫在彭城者歸，實諸瓠邱。」杜預《注》：「瓠邱，晉地，河東東垣縣東南有壺邱。」《續漢·郡國志》：河東郡垣縣有壺邱亭。阮元《左傳校勘記》以杜《注》「東垣」之「東」為衍文，甚塙。其作「瓠」、作「壺」之不同者，案：《豳風》「八月斷壺」，毛《傳》：「壺，瓠也」，蓋取同音為訓。同音通假，經傳恒例。據諸書之作「壺」，即可決魏地之是「陽狐」，而非「陽孤」。《易·睽》上九：「先張之弧，後說之弧。」《經典釋文》：「本亦作『壺』。」是從瓜壺音之字，均得通用。《左氏》襄四年傳：「敗於狐駘。」《禮記·檀弓篇》：「自敗於臺駘始也。」鄭君《注》：「『臺』當為『壺』字之誤也。」《春秋傳》作「狐駘」。「狐駘」可作「壺駘」，與「陽狐」之或作「陽壺」，同是地名，尤堪引證。若「狐」與「孤」，雖同以從瓜得聲，而經傳罕見通假，一從犬，一從子，偏旁相似，故混淆更易。然則作「陽孤」者，特形近致誤，非若「陽壺」之可通用也。

柯氏、汪氏所刻《史記》，「陽狐」依《通鑑》改「陽孤」，殆未見《水經注》作「陽壺」耳，姑略為辨訂之。

《史記·月表》考證

《太史公書》百三十篇，始軒轅，訖天漢，包該八代以成書，特撰十表，以提挈綱領。論者謂《秦楚之際月表》一篇就本書紀傳等所載參攷，舛誤殊甚。武英殿本仿宋人攷定《武成》之例，別為攷證，坿刊於後。即其題署《月表》，而中雜紀年，年月之間，已不可通，大都經後人之竄易，兼以傳本之輾轉滋誤，爰論列大概，別為表文，俾治《史記》者展卷曉然。然所云「將願明易改者一一定正」，無非即舊文稍為更移。即如表於二世元年九月書「楚兵至戲」，此即周文至戲之兵。攷始皇、高祖二紀，自是二世二年冬十月事。義帝元年一月大書「諸侯尊懷王為義帝」，攷項籍、漢高二紀，當在乙未十二月，《楚表》八月下。此二事尤秦楚之際稱名所關，則訂正在所當先。二世二年十月《齊表》二：「儋之起，殺狄令自王。」案：儋自王事在二世元年九月。端月田儋五：「讓景駒以擅自王。」二月田儋六：「景駒使公孫慶讓齊。」攷《陳涉世家》具載景駒使公孫慶至齊及慶讓齊，齊怒，誅慶明。是一時事，未宜分繫兩月。《趙表》武臣已殺於四月，計月不得復有「五」字；「趙王歇始」下不當有「立」

字之類，紀事之違錯，文字之誤衍，考證之釐正者綦密。然如趙歇十一「章邯失邯鄲」，攷證作「章邯入邯鄲」，蓋據《通鑑》之文改定。攷《張耳陳餘傳》乃作「章邯引兵至邯鄲」，表文恐亦從同。二世三年十月，《漢表》二十七書「漢元年，秦王子嬰降」，則秦已滅於是月。《秦表》之十一月、十二月舊誤，似宜裁革。二世三年十二月，《趙表》二十五「分趙為代國」，《魏表》十七「分魏為殷國」，《韓表》二十「分韓為河南國」，攷證於《趙表》改「二十六月」，《魏表》改「十八月」，《韓表》改「二十一月」，當合史公本文。然是年《齊表》「分齊為三國」，《漢表》「分關中為四國」，《燕表》「分燕為二國」例之，趙、魏、韓立文不應差殊。攷《索隱》出趙為二、魏為二、韓為二，與齊、漢、燕諸表一例，此則可據《索隱》本以正之。義帝元年八月，《塞表》七「欣降漢，國除」，九月《塞表》「屬漢為河南郡」，攷證於舊本分繫諸八月、九月者併書於七月下。攷《漢高紀》「二年，塞王欣、翟王翳、河南王申陽皆降，使韓信擊破韓王昌，於是置隴西、北地、上郡、渭南、河上、中地郡」，《漢書·異姓諸侯王表》「塞表欣降漢，屬漢為渭南、河上郡」，則《月表》當亦作「渭南河上郡」，脫訛顯然，可參觀《高紀》、班表以補正。若二世二年十二月《楚表》書「陳涉死」，《魏表》亦復書之，明是衍文。三年《趙表》十九、二十三均書「張耳從楚西入秦」，攷之本傳，則在後而錯見於前。漢王出滎陽在三年六月，表於四年四月復書之，則事在前而復衍於後。尤當刪正，以歸一是。姑就考訂所及、確有依據者審正而條列如右。其業經攷證正定，勿復贅述，書坿表末，庶以補所未備云爾。

《史記·律書》即《兵書》論

《史記》百三十篇中，有錄無書者十篇，張晏以為《兵書》其一。顏師古據《史記》目錄但有《律書》而無《兵書》，以張晏說為誤。趙翼《廿二史箚記》據遷《自敘》「非兵不彊」及《司馬法》「所從來尚矣」等語作《律書》云云，是所作《律書》即《兵書》。褚少孫所補序云：「六律為萬事根本，其於兵械尤重。」極論秦驩武、漢偃兵等事，亦見兵、律相關。其傳專取律呂相生法，與兵事毫不相涉。〔註1〕竊謂趙說誠是。然以敘述律呂謂與兵事無涉則未盡然。

〔註1〕趙翼《廿二史箚記》卷一《史記 漢書》之《史記律書即兵書》：
《史記》所缺十篇，張晏謂《禮書》、《樂書》、《兵書》，顏師古據《史記》目錄但有《律書》而無《兵書》，以駁張晏之誤，不知《律書》即《兵書》也。遷《自序》云：「非兵不強，非德不昌。《司馬法》所從來尚矣，太公、孫、吳、

案:《尚書》言「律和聲」,《左傳》言「師克在和」,咸以和為貴,則調律與用兵本有同原。《易》:「師出以律。」《集解》:「凡首率師,出必以律。若不以律,雖臧亦凶。」是行軍未有可以失律者。《周官‧大師》:「執同律,以聽軍聲而詔吉凶。」《注》:「大師大起軍師。」《兵書》曰:「王者行師出軍之日,授將弓矢,士卒振旅。將張弓大呼,大師吹律合音,將為宮商,為角徵羽,一一辨之明。」所謂軍聲,不外律之五音。《律書》:「聞聲效勝負。」已隱括兵書之文矣。《周語》:「律所以立均出度。」而《攷工記》所述古五兵制度,各依本器,分別三之四之五之以及輕重長廣,莫不有一定尺寸,書言於兵械尤所重,當以斯。趙以律呂之上生下生無當於兵事,未可謂知兵者。自來善用兵而勒成一書,吳孫武亦一家。其《形篇》:「兵法一曰度,二曰量,三曰數,四曰稱,五曰勝。地生度,度生量,量生數,數生稱,稱生勝。」度、量、數、稱,莫非肇端於律。增減而酌之以為平,而行兵致勝實消息其間。可見律為兵家所重。且《律書》八風方位,尤與《握奇經》八陣四為正、四為奇相表裏。握奇衝有重列各四隊,前後之衝各三隊。風居四維,故以圓軸單列各三隊,前後之衝各三隊。風居四角,故以方則行兵固取象於風行。臚列八風,無非使臨陣之變化隨方,兵權謀之要略具矣。梁玉繩《史記志疑》以《律書》止述歷代用兵,而不詳其制,又不及漢景、武兩朝。不知其溯黃帝、顓頊、成湯之用兵,則以討彊暴,平亂世,見紀律之師。不及孝文以後事,蓋用兵不以律,無足言也。然則此篇書不以兵名而以律名,史公之意微已。

韓令鄭國說秦作涇渠論

鄭國教秦作涇渠,司馬子長箸之《河渠書》,班孟堅著之《溝洫[註2]志》,竝云:「於是關中為沃野,無凶年,秦以富彊,卒並諸侯。」案:馬、班明言韓令鄭國說秦,欲興事以罷之。而涇渠成後,「用注填閼之水,溉澤鹵之地四

王子(徐廣曰:王子成甫。能紹而明之,故作《律書》云云。是遷所作《律書》即兵書也。今褚少孫所補序亦云:「六律為萬事根本,其於兵械尤重」。遂極論秦時黷武,漢定天下,偃兵息戰等事。是亦尚見兵律相關之意,而其傳則又專序律呂上生下生之法,與兵事毫不相涉。此篇最無頭緒,蓋少孫補作時,見遷序目有《司馬法》太公、孫、吳字樣,故其序以兵律相關為言。至其正文,則以律書為名,遂專取律呂以實之,而與兵事不相涉也。張晏謂《兵書》者,專指史遷序目而言。顏師古駁之者,專據少孫所補律呂而言。度史遷原文必有兵與律相應之故,惜不可考矣。

〔註2〕按:「洫」,當作「洫」。

萬餘頃，收皆畝一鍾」，是適所以為秦謀，安在其為罷秦？計韓君臣雖愚，當
不出此。吾謂此正韓計之狡也。前此秦范雎行千金於趙，以間廉頗矣；使人行
萬金於魏，求晉鄙之故客，以間信陵君矣。是用間於他國，為秦長技，所謂「諸
侯人來事秦，大抵為其主游間」者，豈有不逆計之而預防之？然則韓無端而令
鄭國為間於秦，欲以秦所施於他國者還而施諸秦。設使毫無實驗，詎能動秦廷
之聽？即此涇渠中作而覺，斷非漫無覺察，一任客之所為。其信鄭國作涇渠之
說者，攷秦自用商鞅來，更開阡陌，一變井田之舊觀，鞅所撰《筭地》、《開塞》
諸篇，秦地大都已無遺利。涇渠可以灌溉田疇，安有憖未及知？度其時或他有
興作，而未暇兼管，或屢經相度而未得要領，博求方略，遂致傳聞鄰國。鄭國
號稱水工，水道必夙所究心，水利尤善於講畫。韓之獨令鄭國至秦，蓋稔知秦
有興事之間，而逆料鄭國之說之必行，聽其說而作涇渠。凡起人夫以役若干眾，
糜府庫所積若干萬，計舉國騷擾之情狀，經年累月，正未知訖於何時。以言興
甲兵而事征伐，力既絀於國中，勢斷不暇更及於境外，所謂坐制秦人而並使秦
人自困者，計固無踰於斯。且《史》敘所作涇渠，謂「鑿涇水，自中山西邸瓠
口為渠，竝北山東三百餘里」，而徵召之煩、穿鑿之資，從其略而未之及。案：
馬、班所記，番係欲省底柱之漕，穿汾河渠以為溉田。鄭當時為渭漕回遠，鑿
漕直渠，自長安至華陰，朔方亦穿溉渠，作者各數萬人，歷二三期而功未就，
費亦各以鉅萬十數。據此，參觀漢以天下全力，徇浮言而妄作。文、景累代所
儲積，雖不盡耗於斯，亦未始不繫於斯。況以當日一隅之秦，而鑿不易成之渠，
又奚能支？其既覺之而不誅之，殆亦以誅鄭國而終不償所失，不如就涇渠而尚
或有所利也。渠成而即命以鄭國，殆亦自悔輕舉妄動以示後來。然則自敵國來
而指陳利害，未必非所以罷吾國，其意主於罷吾國，其言固無不以利吾國為說
也。秦作涇渠，馬、班詳書其始末，正以見利尚在於遠而先已隱受其罷矣。敵
國之所以罷吾國，固無所不至哉！

> 凡作史論，宜發揮古人所未及，要須案時勢，立言博證旁稽，
> 斯為得之。若陳義甚高而於事不合，苛論爭勝而實莫須有，皆無當
> 也。如遇此等題，本無大議論，或本詩家陳古諷今義，見者庶不以
> 陳陳相因厭之。自識。

書漢武帝瓠子歌後

《史記·河渠書》：「天子既臨河決，悼功之不成，乃作歌」云云，即《瓠

子歌》也。亦見《漢書·溝洫志》，文字稍有異同，而大義不殊。竊歎論漢事者每以好大喜功譏武帝，嘗反覆此二章歌詞，武帝關心民瘼，即此歌而得其大概者。或據《史》言「自河決瓠子後二十餘歲」，歷時不可謂不久，此二十餘歲中，民之父母妻子散棄者幾何，田疇廬舍之沉溺者幾何，至是而自悼無功，乃發之為詩歌，不已晚乎？雖然，武帝之於饑民，每不惜虛倉廥以振之。或不繼，貸富民以救之。又不給，則移新邑以安集之。七十餘萬口，莫不仰給縣官，咸予產業。為民計者至斯，安有久聽其蕩析離居？效河決瓠子而南也，武安食邑在河北，利其收多，遂創未易以人力彊塞之說為蒙蔽，望氣用數者承奉權貴意旨，亦以河決天事之說相坿和遞陳焉。而武帝習聞，直以為限於無如何。加以任事如汲黯、鄭當時大興人徒而塞輒復壞，繼以復使汲仁、郭昌發卒數萬人而塞無已時，而地之殫為河者，吾山平，巨野溢矣，齧桑浮而淮泗滿矣，豈無以百姓可哀之情狀上籲於九重？武帝方以計窮力盡，惟諮嗟而賡周宣《雲漢》詩篇。當此躬自臨視，河水雖皓皓旰旰，蛟龍乘勢以恣馳騁，究有舊川之可歸。其曰「不封禪兮安知」，外隱自憾，知之已遲。於是搴長茭以為塞之方，沈美玉以祈塞之助，河伯許而薪柴少，所以禦水者幾窮，然後知泛濫不止，非盡河伯之不仁，直決之曰「衛人罪」。則前此之決而有待於塞，塞而仍不免於決，其異於衛人者幾希。頹林竹楗，石菑一時，水返其壑，民奠其居，君若臣率作興事，畢見於歌中。然後歎武帝之作此歌，非以覬萬福之來，亦以示有天下者，當取鑒於瓠子河之決與塞已。

卷十三終